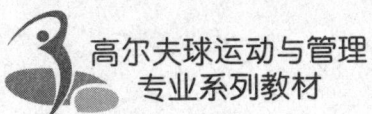

高尔夫
赛事运作实操

主　　编	王绍建	邓丕超	何灿斌		
副主编	邓　威	唐周雄	唐风云	王　伟	
参　　编	陈　虎	贺一鸣	贺　静	李　源	沈　娜
	孙　娟	唐钦一	夏宏艳	钟　林	朱炜淼

北京·旅游教育出版社

图书在版编目（CIP）数据

高尔夫赛事运作实操 / 王绍建，邓丕超，何灿斌主编. -- 北京：旅游教育出版社，2023.1
高尔夫球运动与管理专业系列教材
ISBN 978-7-5637-4488-6

Ⅰ. ①高… Ⅱ. ①王… ②邓… ③何… Ⅲ. ①高尔夫球运动－运动竞赛－组织管理－高等职业教育－教材 Ⅳ. ①G849.37

中国版本图书馆CIP数据核字(2022)第208048号

高尔夫球运动与管理专业系列教材

高尔夫赛事运作实操

主　编：王绍建　邓丕超　何灿斌
副主编：邓　威　唐周雄　唐风云　王　伟
编　委：陈　虎　贺一鸣　贺　静　李　源　沈　娜
　　　　孙　娟　唐钦一　夏宏艳　钟　林　朱炜森

策　　划	李红丽
责任编辑	李红丽
出版单位	旅游教育出版社
地　　址	北京市朝阳区定福庄南里1号
邮　　编	100024
发行电话	（010）65778403　65728372　65767462（传真）
本社网址	www.tepcb.com
E - mail	tepfx@163.com
排版单位	北京旅教文化传播有限公司
印刷单位	北京泰锐印刷有限责任公司
经销单位	新华书店
开　　本	710毫米 × 1000毫米　1/16
印　　张	15.5
字　　数	225千字
版　　次	2023年1月第1版
印　　次	2023年1月第1次印刷
定　　价	42.00元

（图书如有装订差错请与发行部联系）

FOREWORD 前言

高尔夫运动在欧美国家和地区已经盛行了几百年，我国高尔夫运动从1984年广东中山温泉高尔夫球会开业到现在也才仅有不到40年的历史。高尔夫赛事的发展更是晚于高尔夫运动的发展。从1995年沃尔沃中国巡回赛首次举办到2016年中国运动员冯珊珊站在奥运会的领奖台，中国高尔夫赛事的发展也呈现出如火如荼之势。2021年仅中国高尔夫球协会举办的各类赛事就多达213场次，加上各省市、球会等举办的高尔夫赛事，总数量多达数百场。与赛事蓬勃发展形成鲜明对比的是高尔夫赛事组织运作资源相对匮乏，各高尔夫球会在组织赛事中缺少完善的理论和实践指导，高尔夫赛事运作整体水平普遍不高，究其缘由，很大一方面是因为目前我国高尔夫赛事管理人才相对匮乏。

当前我国开设高尔夫类专业的院校有近百多所，各院校根据自己的条件设置了不同培养方向的高尔夫教育。如何根据高尔夫赛事市场的发展，加强高尔夫教育的学科建设，推进课程教学改革，确保教学和人才培养质量又成为摆在当前亟待解决的问题。教材是传播知识的主要载体，是老师教学、学生学习的重要工具。而目前市面上为数不多的教材多偏重于理论的系统性和完整性，有一定的局限性，且面对的适用对象单一，有些则与实际工作脱节，实操性不强，不太适合高等职业院校教学选用。正是基于此，我们在多年赛事实操和教学的基础上，汇总案例、总结经验，逐步完善形成了本教材的初版。

本教材以培养高等职业院校学生赛事运作职业技能为主要目标，以项目-任务式为教材编排模式，突出教材内容与高尔夫产业的发展、岗位工作需求、信息技术发展、职业教育教学改革目标的融合，体现教材的实用性、职业性和开放性。同时，教材以"学生为中心"，采用现代化的教学手段，将知识传授、技能训练、能力培养、充分调动学生的积极性贯穿于教材中，以助力学生在未来的高尔夫赛事运作岗位上能够得心应手。

本教材由湖南高尔夫旅游职业学院和湖南体育职业学院从事高尔夫球运动与管理专业教学的教师编写。参编人员均在省内外参与过各类高尔夫赛事的实际运作，熟悉高尔夫赛事组织运作的实际操作流程。在对赛事运作管理过程中的工作任务和职业能力进行分析的基础上，我们将教材内容设计为六个项目、19个任务，基本涵盖了高尔夫赛事运作组织过程中的主要工作流程及内容。教材先引导读者对高尔夫赛事及赛事运作进行基础认知，然后一步步去了解高尔夫赛事的申办、组织规划、组织管理、风险管理与赛事评估。

每个任务均以案例进行引入，以"任务描述—任务分析—完成任务—知识拓展—思考练习"等环节为主线，力图使教学内容多元化，全面提高学生的综合能力。本教材融入了很多的实际赛事案例、赛事公告及文本等，具有很强的针对性和实践性，不仅适用于普通高等院校高尔夫球运动与管理专业的教材使用，同时也适用于各高尔夫赛事管理机构及高尔夫俱乐部培训使用。

本教材在编写过程中还得到了很多老师和高尔夫赛事组织承办者的大力支持和帮助，同时也参考了部分网络资料，希望能为读者提供高尔夫赛事一线的实例资料，在此一并表示衷心的感谢！本书曾入选"湖南省教育科学'十三五'规划课题基于核心素养的高职院校课程改革研究——以现代服务业为例"成果（项目批准号：XJK17BZY008）。

由于教材编写过程中可用来指导和借鉴的参考资料有限，而且参与教材编写的多为年轻教师，不足之处在所难免，敬请各位专家、读者不吝赐教，我们将通过不断修订完善本教材。

编者
2022年5月于清水湖

CONTENTS 目录

项目一 走进高尔夫，了解高尔夫赛事 / 1

任务一 高尔夫运动与高尔夫赛事 / 3
　　阅读导入：高尔夫赛事的起源在影视中的缩影 / 3
　　一、高尔夫赛事的起源与发展 / 4
　　二、高尔夫赛事的概念与特征 / 5

任务二 高尔夫赛事的分类 / 8
　　阅读导入：他为何没有获得莱德杯参赛资格？ / 8
　　一、按比赛方法分类 / 9
　　二、按组织形式分类 / 10
　　三、按照高尔夫赛事规模和性质分类 / 12
　　四、按照高尔夫赛事级别分类 / 12
　　五、按照比赛的竞技形式分类 / 13
　　六、其他常见的花式比赛 / 13

任务三 世界著名高尔夫赛事 / 16
　　阅读导入：欧米茄中国巡回赛的来龙去脉 / 16
　　一、六大巡回赛 / 17

二、四大满贯赛事 /21

三、两大杯赛 /23

 初识高尔夫赛事运作 / 25

任务四　高尔夫赛事运作管理 /27

　　阅读导入：规范化业余赛事是终极追求 /27

　　一、高尔夫赛事运作的概念 /28

　　二、高尔夫赛事运作的参与体与主体 /28

　　三、高尔夫赛事运作管理过程 /31

 高尔夫赛事的申办 / 35

任务五　高尔夫赛事申办可行性分析 /37

　　阅读导入：关于2017中巡赛-亚巡赛联合认证赛事申办

　　　　公示的公告 /37

　　一、高尔夫赛事申办环境的优劣势分析 /40

　　二、高尔夫赛事申办的机遇分析 /43

　　三、挑战因素 /45

任务六　高尔夫赛事的申办管理 /48

　　阅读导入：四载求索，十二年功成——欧米茄观澜湖高尔夫

　　　　世界杯申办全过程揭秘 /48

　　一、高尔夫赛事申办概述 /50

　　二、申办机构 /51

　　三、赛事申办程序 /51

　　四、高尔夫赛事申办的注意事项 /52

五、申办报告的主要内容 / 53

六、高尔夫赛事申办场地考察 / 54

项目四　高尔夫赛事组织规划 / 59

任务七　高尔夫赛事计划　/ 61

　　阅读导入：高尔夫球赛事准备工作流程　/ 61

　　一、高尔夫赛事计划的概念　/ 62

　　二、高尔夫赛事计划制定的基本要求　/ 63

　　三、高尔夫赛事计划制订中应考虑的内容　/ 63

任务八　高尔夫赛事计划实例分析　/ 66

　　阅读导入：高尔夫球赛事部门工作职责　/ 66

　　一、高尔夫赛事计划的主要内容　/ 67

　　二、高尔夫赛事计划实例分析　/ 68

项目五　高尔夫赛事组织管理 / 75

任务九　高尔夫赛事组织管理　/ 77

　　阅读导入：谈谈我在高尔夫赛事组织中遇到的几个小问题　/ 77

　　一、高尔夫赛事组织的内涵　/ 78

　　二、高尔夫赛事组织的基本要求　/ 78

任务十　高尔夫赛事组织机构设置　/ 84

　　阅读导入：世界上最早的高尔夫组织机构　/ 84

　　一、高尔夫赛事组织机构概述　/ 86

　　二、高尔夫赛事组织机构的类型　/ 86

　　三、设置高尔夫赛事组织机构的基本原则　/ 88

四、高尔夫赛事组织机构的工作职责 /89

五、赛事活动各部门主要工作职责 /90

六、高尔夫赛事人员培训 /95

任务十一 高尔夫赛事规程的制定 /98

阅读导入：规则与规程 /98

一、高尔夫赛事规程 /99

二、高尔夫赛事规程的主要内容 /99

任务十二 高尔夫赛事分组与编排 /111

阅读导入：李今亮：比洞赛与比杆赛组织方式的差异 /111

一、高尔夫赛事运动员报名与报到 /114

二、高尔夫竞赛分组与编排方法 /116

任务十三 高尔夫赛事场地设置 /121

阅读导入：高尔夫球场为什么有沙坑 /121

一、比赛场地设置的基本原则 /122

二、发球区的检查与设置 /123

三、普通区的检查与设置 /125

四、关于"罚杆区"的设置 /127

五、关于"沙坑"的检查 /128

六、果岭的检查与旗杆位置的设置 /128

任务十四 高尔夫赛事文件的制定 /130

阅读导入：专访中锦赛球场码数测量师俞顽峰 /130

一、高尔夫比赛的比赛条件和当地规则 /131

二、码数本的制作 /137

三、洞位图的制作与解读 /138

四、高尔夫赛事 PACE 表的制作 /140

五、高尔夫赛事相关公告的制定 /143

任务十五　高尔夫赛事出发管理 /147
　　阅读导入：高尔夫发球台上的那点事儿 /147
　　　　一、比赛开球的组织与管理 /148
　　　　二、开幕式（开球仪式）的组织 /152

任务十六　高尔夫赛事成绩管理 /158
　　阅读导入：球员没有在记分卡上签名导致比赛资格被取消 /158
　　　　一、高尔夫球童报分 /159
　　　　二、比赛记分卡的收交工作 /164
　　　　三、差点和差点指数、差点的计算方法 /171

任务十七　高尔夫赛事闭幕式及颁奖仪式 /179
　　阅读导入：2017上海高尔夫球大奖赛颁奖典礼外滩盛大举行 /179
　　　　一、闭幕式的程序 /180
　　　　二、颁奖仪式的组织方法 /180

项目六　高尔夫赛事风险管理与赛事评估 / 185

任务十八　高尔夫赛事组织过程中的风险管理 /187
　　阅读导入：丹麦制造赛沃伦冲进领先榜
　　　　　　德雷奇遭遇突发事件 /187
　　　　一、高尔夫赛事风险管理概述 /188
　　　　二、高尔夫赛事风险管理的理论对策与基本原则 /192
　　　　三、高尔夫赛事风险处理的具体措施与方法 /194
　　　　四、常见高尔夫赛事突发事件案例 /196

任务十九　高尔夫赛事评估概述 /199
　　阅读导入：赛事总结示例 /199
　　　　一、高尔夫赛事评估的概念 /201

二、高尔夫赛事评估的作用　/202

三、高尔夫赛事评估的对象和内容　/203

四、高尔夫赛事评估的方法　/204

五、高尔夫赛事评估的流程　/206

六、高尔夫赛事评估报告的撰写　/207

附　录　/211

附录一　中国高尔夫球运动办赛指南　/213

附录二　中国高尔夫球协会赛事管理办法　/219

附录三　中国高尔夫球协会赛事商务活动管理办法　/226

附录四　中国高尔夫球协会青少年单项技能比赛考核
　　　　计分标准（试行）　/229

参考文献　/235

项目一

走进高尔夫，了解高尔夫赛事

任务一 高尔夫运动与高尔夫赛事／3

任务二 高尔夫赛事的分类／8

任务三 世界著名高尔夫赛事／16

任务一 高尔夫运动与高尔夫赛事

知识目标
- 了解高尔夫赛事的起源与发展历程；
- 掌握高尔夫赛事的概念；
- 熟悉高尔夫赛事的基本特征。

技能目标
- 能够深刻体会高尔夫赛事特征的六种形式，并通过对高尔夫赛事的认识举例阐述其特征。

素质目标
- 通过学习高尔夫赛事的起源与发展历程，尝试挖掘高尔夫传统文化中蕴含的思想观念，做到传承创新。

高尔夫赛事的起源在影视中的缩影

电影《霍比特人》中，灰袍巫师甘道夫曾提及高尔夫运动的起源："比尔博·巴金斯的曾曾曾祖叔'吼牛'图克在绿地战役中对战半兽人军队，猛挥棒棍把兽人王的脑袋抡了下来，那头直接飞了几百米掉到兔子洞里。于是赢了那场战役，也由此发明了高尔夫球比赛！"这段话当时在电影院里笑翻不少观众。

（资料来源：根据电影《霍比特人1：意外之旅》片段整理.）

思考：高尔夫球运动的起源与其他运动项目的起源有哪些相似点？

一、高尔夫赛事的起源与发展

1. 高尔夫赛事的起源

关于高尔夫赛事的起源,我们要从高尔夫运动的起源说起。而关于高尔夫运动的起源有许多不同的说法,流传最广的一种是,它起源于14世纪苏格兰牧羊人用赶羊的棍子玩一种击石子进兔子洞比谁击得远、击得准的游戏,这种游戏后来就演变为高尔夫球运动。

目前有记载的最早的高尔夫比赛出现在高尔夫的故乡苏格兰爱丁堡的利斯(Leith)球场。1744年3月,在一群高尔夫爱好者的提议下,爱丁堡市政府举办了高尔夫比赛,奖品是一根银质球杆,当时的参赛选手都是业余球员,首届比赛的冠军约翰·拉特利本身是箭术冠军。

1856年10月,在英国的普雷斯特维克(Prestwick)高尔夫俱乐部会议上,有人提出了举办英国公开赛的可行性。直到1860年,普雷斯特维克俱乐部发信邀请几家优秀的俱乐部推荐他们的球童参加一场为刚去世的球员艾伦·罗伯森(Allan Robertson)寻找接班人的比赛。这场比赛的参赛球员只有八人,他们也成为第一批职业选手,这场比赛是最早的高尔夫球职业比赛,也就是今天的英国公开赛的前身。然而,在此次比赛之后,业余球员对于只邀请八位职业球员参赛的方式表达了强烈的不满。于是在第二年(1861年),比赛就改为"面向全世界",即参赛球员包括了职业球员与业余球员。虽然比赛只有12人参加,但也成为真正的英国公开赛。英国公开赛的举行开创了现代高尔夫赛事的先河。

2. 高尔夫赛事的发展

高尔夫比赛在世界各地的诞生是由高尔夫这项运动流传到当地的时间所决定的。随着英国殖民统治不断地向外扩张,高尔夫运动从英伦三岛传播到欧洲大陆、美洲大陆直到非洲、大洋洲和亚洲。英国公开赛诞生17年之后,也就是1877年,高尔夫运动开始传入美国,并得到了长足的进步。1894年12月22日,美国高尔夫协会(The United States Golf Association,以下简称"USGA")正式成立,使得美国高尔夫赛事的组织、规则的制定得以统一、协调、快速地发展。1895年10月4日,美国高尔夫球协会在罗得岛纽波(Newpor)高尔夫乡村俱乐部的9洞球场举办了第一届由10名职业球员和1名业余球员参加高尔夫比赛。直到若干年后该比赛最终成为现在的"美国公开赛"并一直延续到今天。之后,USGA逐渐增加在美国举行职业比赛的次数发展到今天的美巡赛、名人赛、PGA锦标赛等赛事成为高尔夫业内知名职业赛事。

由于诸多因素的影响，美国高尔夫球协会制定的高尔夫球规则与苏格兰的圣安德鲁斯市皇家古老高尔夫俱乐部制定的规则有所差别。随着国际高尔夫赛事的发展，不同的地区需要一个统一的规则进行比赛。直到20世纪初，两大高尔夫组织统一了高尔夫球规则。从此，高尔夫比赛有了统一的比赛规则，高尔夫赛事的发展揭开了新的一页。

在美国PGA巡回赛的带动下，世界范围的职业高尔夫赛事得到了快速的发展。20世纪60年代，欧洲高尔夫职业巡回赛登上历史舞台，进一步加快了世界高尔夫职业化的发展。随着职业高尔夫赛事在全球范围内的逐步开展，20世纪90年代，日本巡回赛、亚洲巡回赛、澳大利亚巡回赛和南非巡回赛也相继建立并蓬勃发展起来，形成了以美国PGA巡回赛为首的六大职业高尔夫巡回赛。由于市场机制的作用，运动员自身的利益与参赛数量和成绩优劣紧密相连，因此参赛并取得好的名次是运动员高于一切的头等大事。多次参赛使运动员的比赛能力提高，运动寿命延长，客观上推动了高尔夫运动的职业化。整体高尔夫运动水平的提高，使得高尔夫比赛更具有观赏性和竞争性，赛事的魅力也大大提升。成熟的商业运作，高度的职业化，特别是最近30年高尔夫球具的革新、比赛规则和制度的完善、高尔夫赛事的举办以及高尔夫球场管理水平的提高。在一定程度上提高了高尔夫运动的技术水平，使得高尔夫运动在全球范围内蓬勃发展起来。

二、高尔夫赛事的概念与特征

1. 高尔夫赛事的概念

高尔夫是一项历史悠久的体育运动，伴随着人类社会的发展而发展。高尔夫从当初的苏格兰牧羊人在闲暇时间进行的一种自娱自乐的户外游戏，成为风靡全球的户外体育运动。经过几个世纪的演变与发展，高尔夫运动的内涵与表现形式都发生了极大的变化。由于高尔夫运动是体育运动的一部分，所以要阐明高尔夫赛事，我们要从体育赛事说起。

体育竞技运动是体育赛事的核心。从竞技运动的发端及其历史演进来看，竞技运动是从单纯原始古朴的体育比赛形式开始的，由运动员个体或运动队和裁判员参加而完成的、唯目的性的竞技较量。随着近代西方竞技运动的兴起和现代奥林匹克运动会的发展以及经济、政治、文化和科技等领域的发展，体育竞技运动也受到了越来越大的影响，体育运动被赋予越来越多的含义，体育运动竞赛活动的内涵和外延发生了巨大的变化。体育赛事概念包含以下要素：组织运动竞赛、项目管理、文化背景、市场营销及推广、环境因素和品牌宣传等。因此，人们将体育赛事界定为：是一种以竞技运动为核心，以实现某种社会效益和经济效益并满足人民大众精神生活需要为目的，能够对社会、文化、政治、经济和环境等领域造成一定影响的特殊事件。体育赛事包含高尔夫赛事，高尔夫赛事的核心是高尔夫比赛。因此，我们认为，高尔夫赛事是按照高尔夫运动的最新规则，以满足社会和个人对高尔夫运动需求为目的，有计划、有组织地开展的，以高尔夫赛事为核心的特殊事件。

2. 高尔夫赛事的特征

任何事物的存在都有其内在本质特点和外在表现特征。对于高尔夫赛事，其主要特征如下：

（1）竞赛性

高尔夫赛事的核心是高尔夫比赛。它是以取胜为目的、以击球项目为内容，个人或集体根据规则进行体力、智力、心理、素养的相互较量。只有球员参与高尔夫赛事，才使其具有意义。高尔夫赛事的竞赛性特征，体现在通过球员的竞技过程和结果达到赛事的核心目的；高尔夫赛事的其他构成要素围绕竞赛主题运作，利用比赛满足不同的需要和达到不同的目的。

（2）文化性

高尔夫运动是一种社会文化现象，本身蕴涵着丰富的文化内涵，它是人类文化的重要组成部分。这项古老的运动所形成的赛事具有自己独特的文化。高尔夫赛事的文化性是随着高尔夫赛事发展而不断发展的。不断发展的高尔夫赛事孕育了赛事新的文化内涵。历史悠久的高尔夫赛事均形成了自己特有的赛事文化。比如，四大赛中，美国名人赛是每年最早举行的，并且是唯一固定在同一个球场比赛的大赛，比赛期间，球场上不设广告牌，只允许男性会员参加，其标志为绿色夹克；英国公开赛的银质"葡萄酒壶"，也成为特有的"高球"文化。

（3）项目性

项目是一件事情、一项任务，也可以理解为是在一定的时间和一定的预算内所要达到的预期目的。项目管理是将管理知识、工具和技术应用于项目活动上，解决项目的问题或达成项目的需求。随着高尔夫赛事作为一项产业高速地发展，项目管理也被引入高尔夫赛事的管理之中，高尔夫赛事产品也因此具备了项目管理理论所定义的项目的所有特征，包括明确的起止时间、明确的目标、资源配备、计划和实施等。因此，高尔夫赛事具有项目性的特征。

（4）复杂性

高尔夫赛事的规模、类型、水平、举办地、赛程和参加人数等都会在某种程度上影响高尔夫赛事的复杂程度。特别是大型高尔夫赛事，对举办地来说，是一项综合性的经济活动。举办一项大型高尔夫赛事，往往要涉及举办地的社会、经济、文化等方方面面，也会牵涉许多的关联主体。同时，高尔夫赛事作为一种经济活动，是人流、物流、信息流和资金流的大汇集。在具体操作过程中，高尔夫赛事所需资金可能会随环境变化而发生变化。比如，在高规格的高尔夫比赛中，需要给球员安排特别的安保措施；同时，在一个相对开放的球场还要合理地安排好观众。种种不可预知的因素会给赛事运作带来挑战，都可能会影响高尔夫赛事的顺利举办。因此，高尔夫赛事具有复杂性的特点。

（5）目标多样性

举办高尔夫赛事的目标，不是简单地完成一项比赛任务。一项高尔夫赛事具有众多利益相关者，它包括高尔夫赛事的主办组织、赞助商、媒体、主办地区的相关部门、观众、球员以及赛事的相关组织和工作人员等，这些利益相关者有各自不同的目标，高尔夫赛事的举办就是要满足这些不同利益群体的需求。因此，高尔夫赛事举办的目标表现出多样性的特征。

（6）市场产品性

高尔夫赛事其中蕴藏着巨大的商机。高尔夫赛事作为一种产品，具有消费特征。高尔夫赛事的产品包括核心产品、服务产品、有形产品和无形产品。

高尔夫赛事的核心产品就是高尔夫比赛。

高尔夫赛事的服务产品，是指在赛事组织运作过程中以劳动的形式为他人提供服务的产品总称，包括食宿服务、交通服务、旅游服务、广告服务以及信息服务等。

高尔夫赛事的有形产品，是指依托高尔夫赛事开发出来的实物产品。如围绕高尔夫赛事的标识和明星球员等要素设计开发的具有一定价值的纪念品。

高尔夫赛事的无形产品，是指围绕高尔夫赛事的无形资源开发出来的为赛事提供某种特殊权利或收益的非实物产品，如高尔夫赛事的转播权、冠名权等。

【课后思考】

1. 高尔夫赛事的概念是什么？
2. 高尔夫赛事的特点是什么？

任务二
高尔夫赛事的分类

知识目标
- 掌握比洞赛、比杆赛的比赛方法及异同；
- 理解按照不同分类形式所形成的高尔夫赛事类型；
- 了解常见的花式比赛。

技能目标
- 针对某一高尔夫的比赛形式能正确按照不同分类形式进行归纳分类。

素质目标
- 通过掌握不同的赛事类型，树立求同存异的观念和区别对待的意识；能够正确看待新事物，不断学习新知识、新思想。

他为何没有获得莱德杯参赛资格？

2016年4月布赖森·德尚博（Bryon Rochambeau）在传统高球赛度过了令人难忘的一个星期。这位持外卡参赛的2015年美国业余锦标赛和NCAA锦标赛双料冠军获得了并列第四名的佳绩，可在莱德杯美国队的最新排名之中却没有他的名字。

其主要原因是按照莱德杯的联合主办机构美国职业高尔夫协会（PGA of America）规定，一个球员要获得莱德杯积分，必须属于美国职业高尔夫协会A-3类会员，而A-3类会员专门为"美巡赛、冠军巡回赛、威巡赛、LPGA巡回赛和未来巡回赛球员"而设。

（资料来源：新浪体育．原标题：《德尚博连莱德杯排名也没有？美巡会员身份为必要条件》．）

思考：为什么同样身为职业球员的布赖森·德尚博能参加美国业余锦标赛和 NCAA 锦标赛，但在莱德杯却没有排名？

一、按比赛方法分类

根据比赛方法，高尔夫赛事可分为高尔夫比洞赛和高尔夫比杆赛两大类。

1. 比洞赛

高尔夫比洞赛是高尔夫运动历史中最古老的比赛方法。高尔夫运动早期的比赛方法，都是通过比洞赛的方式进行的。高尔夫比洞赛（Match Play）是球员以每一洞的成绩进行逐洞角逐的比赛方法（即每洞的杆数少者为该洞胜）。当一轮比赛结束后，获胜洞数多的球员名次列前。在比赛中，如果比赛双方以相同的杆数打完一洞，则该洞为双方平分；如果球员获胜的洞数已多于待打洞数时，该球员本轮比赛获胜。如今世界范围的各项高尔夫赛事中，比洞赛仍然是经常采用的比赛方法，如欧美选手之间对抗的顶级赛事莱德杯，世界各国选手与美国选手对抗的总统杯，世界高尔夫球锦标赛系列之一的埃森哲比洞锦标赛等。另外，四大满贯赛事之一的 PGA 锦标赛在 1958 年之前也实行比洞赛制，但从 1958 年起改为比杆赛。

目前，高尔夫比洞赛主要包括如下几种基本方法：个人比洞赛、四人二球洞赛、四球比洞赛、三人两球比洞赛、三人三球比洞赛等。

2. 比杆赛

最早的高尔夫比赛采用比洞赛的方法，但是随着高尔夫赛事参赛球员的不断增多，比洞赛已经无法同时满足大量的球员参赛，并且高尔夫的比洞赛也不能客观准确地计算出每个球员的比赛成绩。因此，为了满足大量的球员参赛并能够客观、准确地计算每一个球员的成绩，就出现了一种以球员完成 18 洞总杆数计算成绩的比赛方法。

比杆赛最早出现在英国，是源于为解决由于比赛人数多且必须在一天内完成而专门采取的比赛方法，因此它也叫一日制比赛方法。比杆赛的采用不仅解决了一次比赛参赛人数多的问题，还促使高尔夫运动的竞赛方式发生了重大变革。高尔夫比杆赛大大降低了比洞赛决定胜负的偶然性，使高尔夫比赛更加公正和客观，这大大推进了高尔夫球运动的整体发展，促进了高尔夫球员技术水平的提高。目前高尔夫比杆赛已成为职业高尔夫比赛通常采用的比赛方法。

比杆赛（Stroke Play）是以一轮比赛（18洞）的总杆数，决定球员的成绩。在职业高尔夫比赛中，通常情况下一次比赛是在标准的18洞球场进行4轮或数轮比赛（通常是72洞比杆赛），以比赛累计的总杆数成绩判定参赛球员的名次。目前高尔夫比杆赛主要包括以下几种方法：定分式比杆赛、封顶赛、四人两球比杆赛、四球赛等。高尔夫杆数的计算方法如下：

1. 标准杆（Par）：球洞所规定的杆数；
2. 小鸟（Birdie）：比标准杆少1杆入洞；
3. 老鹰（Eagle）：比标准杆少两杆入洞；
4. 信天翁（Albatross）：某一洞的成绩比标准杆低三杆，在美国称为双鹰（Double Eagle）；
5. 柏忌（Bogey）：比标准杆多1杆入洞；
6. 双柏忌（Double Bogey）：比该洞标准杆多两杆入洞；
7. 双标准杆（Double Par）：两倍标准杆。

二、按组织形式分类

根据高尔夫赛事的组织形式，我们通常可以把高尔夫赛事分为高尔夫巡回赛、高尔夫锦标赛、高尔夫公开赛、高尔夫邀请赛、职业—业余配组赛。

1. 高尔夫巡回赛

高尔夫巡回赛是指竞赛组织者根据事先确定的竞赛时间与顺序、在不同高尔夫球场、按照所规定的比赛方法进行分站比赛的组织形式。高尔夫巡回赛分职业和业余两种，男子职业巡回赛通常采用四轮72洞比杆赛的方法，女子职业巡回赛则一般采用三轮54洞比杆赛的方法。高尔夫巡回赛是目前世界范围内最基本的赛事活动。职业高尔夫球员通过参与高尔夫巡回赛，能够取得奖金并可获得相应的积分，体现高尔夫职业球员技术水平及竞技能力。

现在世界范围内有多个男子、女子职业高尔夫巡回赛，每个巡回赛都有自己地理上相对固定的基础区域。比如美国巡回赛基本上在美国举行，欧洲巡回赛基本上在欧洲举行，亚洲巡回赛基本在亚洲地区举行。但这并不排斥巡回赛在自己基础区域以外的其他地方举办赛事，例如美巡和欧巡在亚洲地区都有自己的赛事。一个巡回赛如果在其他巡回赛的基础区域举办比赛，应该得到当地巡回赛的认可。所以，这就是为什么无论美巡赛还是欧巡赛，如果在亚洲地区举办比赛就必须得到亚巡赛或者同一亚洲巡回赛认可的原因。

2. 高尔夫锦标赛

高尔夫锦标赛是指按照组织者所制定的比赛方法，为比赛中获胜个人或团体授予比赛奖品（如奖杯、奖牌、奖金等）的竞赛组织形式。根据比赛的性质，可以把高尔夫锦标赛分为职业与业余两种形式。

一般来讲，职业高尔夫锦标赛竞技水平高，社会关注度高，影响力大，比如美国名人赛、汇丰冠军赛、世界高尔夫锦标赛、球员锦标赛、阿布扎比锦标赛等，都属于职业锦标赛的组织形式。

业余高尔夫锦标赛是由非职业球员参加的赛事活动。但是，有些竞赛组织在竞赛规程上有些特殊的规定，比如允许职业球员参加职业业余配对赛。比较著名的高尔夫锦标赛事有亚太业余锦标赛、亚洲业余高尔夫锦标赛、美国业余高尔夫锦标赛、澳洲业余大师赛、中国业余高尔夫希望赛等。

3. 高尔夫公开赛

高尔夫公开赛是指对于参加比赛球员的资格开放，在高尔夫的规则下进行比赛的组织形式。由此可以看出，高尔夫公开赛的最大特点是对于参赛的球员身份没有限制，但是业余球员参加比赛必须符合赛事组织者的报名条件，并且业余球员不能获取任何比赛奖金。比较著名的高尔夫公开赛有英国公开赛、美国公开赛、沃尔沃（VOLVO）中国公开赛、新加坡高尔夫公开赛、香港高尔夫公开赛等。

4. 高尔夫邀请赛

高尔夫邀请赛是指竞赛组织者选择球员参加高尔夫比赛的组织形式。有的高尔夫邀请赛以企业或产品冠名、具有商业性质，如中国联通"精彩在沃"杯高尔夫邀请赛、凯美瑞高尔夫邀请赛、中行杯高尔夫邀请赛、梅赛德斯高尔夫邀请赛等；有的邀请赛以培养青少年为目的，如两岸青少年高尔夫球邀请赛、张连伟杯国际青少年高尔夫球邀请赛、中韩青少年邀请赛等；有的以展示大学生风采加强学校及学生交流，如中国大学生高尔夫邀请赛。高尔夫邀请赛的种类繁多，目标各异，比赛的形式多样，在日常生活中最为常见。

5. 职业—业余配组赛

职业—业余配组赛一般与业余球员的差点有关，各国的职业赛通常在正式比赛的前天，会举办一场职业与业余球员配组的比赛，即一位职业选手与两三位业余球员配成一组而进行的比杆赛，旨在让业余球员观摩，向职业选手学习，也作为职业选手正式开赛前的热身活动。为避免初学者或球技差的球员影响打球进程，一般都限制一定的差点，符合条件者才可以参加。在许多国家，参加此种职业—业余配组赛的人必须支付一定的费用。比赛通常采用净杆数

（net score）赛，且每组各洞以业余球员中最佳杆数为该洞的成绩，由职业选手负责记录杆数。在国内，公开赛前也常有职业—业余配组赛，一般不必付费，主办单位会邀请政商界要人及社会名流参加，旨在作为一种公开的公关活动。

三、按照高尔夫赛事规模和性质分类

1. 高尔夫职业赛

高尔夫职业赛是指国际、国内或地方高尔夫管理组织机构举办的正式比赛，设有一定额度奖金，通常由高尔夫职业运动员和专业从业人员参与，优胜劣汰，自负盈亏。一般来讲参加职业赛者，除要求取得职业球员资格，还需先取得一些职业赛所定的资格才能参赛，如世界六大巡回赛；业余球员具备一定资格或获得特定机构推荐者亦可以参加职业赛。目前很多国家都有自己的职业赛，这类赛事具有国际重大影响，且市场价值比较大，因此所需的资金来源要有一定的保证。

2. 高尔夫业余赛

高尔夫业余比赛仅设奖杯或奖牌及奖品，供业余球员参加比赛。一般是以激发大众高尔夫运动意识、普及高尔夫运动知识、开展健身活动、重在参与为目的的群众性高尔夫赛事，如美国业余赛、英国业余赛、中国业余锦标赛、"海峡杯"高尔夫球队际赛等。参赛的业余球员虽有差点，但英、美业余赛，洲际业余赛，分龄业余赛均采用总杆赛，不用差点，参赛资格也较为宽松。

3. 高尔夫商业赛

高尔夫商业比赛一般是指高尔夫管理组织机构通过企业资金和冠名赞助，并以营利为目的而组织的各种高尔夫赛事。如：别克邀请赛、尼桑公开赛、NEC邀请赛、雷诺公开赛、克莱斯勒精英赛、迪拜沙漠精英赛等。

四、按照高尔夫赛事级别分类

1. 国际性比赛

国际性高尔夫比赛一般是指由国际高尔夫组织管理机构或国家与国家之间举办的世界性赛事。如：美国名人赛、英国公开赛和世界杯赛等。

2. 国家性比赛

国家性高尔夫比赛是指由国家级高尔夫球运动组织（如美国业余锦标赛、新加坡公开赛等管理机构）举办的赛事。

3. 地区性比赛

地区性高尔夫比赛是指由某区域性高尔夫组织管理机构举办的高尔夫赛

事,如华东六省高尔夫业余公开赛、上海地区精英赛、湖南"三湘杯"邀请赛等。

4. 俱乐部会员赛事

高尔夫俱乐部会员赛事是指由某高尔夫俱乐部组织本俱乐部会员与其家属参与的各类高尔夫赛事,如黄山高尔夫俱乐部会员赛、上海虹桥高尔夫俱乐部别墅会员邀请赛等。

五、按照比赛的竞技形式分类

1. 个人赛

个人赛,一般分为男子和女子个人赛两种形式,如美国男子职业高尔夫锦标赛、日本女子职业巡回赛、观澜湖世界高尔夫明星个人赛等。

2. 队际赛

队际赛是团体比赛,与个人赛中彰显个人成绩不同,这种比赛形式更凸显集体拼搏的精神。世界主要的职业高尔夫队际赛有莱德杯、世界杯、总统杯、索尔汉杯等。

六、其他常见的花式比赛

除了正式的比赛之外,有些在比赛时采用下小赌注的花式比赛方法(side games 或 games)

1. 段赛法

段赛法,即三分天下,球先上果岭者、均上果岭之球最近洞口者及球先进球洞者(距洞口较远者先推球,故即使推至洞口近处,也暂且不要推入洞)得1分,合计分数高者为胜,或以分数差异数计算输赢赌注。

2. 盲洞计杆赛

盲洞计杆赛有两种,一种是参赛者打一回合18洞,但赛后仅合计任意抽出9个洞的杆数,减去自己实际差点之半数,以净杆低者为优胜;另一种是合计18洞的总杆数,减去任意抽出3洞的杆数,再减去实际差点,以净杆低者为优胜。

3. 交换伙伴赛

交换伙伴赛即四人二球赛时,球员各三次即每6洞就变换伙伴一次,或6次变换球伴,即每3洞变换一次球伴,计算方式为分别给予低总杆数或者低净杆数者(有差点时)获胜。另一种赛法是在一回合结束后才配对,其方式亦如前所述。

4. 得分赛

将个人在每个球洞所打的杆数与该洞的标准杆比较后,换算成分数,比赛回合结束后,以分数最高者获胜。该赛法亦称善(好)、恶(坏)及丑陋(差劲)球赛,类似于史特伯福特赛事,其计算方法一般以下表标准计算分数,以获得最多分数者为胜,或以分数差点数计算赌注。

表 1-1　得分赛常用计算分数一览表

成绩	杆数	得分
Eagles	低于标准杆 2 杆	+9
Birdies	低于标准杆 1 杆	+6
Pars	标准杆数	+3
Bogeys	高于标准杆 1 杆	+1
Double	高于标准杆 2 杆	−2
Triple bogeys	高于标准杆 3 杆	−5

5. 纳索赛法

分成前 9 洞、后 9 洞及合计 18 洞三段式计算的比洞赛法,即前 9 洞、后 9 洞及合计 18 洞胜者各得 1 分,全胜合计 3 分:如前 9 洞胜 4 洞,得 1 分;后 9 洞输 2 洞,输 1 分,应为平手;但合计 18 洞,仍胜 2 洞,得 1 分;最后综合则赢 1 分。注意该赛法有两种形式:一是 1-1-1 形式,即上述方式;另一种方式是 1-1-2 形式,即全胜时赢 4 个球,全负时输 4 个球,至于选取何种方式;球员之间常在比赛前先约定。

6. 三六大顺赛

此赛法是结合四人赛、四球赛于一体的综合性比赛方式,一组四人分成两队,进行三种不同打法。

第一段为前 6 洞,打四人两球赛,每队 1 球,轮流击球至进洞为止。

第二段为中 6 洞,改打四球比杆赛,即每人各打 1 球,取每队成绩最佳者。

第三段为后 6 洞,每队 2 人,各自发球,选择其中一处好球位,另一球移到好球处继续打,下一杆仍选其中好球位处击球,依次打到进洞为止。比赛回合结束后,以赢洞数较多者为胜。

7. 拉斯维加斯或赌城赛法

本赛法因美国赌城而得名,四人一组,分成两队根据每洞成绩进行对抗。比赛回合结束后,以每个人的总分数多少决定胜负。配对及分数计算方式

如下:

配对方式:根据每洞成绩排名,第一名与第四名配对,第二名与第三名配对;每洞均需重新排名与配对。

分数计算方式:假设在一个4杆洞,甲队成员分别打出4杆与5杆,则甲队分数以先小后大合并为两位数得45分;若乙队分别打出5杆与6杆,则乙队得分为56分;这样甲队每个人在此洞得11分,乙队每个人在此洞得负11分。但如果甲队其中一人杆数低于标准杆一杆,则乙队得分必须先大后小排列合并。如该打洞标准杆为5杆,甲队分别打出4杆和5杆,其中一杆低于标准杆一杆,则甲队分数以先小后大合并为两位数得分45分;而乙队分别打出了5杆和6杆,则乙队分数以先大后小合并得分65分;此时,甲队每人在此洞得20分,乙队则每人在此洞负20分。

【课后思考】

1. 根据不同的高尔夫比赛方法,高尔夫赛事可以分为哪两种类型?阐述它们的区别。
2. 按照高尔夫赛事规模和性质分类,可以分为哪几种不同的比赛?
3. 阐述你了解的花式高尔夫比赛方法。

任务三
世界著名高尔夫赛事

知识目标
- 了解目前高尔夫六大巡回赛；
- 了解高尔夫"四大满贯"赛事；
- 了解高尔夫两大杯赛。

技能目标
- 知晓四大满贯赛事举办的时间、地点。

素质目标
- 通过掌握著名赛事的基本知识，建立比较、对比思维，养成善于总结的学习习惯，形成肯于追求卓越的态度。

欧米茄中国巡回赛的来龙去脉

欧米茄中国巡回赛是由中国高尔夫球协会批准，世界体育集团（World Sport Group）举办、管理及推广的中国唯一男子职业高尔夫巡回赛。中高协通过与世界体育集团合作，建立了一个长期计划，通过启动中国巡回赛帮助中国职业高尔夫选手提升比赛水平，增加他们的比赛机会。

2005年世界体育集团与中国高尔夫球协会合作推出了中国巡回赛。2005年举办了四场赛事，每场三轮。2006赛季，全球著名品牌欧米茄加入巡回赛，冠名赞助中国巡回赛。赛事也增加到全年六场，每场四轮。2007赛季和2008赛季，年度赛事均为8场。

> 在不足四年里,欧米茄中国巡回赛已经为中国球员提供了稳定良好的赛事平台,梁文冲、张连伟、李超都在欧米茄中国巡回赛上多次夺冠,为个人职业生涯增添佳绩。廖贵明、吴康春、尚磊、陈小马、袁浩以及吴阿顺都在全面提升个人竞争力。新一代球员如19岁的苏东等也正通过巡回赛迅速被球迷所熟知。电视、媒体报道以及现场观众人数一年比一年多,更多外籍职业选手的参赛提升了赛事水平,也为中国职业球员提供了将来参加海外赛事的机会。
>
> 2017年开始为职业球员打通欧洲巡回赛通道,赛季奖金王将直接获得欧巡一级赛事全卡,奖金榜接下来的3位球员,可以获得欧巡赛资格赛第二阶段的免选资格。奖金榜接下来的5位球员,可以获得亚巡赛资格赛决赛阶段的免选资格。
>
> 自2018年起,开始独立拥有世界积分(OWGR)。中国巡回赛秉承"融汇世界文明、传播中华自信"的理念,立足于中国,是向世界开放的国际竞技平台,通过与欧巡赛、亚巡赛等国际巡回赛组织的广泛合作,为球员搭建"引进来、走出去"的"一带一路"桥梁。
>
> (资料来源:根据新浪体育高尔夫频道中国巡回赛专题资料整理.)
>
> **思考**:中国巡回赛在世界高尔夫大赛中拥有怎样的地位?

高尔夫运动风靡全球,成为世界三大体育产业之一,其中非常重要的因素在于高尔夫赛事具有的独特魅力。高尔夫著名赛事主要包括六大巡回赛、四大满贯赛、两大杯赛。

一、六大巡回赛

高尔夫巡回赛系列主要包括美巡赛、欧巡赛、亚巡赛、日巡赛、澳大利亚巡回赛和南非巡回赛。

1. 美巡赛

"美巡赛"(PGA Tour),是一项美国职业高尔夫球系列赛事的统称,也是负责运作这些赛事机构本身的名称。PGA Tour是一个非营利组织,具有浓厚的公益慈善色彩,往往代表着举办地的慈善事业发展程度,除了个别几项历史较久的赛事外,大多数PGA巡回赛都为非营利性质。

PGA Tour系列赛事主要包括PGA巡回赛(PGA Tour,属于顶级赛事)、冠军巡回赛(Champions Tour,面向50岁以上高尔夫球员)和全美巡回赛

（Nationwide Tour，一项中级赛事）等。每年全美巡回赛的总奖金榜前25名选手可以获邀参加下一年度的PGA巡回赛。另外，如在同一年度的该巡回赛中获得三项冠军，可以直接获邀参加当年度剩余的PGA巡回赛。每个赛季末，PGA巡回赛总奖金榜前125位选手可以获得直接晋级下一赛季大部分PGA Tour的资格卡，但是有几项邀请赛只对上年度前70名选手提供免资格赛待遇。总奖金榜第126名至150名的选手可以获得优先轮候资格卡，如果前125名选手有空缺某项比赛，他们可以优先顶替这一名额。赢得一项PGA巡回赛赛事的冠军，就可以获得一张参加今后两年全部巡回赛的资格卡，如再多赢一场，资格卡期限可再增加一年，以此类推，但上限为5年。赢得世界高尔夫球锦标赛或巡回锦标赛的冠军，则可以获得3年的免资格赛特权。如赢得了四大满贯赛事中任何一项冠军或者球员锦标赛的冠军，免资格赛特权可达5年。此外还有一些免资格赛特权规定，例如：获得20次以上巡回赛赛事冠军的，可以终生免参加资格赛；列入生涯奖金榜前50名但不满足其他免资格赛条件的，可以获得在一年度内的一次免资格赛特权；上述奖金榜前25名的选手可以获得在一年度内的两次免资格赛特权；对于一些因伤病退出赛季的选手，可以使用医疗免资格赛特权而重新获得资格卡。

2010—2020年期间，高尔夫美巡赛共举办了479场，共有169名选手获得过冠军，其中有159场美巡赛被非美选手夺取过冠军，其中有12位澳大利亚人，赢得33个美巡赛冠军。

2. 欧巡赛

欧洲巡回赛是世界顶级高尔夫六大巡回赛事之一，其从奖金数额及参赛球员水平上仅次于美巡赛。欧巡赛同时还是一个担保有限责任公司，经营业务广泛，不过其首要的任务是管理职业高尔夫赛事。这项独特业务的目标就是要为会员谋取福利。欧巡赛会员其实也就是参加比赛的球员，他们通过比赛，赢取赛事奖金。

欧巡赛总部设在英国萨里温特沃斯，董事会由12名选举产生的董事构成。董事必须现在或曾经是欧巡赛会员。欧巡赛赛事委员会由14名球员组成。欧巡赛的基金来自赞助商、供应商、政府、电视及门票收入等。这些基金培育出一个国际性的大圈子。在这个不断扩展的圈子中，欧巡赛在各个水平上积极推广高尔夫赛事。现设有欧洲巡回赛、欧洲常青巡回赛、欧洲挑战巡回赛。2011年，我国的深圳观澜湖举办了首个欧洲常青巡回赛。

3. 亚巡赛

亚洲职业高尔夫巡回赛，简称"亚巡赛"（Asian Tour），是由新加坡、泰国、菲律宾、缅甸、印度、南非、中国香港、中国台湾八个国家及地区的职业高尔夫协会于1994年联合协议创立的。它在亚洲各主要国家建立起职业高尔夫比赛的标准。亚巡赛的宗旨是为亚洲各国的职业高尔夫球员提供一个稳步发展的环境，使他们的职业水平逐渐提高到国际水准，最终从亚洲走向世界。为了给亚洲选手以更多的参赛机会，亚巡赛一方面规定每场比赛的非亚洲选手不得超过35名，另一方面通过每年的赛事会议提供给高尔夫运动成长迅速的国家一定数量的免资格赛入围名额，以帮助这些国家及地区中有潜力的佼佼者顺利获得亚巡赛的参赛资格。这种保护措施充分保障了亚洲选手在巡回赛中的利益。

1999年5月大卫杜夫·咖啡（Davidoff Cafe）加盟亚巡赛，成为新一任冠名赞助商，将其正式易名为"大卫杜夫巡回赛"（Davidoff Tour），更是为亚巡赛注入了一股强大的新鲜血液。大卫杜夫·咖啡的新合约推动了亚巡赛在跨入新纪元时重振雄风。Tee-off 2000计划的全面启动为亚巡赛在2000年揭开了崭新的篇章，其中包括扩大赛事规模、增加奖金额、举办更大型赛事、为选手争取国际认可，提升世界排名等。

亚巡赛每年在亚洲各地的二十多场赛事均由举办国当地的一家赞助商赞助并冠名。1999年8月，中国天津经济技术开发区斥资赞助20万美元奖金的泰达天津公开赛，创下了中国大陆本地企业赞助亚巡赛的先例，使亚巡赛在中国的赛事从往年的两站增加到三站。2019年7月1日亚巡赛任命唐筹民（Cho Minn Thant）为亚巡赛CEO（首席执行官）和专员，推动亚巡赛进一步增强比赛赛程以及商业发展。

4. 日巡赛

1973年，日巡赛（Japan Golf Tour）诞生。日巡赛的目标就是让日本国内和国外的赛事事务都能有序地进展，同时改善巡回赛球员们的财政状态，创建和发展丰富的体育文化，培养日本国内球员，希望他们有一天能在国际上立足。作为世界六大高尔夫巡回赛之一，日巡赛目前由1999年2月8日成立的日本高尔夫巡回赛组织（Japan Golf Tour Organisation，JGTO）进行管理。作为职业体育竞赛团体，他们不仅为推广和传播高尔夫做出了贡献，也加强了日本国内球员与国际球员的交流和联系。在与合作伙伴们的共同努力下，日巡赛负起创建新的高尔夫文化的责任，他们的目标就是进一步推广和传播高尔夫。

日巡赛很注重青少年高尔夫运动的发展，经常组织职业球员们针对青少年开展教学，为青少年团体捐赠全套的高尔夫设施，希望有更多的青少年球员能积极参加日本高尔夫球协会主办的"青少年高尔夫运动培养竞赛"（Junior

Golfer Nurturing Competition）。

日巡赛最高的权力机构是全体大会，大概有 200 名会员参加。其下是董事会，包括董事会主席、副主席和执行董事。执行董事包括球场设置董事和客户关系董事。董事会下设有秘书处，秘书处的官员有国际部/赛事运作部的高级主管，计划发展部的高级主管和日常事务高级主管，以及营销管理高级主管和公关主管。

日巡赛有着完善的数据统计系统。从 1985 年至今，每名球员每个赛季的开球距离、平均每轮杆数、标准杆上果岭率、沙坑救球率等 30 多项技术统计都有相关数据记录。

5. 澳大利亚巡回赛

澳大利亚巡回赛（PGA of Australia）是世界六大巡回赛之一，如今，澳大利亚的各种体育项目都呈现出外强中干的态势：海归永远强于本土；本国联赛逐步遭遇生存危机。而高尔夫作为澳大利亚最受欢迎的群众性体育运动，也经历着从强盛走向危机的痛苦。

从 20 世纪 80 年代初的世界高尔夫赛程不难发现，位于南半球的澳大利亚，由于气候以及自然因素等原因，一直成为职业球员冬季练兵的最佳选择地，以此来保持良好的状态迎接接下来的巡回赛。但这样的日子显然已经成为过去，无论从赛事数量还是奖金来说，澳大利亚巡回赛明显在走下坡路，澳大利亚已经不再是世界顶尖球员练兵的舞台。

喜力精英赛，作为澳大利亚奖金最高的赛事，在 2005 年举办了最后一届赛事之后，由于冠名赞助商对电视收视率以及入场观众人数不满而停办。历史悠久的澳大利亚公开赛也陷入了同样的泥潭。参赛选手的质量大大下降，甚至找不到冠名赞助商。澳大利亚巡回赛从鼎盛时期的几十场比赛下降到今天的个位数，情况非常不乐观。

6. 南非巡回赛

南非巡回赛作为世界六大巡回赛之一，其历史并不算很长。于 20 世纪 60 年代末由南非职业高尔夫球员协会成立。到 20 世纪 90 年代，巡回赛成长到一定阶段后开始和职业球员协会中的其他部分开始冲突，最终 Johan Immelman 带领南非巡回赛脱离职业高尔夫球员协会，迁移到 Somerset West 的 Vodacom 俱乐部，之后为了更具吸引力、便于扩张，更名为"阳光巡回赛"。而今在美巡赛、欧巡赛都因为经济危机焦头烂额之际，南非巡回赛却表现出了不一般的冷静。

二、四大满贯赛事

1. 美国公开赛

美国高尔夫球公开赛（United States Open Championship）简称"美国公开赛"（U.S. Open），是每年一度的高尔夫球四大满贯赛事之一，由美国高尔夫协会（USGA）主办。

第一届美国公开赛于1895年10月4日在9洞的纽波特高尔夫俱乐部（Newport Golf Club）举行，有10个职业球员和1个业余球员参加1天4轮共36洞的比赛。冠军Ravlins得到总奖金335美元中的150美元，外加一个奖杯。从1900年起，一些著名的英国球员的加入让赛事逐渐被重视，其中有哈利·瓦登（Harry Vardon）和约翰·亨利·泰勒（John Henry Taylor）。他们在赞助人的支持下长途跋涉，称霸美国高尔夫球坛整整10年。1913年，年仅20岁的美国业余球员弗朗西斯·奎梅特（Francis Quimet）在加洞赛中打败哈利·瓦登和特德·雷（Ted Ray），惊动了整个高尔夫球界，至此，"美国公开赛"才成为真正的美国人的公开赛。

美国公开赛的特点是在长草中求生存。赛事所选中的都是难度高的球场，而且为了增加难度，组织者会提前把草蓄长，以至开赛时能修剪出比正常更窄的球道及更具惩罚性的长草（Rough）。

美国公开赛没有固定的比赛场地，而是每年选择美国境内的一个著名球场作为主办地，这是为了避免选手通过研究熟悉场地而产生不公平的竞争。1954年，球场从发球台到果岭的地方被围起，并实现全国电视转播。1965年，经过近70年变革的球赛，最后定为每天打18洞、四天共打72洞的形式。

2. 英国公开赛

英国公开赛（The Open Championship）始于1860年，是唯一在美国之外举办的大满贯赛，于每年7月的第三个周末举行。开始的12届公开赛固定在普雷斯特威克（Prestwick）海滨球场举行，之后移师到圣·安德鲁斯老球场（The Old Course of St. Andrews）。其后比赛选择不同的球场举行。在这之前，已沿用了10年的冠军奖品——镶嵌银牌的红色皮带，被现今闻名世界的"葡萄壶奖杯"（Claret Jug Trophy）代替。第一次世界大战后，公开赛由英国圣·安德鲁斯皇家古典高尔夫俱乐部（Royal and Ancient Golf Club of St. Andrews）主持，直到现在。自1982年第32届开始，英国公开赛由原来的两轮36洞改为4轮72洞，并一直延续至今。

3. 美国 PGA 锦标赛

第一届美国 PGA 锦标赛（PGA of America）于 1916 年 10 月在纽约布朗克斯维尔（Bronxville）希瓦诺伊乡村俱乐部（Siwanoy Country Club）举行，首届比赛为比洞赛。美国 PGA 锦标赛与美国公开赛、英国公开赛以及美国名人赛的不同点是，只允许职业选手参加，可以说是名副其实的职业大满贯赛。在百余年的发展过程中，这一赛事已经得到了全世界高球迷的认可，成为世界上最为重要的高尔夫赛事之一。赛事奖杯"沃纳梅克杯"是球员们最珍视的奖杯之一。1958 年，美国 PGA 锦标赛的比赛形式由比洞赛转变为比杆赛，由此美国 PGA 锦标赛迈入新的历史阶段。

4. 美国名人赛

美国名人赛（The Masters），又称"美国大师赛"，是世界高尔夫四大满贯赛事中唯一固定时间和地点的邀请赛。每年 4 月在佐治亚州的奥古斯塔国家高尔夫俱乐部（Augusta National Golf Club）举行。

名人赛其实是鲍勃·琼斯（Bob Jones）与克里弗德·罗伯茨（Clifford Roberts）的共同想法，旨在为高尔夫球界提供一场年度盛事。第一届名人赛于 1934 年 3 月 22 日举行，直到 1940 年才改在 4 月份第一个完整周举行，之后这个时间成为名人赛举办的固定时间。美国名人赛迄今已有 85 年的历史，其间仅有 1943~1945 年三年未举办。

美国名人赛虽没有正式的选拔及格赛，但为保持美国名人赛的高水准和维护其尊贵至高无上的形象，奥古斯塔国家高尔夫俱乐部对参赛资格做了如下 14 条规定：

（1）美国名人赛的冠军获终生参赛权；
（2）以往 5 年美国公开赛的冠军有权参加；
（3）以往 5 年英国公开赛的冠军有权参加；
（4）以往 5 年美国 PGA 锦标赛冠军有权参加；
（5）此前一年的美国业余锦标赛冠军有参赛资格；
（6）此前一年的英国业余锦标赛冠军有参赛资格；
（7）此前一年的美国公共球场业余锦标赛冠军有参赛资格；
（8）此前一年的美国业余中期锦标赛冠军有参赛资格；
（9）上届莱德杯赛美国代表队成员有参赛资格；
（10）上届美国名人赛前 24 名有参赛资格；
（11）上届美国公开赛前 16 名有参赛资格；
（12）上届美国 PGA 锦标赛前 8 名有参赛资格；

（13）上届美国名人赛结束之后至今属美国名人赛期间所有美国PGA巡回赛比赛的冠军有参赛资格；

（14）此前一年美国巡回赛奖金榜前30名有参赛资格。

三、两大杯赛

1. 莱德杯

莱德杯（Ryder Cup）始于1927年，因最初比赛的主赞助商是英国种子商人塞缪尔·莱德（Samuel Ryder）而命名。第一届莱德杯在美国马萨诸塞州的伍斯特（Worcester）球场举办，由12名来自欧洲各国的著名职业球员对抗来自美国的12名职业球员，比赛形式为比洞赛。赛事每两年举办一次，为期三天。前两天分别是四人赛（Foursomes）和四球赛（Four-ball），共16场，最后一天是12场单人赛。

四人赛是双方各出两人，轮流击球。这对两队友之间对球的理解和相互配合要求很高。四球赛则是双方各出两人，四个人同场较量，每人各自击打各自的4个球，最终每方取两人成绩较好的一个作为比赛结果。单人赛则是真刀真枪地一对一较量。每场比赛胜者得1分，败方0分，若打平则各得半分。卫冕冠军只需14分就可保杯，而挑战一方需要14.5分才能夺杯。由于比洞赛是按洞计算成绩，每一洞都要从零开始，因此比赛更富刺激性。球员在莱德杯上的表现不仅代表个人，更关系到国家的荣誉。因此，所有选手无不全力以赴，每洞必争，比赛紧张激烈、扣人心弦，完全可与其他竞技大赛媲美。

四人两球赛（Foursomes），也成为轮换击球赛：二人对抗二人，每一方各打一个球的比赛。球员轮流击球，直至球入洞为止。球员必须轮换发球：一球员在单数发球台发球，另一球员在双数球台发球。杆数最低者为该洞的胜方。

四球比洞赛（Four-ball）：四球比洞赛是二人中杆数较低者对抗另外二人中杆数较低者。每名球员各打自己的球。

单人赛（Singles）：只有两人对垒的比洞赛，较低杆数为胜方。若甲方在比赛中领先而乙方在余下的洞中无法超前时，赛事可无须继续，甲方便可胜出。以上三种形式的比洞赛，如果双方在某洞打和，便平分该洞。

胜负：以上三种形式的比洞赛，如果双方在某洞打和，便平分该洞。十八洞比赛完成后，若双方打和，每方各得半分。

2. 总统杯

总统杯（The Presidents Cup）于1994年由美巡赛创立并负责管理。该赛事基本模仿莱德杯，采用比洞赛方式决定胜负，由美国代表队和世界各国代表队

（不包含欧洲选手）双方各有 12 名参赛选手进行对抗。每两年举办一次，赛事举办地通常选在美国和欧洲以外的其他国家和地区。

各代表队由一名经验丰富的球员担任队长。球队队长主要负责安排在两人配对赛中队员的组合以及全体球员的出场顺序。比赛包括 6 场四人两球赛和 6 场四人四球赛。与莱德杯不同的是，在第一轮、第二轮的比赛中，双方全体球员都需要参加对抗赛；在第三轮比赛中，各方只有两位球员可以轮空休息；第四轮个人对抗赛也需要所有队员上阵。

无论是两人赛还是单人赛，胜利的一方都将为球队贡献 1 分。在两人赛中，如果两队打平，则各得 0.5 分。11 场两人两球赛、11 场两人四球赛和 12 场个人对抗赛，总计 34 场比赛，总得分为 34 分。因此，获取最终大赛胜利的球队需要至少得到 17.5 分。与莱德杯不同，总统杯赛事要求各队的每位球员都要参加全部双人对抗赛。

【课后思考】

1. 高尔夫六大巡回赛分别是什么？
2. 阐述四大满贯赛事的特征。
3. 阐述莱德杯的比赛形式。

项目二
初识高尔夫赛事运作

任务四 高尔夫赛事运作管理

任务四
高尔夫赛事运作管理

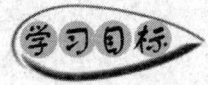

知识目标
- 掌握高尔夫赛事运作的概念;
- 了解高尔夫赛事运作的主体;
- 熟悉高尔夫赛事运作管理的过程。

技能目标
- 能制定一份高尔夫赛事运作管理流程。

素质目标
- 通过学习高尔夫赛事运作的基本流程,建立系统化、全面化的管理思维,树立严谨、认真的做事态度。

规范化业余赛事是终极追求

说到竞技性,首先就会想到要有一个比赛场地,在这个场地里再加上运动员、裁判员、观众、组织者、运作团队、赞助商等各路人马,就构成了一个"赛事平台"。

虽然朋友之间的友谊比赛也具有"竞技性",但最激动人心、最吸引眼球的竞技性平台显然是一场(或一次)精彩的赛事。为了搭建精彩赛事这个舞台,不但需要有在台上表演的运动员,在场下搭台的运作、媒体、裁判、营销等团队也必不可少。

专业团队只有按照"高标准、严要求"搭建这个平台,才会有更多的人愿意欣赏这场精彩的赛事，进而吸引更多的赞助商加盟以及更多优秀球队和球员的加入，继而有更高水准的平台、更多的赞助商……如此良性循环，才能成就一个令各方满意的"多赢"结果。

我国当下民间业余高尔夫赛事的现状是舞台搭了不少，但总体而言标准不够高，要求不够严，形成良性循环的不多。有很多原本很好的赛事，因为这个原因举步维艰，最终销声匿迹了。

我（李今亮）认为，我国民间业余高尔夫赛事最需要加强的正是专业团队"高标准、严要求"的工作程序，即"规范化"！

（资料来源：搜狐体育．原标题：《李今亮现场指点迷津 业余赛事规范化是大势所趋》．）

思考：一项高尔夫赛事（民间或官方）如何操作才能更加专业化、赛事才能更加规范化？

一、高尔夫赛事运作的概念

高尔夫赛事的本质是将输入转换成输出的过程，这个转换过程伴有管理活动，对转换过程的管理就是运作管理。高尔夫赛事的执行者是主办主体，通过主办主体的管理活动将输入转换成输出。运作管理是指对转换销售给消费者的商品和服务过程进行设计、运作和控制。高尔夫赛事运作则是指高尔夫赛事主办主体通过行使管理职能对赛事投入的人力、物力、财力和信息技术等进行合理使用和分配，有效地创造出竞赛产品和相关服务，从而达到赛事目的和目标的过程。

二、高尔夫赛事运作的参与体与主体

高尔夫赛事必须有人参与才能发生，即运作管理的实施和服务消费都必须有人参与，人是高尔夫赛事中的重要因素。赛事运作管理过程所能涉及的参与体和可能受赛事影响的人和组织可以分类如图2-4-1所示。

1. 主办组织

高尔夫赛事的类型不同、主办动机不同，其主办组织和参与者也会不同。例如，既有单项高尔夫赛事组织也有综合性体育组织，如大学生高尔夫锦标赛、全运会高尔夫比赛项目；主办组织可能是政府或政府中的具体体育部门；赛事的管理者可能是具体体育部门,也有可能是社团,如公司或者协会。不论高尔夫赛事主办组织是什么、有哪些参与者,主办组织都是赛事的关键参与体。主办组织、承办组织和协办组织都是组织赛事的群体,这三者组成的赛事群体是关键的参与体。

图2-4-1 高尔夫赛事运作的参与主体

2. 承办组织

承办组织对高尔夫赛事有重要的影响,承办组织对高尔夫赛事的支持至关重要。承办组织包括居民、商人、游说者和公共权力机构部门,如政府、交通、警察、消防和急救部门等。通常情况下,赛事管理者都会尽力使承办组织部门领导参与赛事工作,并预先在赛事计划中进行沟通,如举办大型赛事会对交通有一定的要求,警察部门的帮助非常重要,警察会联合设置停车点,进行街道封锁和安排特别通道等管制为赛事进行提供方便。

3. 赞助商和经费提供者

传统上认为赞助只是简单解决资金问题,可现在赞助是市场营销的一个重要组成部分。如今许多赞助商对赞助的看法发生了改变,商业赞助变成组织之间一种更高级的合作营销形式,赞助领域涉及整个赛事各个方面的投资,赞助商取得可利用的商业发展机会作为回报。由于某些赛事的经费属于捐助,经费提供者指向慈善机构或个人。

4. 媒体（电台、电视和报纸）

现今世界媒体的扩展，有线电视、卫星电视及互联网的增长等创造出了前所未有数量庞大的媒体产品。全球媒体组织网络及媒体图像和数据的快速电子传输使全球媒体联结成了一个整体。媒体的革命反过来给高尔夫赛事带来了革命，表现在高尔夫赛事在媒体中的虚拟存在已经等同或大于现场的存在，高尔夫赛事现场的观众远远少于电视观众。实际上，有些高尔夫赛事有时主要是为了电视观众，现场观众多少并不重要。比如旅游卫视把高尔夫赛事作为主要播放内容，通过电视转播吸引大量的观众，使赞助广告有用武之地才是重要的考虑因素。媒体是赛事参与体不可缺少的组成部分，是赛事商业运作的宣传者。

5. 工作团队（受酬职员和志愿者）

工作团队是指相互依赖以取得责任目标，由受酬职员和志愿者个人组成的正式群体。赛事团队是赛事实施的关键参与体之一。赛事的团队由赛事组织结构决定，不论赛事规模大小，每个人都与赛事的成败有密切关系，团队的选择和管理至关重要。

6. 参与者与观众

参与者包括运动员和教练员、裁判员和目标观众，他们最终会决定赛事的成功与失败。运动员是赛事的主体，随着商业化的不断提升，教练员和观众成为赛事的组成部分。没有运动员的精湛表现就不可能吸引更多更广泛的观众；同样，没有观众的支持，运动员的表现也便失去了意义。

总之，赛事的主要参与者是登上赛事舞台的主办组织和承办组织，承办单位包括不同的公共权力机构，其支持十分重要。赞助商和媒体是重要的伙伴，他们能够超出正常的赞助权利和媒体覆盖而在资源和支持上为赛事做出重要的贡献，运动员等参与者和观众从根本上决定了赛事最后的精彩程度。

7. 运作主体

高尔夫赛事运作主体是重要的参与体，其本质是赛事的管理者，即，可以使高尔夫赛事发生并进行管理的个人、群体或组织。运作主体既可以是主办组织，也可以是主办、承办、协办组织三者为一体的组织。高尔夫赛事种类繁多，赛事的目标不尽相同，为分担完成目标参与高尔夫赛事运作的主体构成成分也会不尽相同。只要是担负了一定的赛事运作任务（如竞赛、市场营销、媒体宣传等）的群体或组织，都算作赛事运作主体的一部分。

三、高尔夫赛事运作管理过程

不管是规模很大的高尔夫赛事还是规模很小的高尔夫赛事基本都具有相同的运作管理过程。根据项目管理理论,赛事运作管理过程可分为:可行性研究(申办)、计划、组织、实施、评价和结束。各步骤之间的界限是模糊而交叠的,赛事所有准备工作步骤完成之后,即赛事硬件设施,如场馆、场地、设备和软件设施,如通信、成绩传输网络,以及人员到位和资金顺利流动等准备就绪,赛事舞台就完全搭建起来,后面就可以按照竞赛日程时间安排进行赛事。

1. 可行性研究(申办)

高尔夫赛事始于想象和主意,首先碰到的问题是赛事的可行性问题,可行性研究结果反馈赛事思想和观念而使其进一步成熟。可行性研究是赛事运作主体对赛事运作环境因素进行正确评价和理解,即赛事运作主体在赛事举办或者申办之前对赛事的成本和效益等进行研究,评价举办赛事理由的价值和组织的资源(包括人、财、物)是否足够,从而判断赛事的可行性,做出"继续/停止"决定。赛事可行性研究的结果可以为赛事的申办或为赛事运作中的计划提供信息,让赛事参与体明白赛事的本质和目标,也为赛事战略制定提供依据。

2. 赛事计划

赛事计划是赛事产生的前提,赛事运作计划在赛事运作中占有非常重要的地位。一旦赛事可行性研究结果支持了赛事可行性,赛事就被确立,计划也随之启动。计划是一个过程,包括定义组织的目标、制定全局战略以实现这些目标并开发一个全面分层计划体系以整合和协调组织的工作。计划既涉及目标(做什么),也涉及实现目标的方法(怎么做)。计划首先是目标制定,必须根据对影响赛事的内外环境来确定目标设定之后进行战略管理,制定出赛事运作的具体作业计划,通过实施达到预期目标。计划实施过程需要监督和控制系统来保证赛事朝向目标方向前进。

3. 赛事组织

组织是为完成一些特别的目的,对人员而进行的有意安排。赛事组织的建立与赛事计划及实施有密切关系,没有组织的存在就无法进行作业计划的安排,赛事的实施必然要有组织去承担和完成,因此赛事组织意义重大。

4. 赛事实施

赛事实施是对赛事计划中作业任务的承担和完成,是赛事运作中最重要的部分，直接决定赛事的最终结果。组织结构建成后便进入作业任务的实施阶段。赛事实施与赛事计划部分交叠，如人力资源任务的进行在计划阶段就要开始，财政预算也随着组织结构类型不同而可能会尽早开始。如果组织结构是一种网络组织结构，那么预算在赛事开始之前就已经完成；如果赛事组织结构是一种职能型组织，那么财政预算任务的工作会一直贯穿赛事的始终。

5. 赛事评价和结束后管理

赛事评价是指通过对赛事实施情况仔细观察、测量和监视，获取正确评估结果的过程。赛事评价可以提供赛事的基本轮廓和重要的统计结果，为赛事参与体提供反馈，为赛事分析提供服务，在赛事管理过程中扮演着重要的角色。赛事的评价结果可为新闻媒体服务，并通过新闻媒体的报道来宣传赛事所取得的成效，以取得推广赛事的效果，为未来可能再出现的重复赛事在计划和寻求赞助上打下良好的基础。

赛事结束后管理是对赛事管理要素的清理工作，这主要表现在后勤工作和竞赛工作上，主要包括：

- 比赛成绩编制、印发和新闻信息的发布；
- 对即将离开的人员，包括所有志愿者、参与者、媒体和赞助商表示感谢和认可；
- 器材、服装等物资设备的归还、转让、出售或处理；
- 财务决算、平衡账目；
- 汇报；
- 工作总结：发送报告给赞助商和关键组织；
- 为运作未来赛事保留足够的记录；
- 奖励。

总之，赛事运作的可行性研究、计划、组织、实施、评价和结束活动是连续而有机联系的。为理解方便，根据以上对赛事管理过程的论述，用流程图2-4-2简明表示赛事管理过程。

任务四 高尔夫赛事运作管理

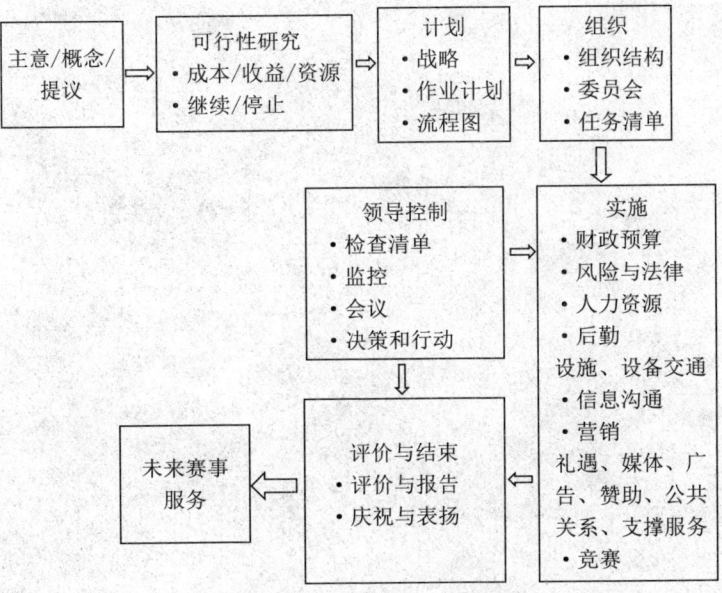

图 2-4-2　赛事管理过程流程图

【课后思考】

1. 高尔夫赛事运作的概念是什么？
2. 阐述高尔夫赛事运作的参与主体有哪些？
3. 高尔夫运作的基本流程有哪些？

项目三

高尔夫赛事的申办

任务五　高尔夫赛事申办可行性分析／37

任务六　高尔夫赛事的申办管理／48

任务五
高尔夫赛事申办可行性分析

知识目标
- 了解高尔夫赛事申办可行性分析的概念；
- 掌握高尔夫赛事申办环境分析的要素；
- 掌握高尔夫赛事申办报告包含的主要因素。

技能目标
- 能够完成一份特定高尔夫球场赛事申办可行性分析。

素质目标
- 通过对高尔夫赛事申办因素的分析，了解赛事举办所面临的挑战，树立敢于面对挑战、迎接挑战的意识，学会找到应对措施。

关于 2017 中巡赛–亚巡赛联合认证赛事申办公示的公告

各有关单位：

2017 中巡赛–亚巡赛联合认证赛事，为做好中巡赛–亚巡赛联合认证赛事的承办工作，进一步推动我国高尔夫球运动的发展，中高协和亚巡赛公开征求该项赛事的承办单位，现公告如下：

一、赛事简介

四场中巡赛–亚巡赛联合认证赛事的参赛球员阵容为中巡赛会员及亚巡赛会员，参赛人数为 144~156 人，赛制为四轮比杆赛。中国巡回赛的球员将可以获得亚巡赛准会员的身份，球员参赛获得的赛事奖金将列入亚巡赛奖金榜及中巡赛奖金榜。中巡赛奖金榜中的五位球员根据中巡赛晋级条件将获得2018年亚巡赛资格学校决赛阶段的参赛资格。这四场联合认证赛事的冠军也都将直接获得亚巡赛的全卡，并将至少获得14分的官方世界高尔夫排名（OWGR）积分。

二、主要申办条件

（一）拟定比赛时间

1. 7月13~16日
2. 7月20~23日
3. 8月17~20日
4. 8月24~27日

备选时间：11月30日~12月3日

（二）场地条件

1. 拥有18洞标准高尔夫球场地，长度在6500码以上。场地难度值在72以上，坡度难度值在120以上。标准杆为72杆。
2. 拥有真草练习打位，能够同时容纳30人左右练习。
3. 球场与酒店距离在3公里之内，球场拥有配套酒店更佳。
4. 拥有能够容纳150人左右的室内和室外活动空间，用于举办赛事相关活动。

（三）亚巡赛将为入围申办方提供举办赛事的后勤需求及标准运作流程说明。

（四）人员条件

1. 球童人数在50人以上，能够满足赛事使用。
2. 赛事、活动运作核心人员能够熟练使用英语交流。

（五）赛事活动

1. 举办开幕式、欢迎宴会、闭幕式。
2. 申办单位在赛事规定活动的基础上，提出各活动创意方案，应当尽量体现当地风土人情和文化特色。

（六）费用负担情况

1. 各参赛队员旅费、食宿费用自付。
2. 承办单位负担场地、宣传、各项活动和赛事运作费用及保险费用，国际组织和组委会的食宿费用。

（七）缴纳承办保证金

获得承办权的单位，须在与中高协及亚巡赛签订承办协议之后的10个工作日内,向主办方或认证单位预缴赛事奖金金额(即每场赛事30万美元到50万美元)。剩余需要缴纳的赛事费用将在每场赛事举办前30天缴纳给主办方或认证单位。

(八)相关权益说明

1. 承办单位必须承诺将取得所需的资金以担保赛事承办的所有费用。如承办单位希望赛事包含电视直播,则还需另外承担电视制作费用。电视直播是可选的。

2. 亚巡赛和中高协保留媒体版权及电视转播权。

3. 亚巡赛和中高协为其各自的赞助商保留小部分的赛事赞助商权益。

4. 承办单位将根据赛事球员参赛规模获得赞助商邀请名额。赞助商邀请名额将根据承办单位或其赞助商的需求来进行分配。

三、申办资格

申报单位应为独立法人单位,公司注册资本在1000万人民币以上,具有承接高尔夫比赛的合法资质。

四、申办文件

申办单位须提交申办文件,由以下部分组成:

(一)申办承诺书

承诺完全依照上述主要申办条件的各项要求和遵守中高协竞赛管理的相关要求完成赛事的筹备和举办。

(二)营业执照

申办单位须提交营业执照等相关合法文件。

(三)办赛成功案例

申办单位须提交过去成功举办赛事的案例报告。具有成功举办国际赛事经验的单位优先。

(四)赛事活动的创意方案

(五)其他文件

申报单位应提供与拟举办比赛球场之间的合作备忘录或协议书。

五、申办程序

(一)申办公告公示:2017年4月10日-5月10日

(二)选定承办单位公示:2017年5月11日—5月21日

(三)签订承办协议:2017年6月21日

六、联系方式

有意申办的单位请于5月10日17:00前将申办文件报至中国高尔夫球协会。

特此公告。

（资料来源：国家体育总局.）

思考：根据上述申办公告分析申办高尔夫赛事的可行性。

举办高尔夫赛事首先遇到的问题是赛事的可行性问题。可行性研究是赛事运作主体对影响赛事运作环境的因素进行正确的评价和理解，即在赛事举办或者申办之前对赛事的成本和效益等因素进行研究，评价举办赛事动机的价值导向和资源配置（包括人、财、物）是否充足以及社会效益和经济效益的预期价值，从而判断赛事的可行性程度，做出"继续或停止"的决定。赛事可行性研究结果为赛事的申办提供信息，让赛事管理者明白赛事的本质和目标，也为赛事战略计划的制定提供依据。考虑到赛事的影响力和赛事舞台搭建所需的各种人、财、物、信息、技术资源等条件，赛事可行性研究涉及的内容和范围应包含以下因素：

一、高尔夫赛事申办环境的优劣势分析

1. 高尔夫赛事的管理水平

高尔夫赛事运作的管理水平是对组织者专业能力的一项重要评价。对于职业高水平的高尔夫比赛，组织者的竞赛管理水平是完成赛事目标的重要保障，主要体现在下列两方面：

第一，赛事组织者内部的专业人员的原始储备；

第二，竞赛专业管理人员的搭配与组合情况。

比如邀请专业人员参与赛事组织与运作的可能性、其专业能力是否符合竞赛的基本要求等，都是直接影响赛事管理水平最基本的因素。

2. 高尔夫赛事的人员配置

无论组织赛事的规模大小、球员水平差别的大小、比赛等级的高低，以及围绕赛事目标的各项管理方法和步骤如何，都需要在赛事总体目标实施策略的指导下通过人们具体的操作来完成。从赛事的招商和社会宣传，到竞赛裁判人员的临场工作，从球员签到的接待和竞赛分组，到为球员所配置的球童服务，从比赛记分、球员成绩和名次的核准与评判，到为球员创造良好比赛环境的后勤保障等，凡事关竞赛工作的每一个环节，都需要围绕总目标的实施和不同层面、不同职责相关人员的共同努力才能完成拟定的赛事目标，达到预期目的。

因此，高尔夫赛事人员的配置，是评价竞赛组织工作内部环境的重要指标。

3. 高尔夫赛事的场地情况

高尔夫球场是高尔夫赛事的物质载体。从场地设施来讲，高尔夫球场与其他运动项目的场地设施相比，有着鲜明的、与众不同的特点。由于高尔夫球场在设计与建造方面的特殊要求，决定了在场地设计风格和建造特点上没有统一的标准。因此，对于组织不同等级和不同规模的高尔夫赛事活动，选择适宜的比赛场地是成功举办比赛的重要基础条件。

比如，职业高尔夫比赛或者高水平的业余比赛，对于比赛场地的要求就不能等同于组织地区性的高尔夫业余球员联谊赛或俱乐部会员月赛等一般小型业余赛。球场的难度和长度是否合适、球场的设计风格和特点能否与组织或承办比赛的目的相适应、球场以外的其他设施条件能否与赛事的规模和级别相适应等因素，都是作为考察场地情况的客观指标。

4. 高尔夫赛事的财务状况

高尔夫赛事的财务状况是完成拟定赛事目标的经济保障。对于组织高尔夫赛事，财务状况一方面是来自组织者自身的财务基础与当前的资金使用状况，而另一方面则是来自对赛事的商业策划和市场运作。如：通过良好商业策划所营造的赛事融资环境，所带来的是企业投资、商业赞助、相关产品和专利的转让以及品牌冠名等经济回报，是对组织高尔夫赛事活动财务基础状况的客观评价。资金缺口的大小、对融资与招商的规模力度的要求、可利用和已到位的资金额度等，都是体现组织者组织高尔夫赛事活动财务基础的重要因素，同时也是对组织者内部环境优劣势的重要评价因素。

5. 社会制度层面的支持力度

所谓社会制度层面的支持力度，是指高尔夫运动在当地的社会发展进程中政府的职能管理部门对高尔夫运动的发展和赛事的市场化运作所制定的各种相关政策、法规、法令以及行政管理措施等，而这些管理措施对高尔夫运动在本地的发展，尤其是举办大型高尔夫赛事之初乃至扶持的力度有多大以及对组织者来讲都是至关重要的。

6. 区域性的社会经济发展基础

一个国家的经济基础是一切社会实践的物质基础和社会发展的基本保证，也是影响高尔夫赛事开展的主要因素，尤其对于举办大型高尔夫赛事活动，更需要区域经济发展基础作为坚实后盾。当一个地区经济基础处于较高的发展水平时，能对组织大型高尔夫赛事形成有利的投资环境，相反，如果区域经济发展基础尚处在较低水平，对于组织大型高尔夫赛事活动也就失去了赛事活动所必需的、来自社会各界的经济支持。

7. 文化观念的认识程度

对于高尔夫赛事的组织者来说，高尔夫文化在当地的发展基础（社会媒体对高尔夫赛事活动宣传和报道的力度、高尔夫社会群体和高尔夫赛事观众的社会基础）、社会各界对高尔夫运动的整体评价以及组织赛事对社会文化层面的影响等，都是在组织高尔夫赛事时应考察与研究的基本对象和重要因素。

8. 社会消费价值取向的作用

作为高尔夫赛事组织者来讲，一方面应充分考虑当地的高尔夫消费群体在高尔夫消费能力、消费心理和消费行为等方面的基本特征，如何合理评价当地高尔夫消费的主流群体，以及在高尔夫消费价值取向上有无可发挥的资源优势；另一方面，应考虑如何利用当地高尔夫消费群体的资源优势，为赛事活动营造声势，扩大赛事（高尔夫俱乐部）的社会影响力，通过赛事活动宣传高尔夫文化，打造赛事品牌并带动当地的高尔夫市场消费，来促进和挖掘当地的高尔夫潜在市场的发展。

以上八个方面是在组织高尔夫赛事活动前，针对其内外部环境优劣势应重点进行分析和评价的要素。实际展开工作时可利用表3-5-1列举的详细因素进行具体分析和评估。

表3-5-1 高尔夫赛事申办环境优劣势分析表

评价类型		评价内容	评价结果	
			评价等级	总评
内部环境	管理水平	赛事的组织经验		
		专业人员的结构与能力水平		
		专业人员的储备状况		
	人员配置	赛事工作人员的数量		
		赛事其他相关人员的数量		
		赛事服务志愿者的数量		
	场地条件	赛场的地理位置和综合环境		
		赛场的难易程度		
		赛场的设施条件		

续表

评价类型		评价内容	评价结果	
			评价等级	总评
内部环境	财务状况	赛事财务预算和收支状况		
		赛事融资环境		
		其他资金的支配和调控情况		
		潜在消费群体市场较大		
		高尔夫消费群体成熟且稳定		
外部环境	社会制度层面的支持力度	竞赛市场的成熟度		
		国家政策法规的倾向性		
		相关管理体制的规范性		
	区域性社会经济发展情况	GDP 指标水平		
		有企业赞助的成功案例		
		赛事的融资环境		
	文化观念的认识程度	大众的认知度		
		媒体的宣传力度		
		高尔夫文化氛围		
	社会消费价值取向的作用	高尔夫主流消费群体的社会导向性		
		潜在消费群体市场		
		高尔夫消费市场		

二、高尔夫赛事申办的机遇分析

高尔夫赛事组织环境的机遇因素分析主要包括以下几个方面：扩大申办单位的社会影响力，打造知名赛事品牌；打造赛事组织与管理的专业团队，建立人才梯队储备；促进商务合作和友好往来以及增加赛事活动的利润收入。

1. 扩大社会影响力，打造知名赛事品牌

成功的高尔夫赛事运作，总是能够使球场（高尔夫俱乐部）和赛事组织得到良好的行业评价和社会认可，行业的积极评价和社会认可，能为球场和赛事组织者带来良好的社会回报。由于一次成功的赛事运作，球场和赛事组织者所

取得的专业信誉往往会产生进一步延伸的社会发展空间，使球场或赛事组织者聚集更加坚实的市场能量，为球场今后的经营创造更多商机；也能为赛事组织者在行业影响力、社会认知度以及赛事活动专业化等方面塑造更加优良的品牌形象。所以，对于高尔夫赛事，无论是赛事组织者还是高尔夫赛事承办者，通过赛事运作所带来的市场机遇是客观存在的，赛事社会影响力的扩大、赛事品牌的树立通过组织者的努力是可以实现的。

2. 打造赛事组织与管理的专业团队，建立人才梯队储备

高尔夫赛事工作，是一项专业化程度高、涉及面广、组织细致的工作。当今国际职业高尔夫赛事的组织工作往往是由专门从事赛事组织的机构来完成。此类机构须根据赛事的规模、参赛球员的技术水平、赛事的级别等具体情况，对参与赛事组织的专业人员进行合理搭配与优化组合。因此，对于赛事组织者来说，通过举办高尔夫赛事，可以培养锻炼和打造一支专业化的赛事组织团队，建立符合球场发展和赛事工作需要的专业人才梯队。

3. 促进商务合作与友好往来

高尔夫赛事不仅仅是一项竞技比赛，而且也存在巨大的社会经济及文化发展与合作的市场商机。高尔夫文化有其自身的魅力，在现代经济发展大潮中，具有强劲的文化向心力和市场经济包容性。高尔夫赛事的组织，实质上就是要实现"高尔夫赛事搭台，经济与文化唱戏"，即为实现社会经济及文化的健康发展，建立企业之间的经贸往来合作通道，发挥出高尔夫运动在经济与文化方面的特殊功能和作用。所以，高尔夫运动作为当代社会发展进程中的一种文化现象，通过高尔夫赛事的举办，往往能够促进当地的经济发展和文化交流往来，为企业和市场带来发展契机。

4. 增加赛事活动的利润收入

能否通过组织赛事取得可观的利润收入，是高尔夫赛事组织者密切关注的焦点，作为赛事组织者，应当在准确、客观评价内部与外部相关因素的前提下，根据赛事的整体策划，来客观评价和预测利润收入，为该次赛事确定新的经济增长点。赛事组织者通过制定有针对性的实施计划和运作方法，力争使可预见的利润收入在可控制的范围内得以实现。

以上四个方面分析了组织高尔夫赛事可能存在的机遇。在对组织某项高尔夫赛事进行市场机遇评价时，可以参考或采用如下所示的评价表（见表3-5-2）。

表 3-5-2　高尔夫赛事申办机遇分析表

评价类型		评价内容	评价结果	
			评价等级	总评
机遇	扩大社会影响力，打造知名赛事品牌	为球场经营扩大市场影响		
		促进会籍和相关产品的销售		
		提高企业的社会知名度		
		增强赛事活动的经济附加值		
	打造赛事组织与管理的专业团队，建立人才梯队储备	打造高尔夫赛事的专业团队		
		建立赛事运营与管理的专业人才梯队		
		形成良好的专业人才培养体制		
	商务合作和友好往来	国际性商务活动		
		大型招商引资活动		
		大型高尔夫会展		
		其他高尔夫主题活动		
	增加赛事活动的利润收入	赛事品牌影响力增大		
		赛事形象与企业目标的一致性较强		
		赛事产品的利润率大		
		企业产品的关联度高		

注："评价结果"栏，按照"确定""有待培养"和"需控制"三个档次填写每一个项目内容的总体评价。

三、挑战因素

高尔夫赛事的挑战（威胁）因素主要来自自然界、经济、球场环境以及参赛球员方面等。

1. 来自自然界的挑战因素

高尔夫比赛最大的"天敌"莫过于自然界中的恶劣气象灾害，如雷暴、大雨、冰雹、台风等，对高尔夫赛事的开展形成致命的威胁。因此，作为申办者在确定比赛时期时，应当通过当地气象部门，对比赛前后一周时间内的气象资料予以掌握，还要避开可能出现的不利于赛事的气象条件时间段，比如我国南方地区的雷雨天气、台风季节以及梅雨季节等。

2. 来自经济方面的威胁和挑战

政府在宏观领域所进行的经济紧缩、调整以及可能出现的经济萧条，都属于市场可预见性因素。组织者可通过相应的策略调整以控制或避免这些因素对赛事可能产生的影响。而对于不可预见的情况，如企业终止或退出赞助赛事而造成比赛经费大面积缩水，对这种潜在的甚至无法预见的情况，赛事组织者应当有足够准备，要善于灵活运用法律手段和各种市场机制来保护自身的正当合法利益。鉴于上述情况，组织者在接受企业赞助或冠名前，要通过一定的合法手段，如通过银行资讯和法律咨询，对拟定的赛事冠名企业或主要赞助企业的社会信誉和经济实力等有基本的了解与防范，以免造成不必要的损失和被动。

3. 来自球场环境方面的不利因素

来自球场环境方面的不利因素，或者称为"潜在的威胁和挑战因素"，包括：通往球场中球洞区通道、球洞区果岭等的道路、桥梁等设施的自然破坏，或因赛前连降大雨出现塌方、大面积积水，球场其他设施的突发停水、停电，甚至是球场工作人员罢工、俱乐部会员抗议等。这些情况的不可预见性是赛事组织者无法控制的，会给本应顺利举办的赛事活动带来重大影响，甚至导致赛事中途停赛。因此，对于来自球场方面的潜在威胁或挑战因素，赛事组织者也应当把它们列入赛事应急预案中，并准备相应防范措施和应急方案。

4. 来自参赛球员方面的不利因素

对于高尔夫赛事活动的组织者，为了提高比赛的影响力和知名度，往往会邀请国内外著名的职业球员参加比赛，借此来提高比赛的观赏性和社会的关注度。因为比赛有明星球员的参赛，企业的赞助往往会围绕明星球员开展各种商业活动，这样可能会产生更好、更大的社会效应。这是赛事组织者和企业赞助商所希望看到的。但是特邀参赛的球员可能会因出场费、天气、身体、交通等各种原因在赛事活动开始前突然告知不能参赛，这种突发事件在高尔夫赛事组织中时有发生，给组织者带来极大的被动和不利影响，对企业的商业赞助商也会带来不同程度的经济损失。因此，作为高尔夫赛事活动的组织者，在承办和组织大型赛事活动时，必须考虑到所邀请的著名球员或社会知名人士缺席等情况，因为这种个人行为可能会导致组织者的尴尬，甚至对整个赛事活动产生不利的严重影响。

以上四个方面分析的是举办高尔夫赛事活动中可能对组织者造成不利影响、潜在威胁及挑战的相关因素。组织者可以参考表3-5-3，对赛事威胁和挑战因素进行分析，以便采取和制定相应的应对方案。

表 3-5-3　高尔夫赛事申办威胁和挑战因素分析表

评价类型		评价内容	评价结果	
			评价等级	总评
挑战	自然界的挑战	气候温度因素		
		雷暴雨多发季节或时段		
		其他灾害性天气		
	经济方面的挑战	赞助商的突然退出		
		政府经济政策的调整		
		相关资金无法达到预期目标		
	球场环境的不利	球场所处区域的交通		
		球场的维护状况		
		球场员工对赛事的参与度		
	参赛球员方面	球员无法履行参赛协议		
		参赛球员的个人消费能力不够		
		因无法抗拒的因素不能参赛		

【课后思考】

1. 根据所在地区阐述高尔夫赛事申办过程中环境优劣势主要表现在哪些地方？
2. 根据所在地区阐述本地区申办高尔夫赛事的机遇。
3. 阐述高尔夫赛事申报所面临的主要挑战。

任务六 高尔夫赛事的申办管理

```
知识目标
  ➢ 了解高尔夫赛事申办的概念;
  ➢ 熟悉申办高尔夫赛事的基本条件;
  ➢ 了解考察高尔夫赛事申办方的内容。
技能目标
  ➢ 根据高尔夫赛事申办条件,考察某单位所具备的承办赛事的条件。
素质目标
  ➢ 通过了解赛事申办的要素及申办基本流程,建立全面系统思维,树立程序化意识,养成实事求是、精益求精的工作态度。
```

四载求索,十二年功成
——欧米茄观澜湖高尔夫世界杯申办全过程揭秘

不久前,PGA国际联盟在英国宣布,世界第一大球会——观澜湖高尔夫球会成功赢得了2007年到2018年连续12届高尔夫世界杯的主办权,这一消息立刻在全球的高尔夫界掀起了巨大的波澜。

观澜湖究竟凭借着何种魅力,打破欧美的垄断,连续12年赢得了PGA国际联盟的青睐呢?

围绕着欧米茄观澜湖高尔夫世界杯的台前幕后,曾经发生了一系列的故事。通过对这些故事的解读,我们将会揭开所有的谜底。

1500多个日夜的期盼

1995年，观澜湖高尔夫球会成立后不久，就为中国成功举办了有"高尔夫奥林匹克"之称的高尔夫世界杯总决赛。赛事的成功，令观澜湖高尔夫球会主席朱树豪博士更加拥有一个强烈的愿望，不断将全球最高水平的赛事引入中国。随后数年，朱树豪博士一直在寻找新的机会，这期间，国际高尔夫界也发展了新的变局。2000年，PGA国际联盟和国际高尔夫球协会（International Golf Association）达成协议，将创办于1953年的高尔夫世界杯与其他三大赛一起构成世界高尔夫锦标赛四大赛事，并以高额总奖金和顶级巨星云集，成为全球最受瞩目的赛事。能否让这项赛事再一次回到中国呢？朱树豪博士萌动了新的想法。在4年1500个日日夜夜里，他飞赴欧美不下百次，在几乎每月一次的拜访、会议过程中，朱树豪不断向PGA的同行们传达着这样一种理念："高尔夫缺少了13亿中国人的参与，根本称不上世界性的运动项目。希望在我退休、你们退休之前，我们共同来完成这一突破。如果总是说NO，在你们任期内无法完成这一想法，这将成为大家一生的遗憾。"

世界第一大球会的魅力

获得一项世界顶级赛事的主办权，仅仅有真诚的愿望和持久的努力是不够的。除此之外，世界第一大球会的无限魅力和巨大影响力，成为PGA国际联盟另一个无法拒绝的理由。

欧美各国一直对高尔夫运动情有独钟，而经济发展水平高于我们、高尔夫运动水平也远在我们之上的亚洲国家，特别是中东国家和地区，也都拿出强有力的申办砝码来申办。面对这些强有力的竞争对手，来自中国的观澜湖打出了"资源牌"，216洞、世界第一大球会的一流条件，包括"老虎"伍兹、安尼卡索伦斯坦等一流巨星的频繁到访，以及在过去10年举办过的超过30场国际赛事和条件，最终使观澜湖打动了挑剔的PGA官员，正如欧洲职业高协执行主席乔治·奥格拉迪所说："自1999年以来，世界杯已经先后在世界各地最好的高尔夫球场举办。现在，我们很高兴地看到这份名单上又增加了观澜湖球场的名字。"

中国综合国力的快速提升

高尔夫已经有550多年的历史，从欧洲发展到美国，再向全球普及。而中国只有20年的历史，但是对于PGA官员来说，一个不争的事实在于，中国正在成为全球高尔夫最具发展潜力的国家。

高尔夫世界杯连续12年在全球人口最多、经济增长最快、体育发展潜力巨大的中国举行，不仅会为世界高尔夫开辟一个新的大陆，也会把东方和西方的交流更紧密结合在一起，使高尔夫有机会成为真正全球化的运动，将高尔夫旅游和高尔夫经贸活动推向真正的全球化，更将以高尔夫带动国际间的体育经贸文化交流，开辟一个全球高尔夫产业共享的、全新的最大市场。

对于这些，PGA官员绝不会视而不见。

朱树豪说："正像奥运会、F1等赛事进入中国，代表了我们国家综合国力的提升、世界对中国的认同。高尔夫是在全球政界、商界拥有极大影响力的项目，高尔夫世界杯进入中国，而且是连续12年在中国举行，是充分体现了我们国家的文明进步和强大。可以让世界更好地认识中国，了解中国。"这也许可以看作是对高尔夫世界杯连续12年落户观澜湖球会最有力的解释。

（资料来源：南方人物周刊.）

思考：观澜湖成功申办世界杯所具备的条件是什么？

一、高尔夫赛事申办概述

所谓高尔夫赛事申办，指某一国家、城市、地区或组织为了向赛事所有者获取高尔夫赛事的申办权而根据其一系列的规定制订计划并按照计划开展一系列工作，最终取得申办权的过程。

1. 常见的高尔夫赛事申办方式

（1）竞争举办权

通过竞争方式获得高尔夫赛事举办权的高尔夫赛事主要包括综合性体育赛事所包含的高尔夫球比赛，如奥运会、世界大学生运动会、世界杯、全运会等。这些赛事都是在世界、地区范围内影响力较大的高尔夫赛事，这类赛事对城市、地区甚至国家的实力要求和标准较高，涉及范围广，竞争对手众多，申办周期较长，准备工作相当复杂，申办权需要经过几轮激烈的竞争才能够获得，申办竞争成为国家、地区、城市之间综合实力的比拼。如2016年里约热内卢奥运会的申办于2007年5月16日启动，历经两年多时间在2009年10月2日才最终获得2016年第31届夏季奥林匹克运动会的主办权。

（2）购买举办权

通过购买方式获得高尔夫赛事举办权的赛事主要是商业化程度较高的职业赛事，如高尔夫冠军赛。这些赛事商业化程度较高，赛事水平较高，周期较稳定，有大量稳定的关注人群。购买这些赛事的版权以达到申办这些赛事的目的。版权购买可分为一次性、短期和长期等多种。如观澜湖高尔夫球会赢得了2007年至2018年连续12届高尔夫世界杯的主办权。

（3）自主举办权

自主举办权是指高尔夫赛事承办者即为赛事所有者。如BMW大师赛，其赛事举办者即是赛事所有者。因此，这类赛事的申办一般取决于企业自身所具有的经济实力，赛事是否具有良好的市场基础，是否与市场需求相一致。这类赛事对企业或当地经济迅速发展的拉动作用十分明显。

二、申办机构

赛事申办委员会是由承办地政府和主管部门主持成立的、专门负责赛事申办组织工作的临时机构。

1. 赛事申办委员会工作机构及人员组成

科学合理地设置工作机构，调集精兵强将，组成精干高效的工作队伍，是赛事申办委员会的重要工作之一。赛事申办委员会的工作机构一般设有：办公室、形象设计组、申办报告撰写组、对外宣传联络组、财务组等。赛事申办委员会从成立起，就直接和主办者联系，并接受它的指示，其成员主要由赛事举办方各有关方面人员组成，赛事申办委员会的主席一般由申办单位的主要负责人担任。

2. 赛事申办委员会的工作任务

赛事申办委员会的工作任务主要包括：一是科学合理地设置工作机构，调集精兵强将，组成精干高效的工作队伍；二是研究制定申办工作整体规划；三是开展对内对外的宣传联络，树立申办城市的整体形象。

三、赛事申办程序

1. 申请

申办单位向赛事主办者提交申办请示。

2. 考察

主办单位接收到申请后，组织有关部门组成考察小组，按照申办单位提交申请先后顺序进行实地考察评估，在充分考察、审核的基础上，形成书面考察报告并提出符合要求的单位。

3. 初选

申办单位达到两个以上时，由主办单位牵头召开专门会议，采用申办单位陈述，由考察小组成员单位负责同志、主办单位有关职能部门代表进行无记名投票，按照得票数多者获胜的方式，提出建议承办单位。当只有1个申办单位时，即作为赛事承办单位。

4. 确定

主办单位将建议承办单位及考察报告呈报有关部门，经批准后向社会公布。

四、高尔夫赛事申办的注意事项

1. 报告撰写（详见"五、申办报告的主要内容"）

申办报告作为赛事所有者评判申办地区（球会）的重要依据，是投票委员会了解该地区（球会）的第一手资料。撰写申办报告是申办过程中最重要的工作，也是最困难的工作。各个申办地区（球会）都应该对此倍加重视。一般赛事主办方对申办报告要求极其严格，每一个具体的陈述都需要做到有定性定量的依据，在篇幅和文字方面要求也近乎苛刻，对于国际赛事要求配有英语文字，并且在要求的期限内送达赛事主办单位。

2. 对手情况

在申办过程中，要及时把握竞争对手的进展情况，并根据竞争对手的行动随时调整策略给出对策，能够使申办者在申办的竞争中握有主动权。如果只顾埋头苦干而疏于了解对手情况，可能会导致严重的后果。首先，申办方需要明确双方优势及弱势，制定相应的策略扬长避短，并且强打对方弱势区域；其次，申办方应该了解对方与赛事主办方的关系，以利于己方做出相应的应对；最后，需要了解对手的工作进度与准备情况，利用多方面信息来掌握对手进展，并始终保持领先。当然在申办过程中，申办方同样应当注意对对手采取的各种策略，以便积极做出应对。

3. 公关活动

公关活动渗透在申办过程的各个环节中，是申办过程中必不可少的一个部分。申办方可以从几个方面着手：首先，申办方通过知名人士及其他方式与申办赛事相关组织加强联系和合作，争取在最短时间内获得与赛事申办有关的第一手资料，并不断向赛事所有者传递申办赛事的信心和决心；其次，申办方需要与媒体加强联系和合作，做到最大限度的正面宣传；最后，积极争取大众对赛事申办的支持和认可，调动人们参与和支持申办的积极性。

4. 现场陈述

赛事申办的现场陈述是给予每个候选地区（球场）最后一次也是唯一一次直面各位投票委员、对其进行说服的机会。通过语言、肢体动作和图片等多种形式尽可能地展现自己的候选优势，让委员们能够更加全面了解申办优势，并最终投出支持票。

五、申办报告的主要内容

申办报告是整个申办工作的中心，是举办单位综合实力的集中体现，是评估委员会了解申办单位情况的重要资料。因此，组织和编撰一份高水平、高质量的申办报告就成为申办委员会最重要的任务。申办报告涉及政治、经济、高尔夫文化和城市建设等方方面面，根据《我国全国性综合运动会申办办法》，申办报告应包括如下几个方面：

1. 申办单位基本情况

这包括：近三年申办举办地的经济社会发展情况，交通、通信、医疗卫生、社会治安、气象条件、环境以及高尔夫事业发展情况等，如，具有承办高尔夫赛事许可的独立法人资质机构的情况；安定的社会环境和良好的社会秩序；全民健身公共服务体系较为完善，全民健身运动蓬勃开展；积极推进生态环境建设和保护工作，大力推广节能环保新技术，城市宜居等。

2. 竞赛基本条件

竞赛基本条件包括：比赛和训练的基本场地、设施、设备要符合要求。

如，是否拥有18洞标准高尔夫球场地，标准杆为72杆，总长度在6500码以上，场地难度值在72以上，坡度难度值在120以上；是否拥有能同时容纳30人左右进行练习的真草练习打位；球场、练习场的草坪质量是否能达到比赛基本要求的70%以上；是否拟定的合理的草坪维护方案；草坪维护后是否可以满足比赛和训练的基本场地要求；是否拥有能够容纳150人左右的室内和室外活动空间，用于举办开幕式、闭幕式或赛事其他相关活动；是否拥有满足比赛数量和素质要求的球童、巡场员及服务人员；是否拥有满足比赛数量和质量要求的球车、通信设备等；

当前申报单位现有的场地、设施、设备等竞赛条件是否能达到总体要求的70%以上；对于尚未达到承办比赛要求的条件，所制订的建设和整改方案是否合理有效。

3. 接待条件

接待条件是指赛事期间可使用的各类宾馆、酒店、饭店的地理位置、数量、床位、相关服务及工作用车的计划来源等情况。这包括：现有设施、改建或扩建设施情况；各项目安排设想、场地设施、器材设备；办公场所、会议场所及其他用房；场地安保、通道、席位；住宿、交通、医疗、兴奋剂检查；对参加运动会的各代表团、裁判员、工作人员、记者、国内外来宾的接待工作方案，包括能提供或免费提供的食宿、交通等条件，如为赛事参加者及有关人员提供食宿、交通等保障；如球场与酒店距离在3公里之内，球场拥有配套酒店更佳。

4. 经费保障

申办报告中需有详细的承办经费预算及经费保障方案，如赛事申办单位（球场）是否具有相应的经费保障和良好的市场开发能力；比赛申办单位要负责比赛的全部费用，不得收取运动员的参赛报名费，但各参赛队员旅费、食宿费用自付；承办单位负担场地、宣传、各项活动和赛事运作费用及保险费用，并负担主办单位和组委会的食宿费用等。

5. 相关承诺

相关承诺包括：申办单位要在人、财、物、交通、安全、环保等方面给予充分保障，以安全、顺利举办高尔夫赛事；要做好宣传赛事工作；要节俭办赛、廉洁办赛，维护赛事公平竞赛环境，狠抓赛风赛纪和反兴奋剂工作等。

如，需提供足够数量的有过相关赛事经验的赛事运行管理人员（包括球童、裁判及竞赛管理人员），并确保其能够全程参与赛事的运行管理工作；能提供符合竞赛组织工作基本需要的电子信息、网络通信、电视转播等技术条件。

六、高尔夫赛事申办场地考察

应首先通过实地考察，了解举办地的球场状况，如球场地理位置、交通状况、球场品质等，然后根据赛事的要求选择符合需求的球场。

1. 了解球场的条件设施

（1）硬件设施

球道的长度；发球台的数量；发球梯台的设置；球道草、果岭草的状况；球道难度系数，球道障碍（如坡度、水域、沙坑、草坑、树木、山丘、风等）；球车道状况；球车数量；练习场打位数量；会所状况（接待能力，接包顺序、签到处的设置、横幅背景板悬挂位置等）；餐厅状况（接待能力、横幅背景板悬挂位置、奖台、音响设备、消防安全等）；住宿状况（住宿标准、房间数量、配套设施、消防安全）及贵宾休息室等；工作人员工作室；餐厅情况等。

（2）软件设施

球童、巡场员、服务员（包括前台服务员、会所迎宾服务员、餐厅餐饮服务员、更衣室服务员、练习场服务员、客房服务员等）数量与素质要求；服务程序和层次（如接包、球童、球车、巡场、出发、收卡、统计成绩、安排就餐、送包等），管理结构（球场每个部门的负责人）以及电子版球场路线图、球道图等。

2. 与球会进行洽谈

（1）价格问题

主要有选手正赛期间打球价格（涉及 36 洞价格、18 洞价格、9 洞价格和练习场价格）；选手赛前球场试打价格、练习场价格，并说明使用时间和主要用途；陪走价格；就餐价格（包括选手就餐和工作人员就餐）；住宿价格（包括选手住宿及工作人员住宿）及球场周边住宿价格等。

（2）硬件设备设施的使用

包括球车的使用时间和使用权限；背景板、广告牌的设置；球场障碍物的界定，果岭洞杯的放置；利于比赛设施的使用等。

（3）人员的使用与配合

主要指迎宾员、签到员的使用（按照举办方要求培训或由举办方培训）；巡场员、球童的配合与使用；记分员的配合与使用（根据组委会竞赛委员会的要求协调配合）等。

3. 填写赛事场地考察评定表

将完整的场地考察信息填写至表内，呈交组委会或主办方进行讨论与认定，直至通过为止。详见表 3-6-1 所示。

表 3-6-1　高尔夫赛事申办球场信息收集表

距离机场情况	1. 球会与最近机场（车站）之间的距离？ 2. 大巴车从球会至机场（车站）的时间？
周边酒店	1. 球会是否拥有自己的住宿设施？　□是　　□否 　如有，其球会住宿设施标准？房间数量？其中标双间数、大床房间数及套房间数？
	2. 球会周边是否有 4-5 星级饭店？　□是　　□否 　如有，①球会周边饭店至球会的距离？（以大巴车运行时间计算） 　　　　②球会周边饭店的标准间数量？
球场基本数据	1. 球会已建成投入运营的球洞数量？
	2. 球场距离？（按前九洞距离、后九洞距离、18 洞总距离分别列出）
	3. 自有球童数量？如需要可借调的球童数量？（是否有借调合作协议）
	4. 自有球车数量？如需要可借调的球车数量？（是否有借调合作协议）
	5. 是否办过相关高尔夫球比赛？如是，其详细名称是什么？ 　□是　　　　□否

续表

练习热身区域	1. 球场拥有（　　）打位的练习场？ 2. 是否有真草打位？　　□是　　□否 3. 练习场是否为灯光球场？　　□是　　□否 4. 球场有（　　）块练习果岭？
会所	1. 接待能力 2. 接包顺序 3. 送包顺序 1. 是否可以悬挂横幅？　　□是　　□否 如果是，请说明可以悬挂的具体位置 2. 是否可以放置背景板？　　□是　　□否 如果是，请说明具体的放置位置和尺寸。
球会餐厅	1. 球会自有餐厅可容纳多少人同时就餐？（有投影设施播放比赛实时计分） 2. 球会是否提供自助早午晚餐？ 　　□是　　□否 3. 球会是否有可容纳 20 桌（约 200 人）的宴会厅，并有相应的供餐能力以安排欢迎晚宴？ 　　□是　　□否
球会功能区域	1. 是否有可容纳 20 人召开研讨会的会议室？ 　　□是　　□否 2. 是否有可容纳 30 人固定座位且每座位可提供网线的媒体办公室？（有投影设施播放比赛实时计分） 　　□是　　□否 3. 是否有可容纳 8 人、且有网络接口的安静会议室作为裁判办公室？ 　　□是　　□否 4. 是否有可容纳 10 人、且有网络接口的带锁办公室作为赛事办公室？ 　　□是　　□否 5. 出发台附近是否有不少于 200 平方米的空地用于设置赛事活动区？ 　　□是　　□否 6. 球会是否有不小于 300 平方米的干燥遮雨并防盗的空间用于临时放置赛事物料？ 　　□是　　□否 7. 是否有可容纳 5 人、有良好网络设备且安静的带锁办公室作为实时记分办公室？ 　　□是　　□否 8. 球会是否提供 70 名高尔夫专业的志愿者并提供志愿者的早午晚餐？ 　　□是　　□否 9. 球会是否有不小于 15 平方米的带锁办公室供组委会存放竞赛物品？ 　　□是　　□否

续表

球会交通	1. 球会是否有大巴车？ 　　□是　　　　□否 2. 如有，请提供大巴车数量和种类？
备注	1. 希望单站冠名还是提供场地？ 　　□单站冠名　□仅提供场地 2. 单站冠名的费用你了解吗？ 　　□了解　　　　□不了解 3. 如是单站冠名，希望选择奖金金额是多少？（20万~100万美元）

【课后思考】

1. 高尔夫赛事申办的基本程序有哪些？
2. 阐述高尔夫赛事申办过程中的注意事项？
3. 高尔夫赛事申办报告的主要内容有哪些？
4. 根据某球会的具体情况，撰写一份赛事申办报告。

项目四 高尔夫赛事组织规划

任务七 高尔夫赛事计划／61

任务八 高尔夫赛事计划实例分析／66

任务七 高尔夫赛事计划

知识目标
- 了解高尔夫赛事计划的概念；
- 掌握高尔夫赛事计划制定的基本要求；
- 熟悉高尔夫赛事计划制定过程中需要考虑的因素。

技能目标
- 厘清高尔夫赛事计划需要注意的主要因素。

素质目标
- 通过高尔夫赛事计划的制定要求和内容，树立规划意识，尝试规划个人的职业生涯，做好自我管理，让自己的学习更加科学有效。

高尔夫球赛事准备工作流程

1. 高球办公室
- 高球秘书收到"活动计划书"应送相关岗位传阅。
- 大型赛事高球办公室根据赛事要求在比赛前公布差点、开球时间及分组名单。
- 高球办公室根据赛事要求提前一天编写记分卡及完成奖项旗帜的制作。
- 在赛事前与工程部确定球场范围内广告板的摆放。
- 根据赛事需要组织部门会议安排相关工作（包括相关岗位的培训工作）。

2. 接包处
➢ 根据比赛名单及要求提前准备好球包牌或"物品清点卡"（客人姓名、物品品牌、类型和数量）。

3. 练习场
➢ 根据"活动计划书"准备好练习用球。

4. 出发站
➢ 根据"活动计划书"的要求提前安排球童的上班时间。
➢ 根据比赛名单提前准备客人使用的球车及球车的分组。
➢ 负责根据"活动计划书"准备开球仪式需要的物品（音响等设备工程部负责准备）。
➢ 张贴分组名单、赛事规程及当地规则。

5. 球童
➢ 了解球场上奖项的设定、本地规则及相关要求，以便比赛时提醒客人（球童主管负责相关工作安排）。

6. 巡场员
➢ 巡场员需提前一天完成球场设施（发球标志、球场的障碍桩、码数桩、码数牌等）的检查工作。
➢ 巡场员需在比赛前1小时前清理比赛所用场地，30分钟前把奖项旗帜插好（出发主管负责相关工作安排）。

7. 球车库
➢ 需提前一天做好对比赛用球车调配充电工作，确保比赛的正常使用。
➢ 保证高尔夫服务运作流程严谨、顺畅及完善，提高相关岗位的工作效率，确保球场收入应收尽收。

（资料来源：百度文库．原标题：《高尔夫球赛事流程》．)

思考： 通过以上材料分析高尔夫赛事计划应该考虑哪些因素？

一、高尔夫赛事计划的概念

高尔夫赛事计划是对未来高尔夫赛事实施过程的理论规划及设计。在高尔夫赛事运作中占有非常重要地位。高尔夫赛事计划的目的在于指明高尔夫赛事的方向，减少各种不确定因素的干扰和冲击，同时，为未来高尔夫赛事的运行设定控制的标准。

二、高尔夫赛事计划制定的基本要求

1. 制定切实可行的竞赛规程

当一项高尔夫赛事被确定后必须制定竞赛规程。竞赛规程是赛事计划的重要组成部分，是指导一次具体比赛的法规性文件，是竞赛的组织者和参加者必须共同遵循的法则。竞赛规程的主要内容包括竞赛的名称、时间、地点、项目竞赛规程、参赛资格、比赛方式（采用的竞赛规则和赛制）、仲裁委员会的组成和有关的参赛经费要求等。（详见项目五任务四"高尔夫赛事规程制定"）

2. 科学安排赛事进度

在高尔夫赛事的组织管理实践过程中，时间安排一般是由高尔夫赛事进度表来呈现的，高尔夫赛事中各项具体工作任务是依据赛事进度表中的时间指令来统一进行的。因此高尔夫赛事进度表的合理与否、可行性大小直接决定时间安排的合理性、科学性以及赛事风险的大小。

高尔夫赛事进度表的合理与否与高尔夫赛事进度表制定过程中的任务分解和时间预估有密切关系。任务分解，是将整个高尔夫赛事分解成若干个组成部分。任务分解的关键在于，全面充分地挖掘高尔夫赛事举办所需完成的各个单项任务，并为其预留出合理的工作时间；然后在评定预估完成每个单项所需工作时段数的基础上，统计出完成整个赛事组织活动所需的时段数。

3. 制订合理的财力资源计划

高尔夫赛事的举办需要资金支持，其财力资源管理包括筹资和支出两部分。高尔夫赛事筹资是高尔夫组织运行的重要财力保障，筹资渠道包括政府和高尔夫组织的资助、竞赛表演服务及其无形资产的销售以及社会捐助等。高尔夫赛事支出包括比赛场地租用，运动员、教练员和裁判员的差旅和食宿费，组织管理者、裁判员、设备管理者的劳务支出，开幕式及文化活动支出，安全、通信及设备维修以及比赛期间的交通费用等。

三、高尔夫赛事计划制订中应考虑的内容

1. 确定高尔夫赛事前、中、后活动的时间安排

不可急于求成，以免造成日后返工或增加工作量及花费。比如，门票销售往往伴有广告和促销活动，如果太早开始票务销售，而公众尚未做好购票准备，就可能做很多无用功，此后宣传册和促销材料的重印会使成本增加。

2. 分配好时间

确定待完成任务的顺序，指定需要完成的日期和时间。特别是需要申请执照和许可证的，一定要注意申请期限和程序。由于财政预算具有周期性，求得公司和基金会帮助时需要考虑合适的时间。要事先做好准备，弄清楚公司和基金会什么时候制定财政预算、财政年度何时结束、公司和基金会什么时候会考虑提案等。

3. 逆向计划

列出需要完成的任务清单，并规定任务完成的最后期限，确定完成每一项任务所要求的步骤和所需时间。如要求人们在一定的日期前对邀请作出回应，就要计算好请柬设计、标签印刷、邮寄、接收和回应所需的时间，从最后期限减去这些时间，来确定什么时候应开始这项工作。

4. 预留额外时间

通过给计划提供足够余地来应对不可预料的拖延。

5. 定期举办例会，通报工作进展

与参与活动的每一个人（包括销售商、主要工作人员、志愿者、官员等）确定和核实计划，每周召开一次全体工作人员的安排会，每月召开一次所有有关人员会议，并将有关本次赛事进展的内部简报抄送给全体与会人员。这样不仅能向他们通报最新的进展信息，还能激发他们的工作动机，使他们坚守在其岗位上。

6. 将相关联盟或联合会的特殊礼节或规定纳入计划

某些与赛事相关联盟或联合会有特殊礼节或规定，需明确并将其纳入计划中。这些礼节可能会对工作日程和高尔夫赛事顺序产生影响。

7. 关于赛场广告牌

要对赛场广告牌的数量、规格类型做出具体规定。

8. 总计划中应汇总各部门的所有活动

在高尔夫赛事的单个计划中，列出每个部门负责的所有活动，然后把所有的单个活动汇总到总计划之中。

9. 在计划手册内要有总联系表

总联系表要列出高尔夫赛事管理队伍人员的姓名和重要联系方式（办公室电话、传真、移动电话、电子邮箱等）。

10. 根据预期收入及开支计划开展工作

根据高尔夫场地的容量和历史记录确定预期收入、财政预算和开支计划。在预算范围内务实地工作，以减少不必要的财政压力。

11. 提前制定应急处理预案

计划中要提前制定偶发事件的应急处理预案，如高尔夫赛事因下雨受阻，是否延期或取消比赛等。

【课后思考】

1. 什么是高尔夫赛事计划？
2. 制定高尔夫赛事计划的基本要求有哪些？
3. 制定高尔夫赛事计划过程中需要注意哪些问题？

任务八
高尔夫赛事计划实例分析

知识目标
- 了解高尔夫赛事计划的基本格式；
- 了解高尔夫赛事计划场地准备的主要内容；
- 了解高尔夫赛事运作、宣传、会务等主要内容。

技能目标
- 厘清一份中小型高尔夫赛事计划。

素质目标
- 通过高尔夫赛事计划实例的学习，逐渐树立细节规划意识、连贯性意识及协作意识。

高尔夫球赛事部门工作职责

1. 高球办公室
- 负责各类赛事的筹划及组织安排工作；
- 负责差点统计及公布；
- 负责本球会赛事计分卡编写、分发，赛事完毕记分卡的收集及比赛成绩计算及公布工作；
- 负责根据"活动计划书"组织实施各项工作。

2. 接包处
- 负责接送比赛客人的球包。

3. 出发站
- 负责根据"活动计划书"的要求安排球童及球车;
- 负责根据分组名单安排比赛客人开球;
- 负责根据"活动计划书"安排开球仪式。

4. 练习场
- 负责根据"活动计划书"安排比赛客人进行练习。

5. 球童
- 负责按要求及相关流程服务比赛的客人。

6. 巡场员
- 负责球场范围内广告板的摆放及位置的确定;
- 负责按赛事要求检查球场设施设备;
- 负责督导及接送参赛者到指定的发球台开球。

（资料来源：百度文库．原标题:《高尔夫球赛事流程》．)

思考：通过以上材料分析高尔夫赛事计划中不同部门的工作职责。

一、高尔夫赛事计划的主要内容

1. 指导思想

在我国，高尔夫赛事计划要根据国家和政府的中心工作以及中国高尔夫球协会的方针政策等，提出高尔夫赛事管理工作的重点和争取达到的总目标。

2. 目的要求

依据计划指导思想和总目标，提出具体的目的和要求。

3. 计划任务安排

高尔夫赛事组织与管理工作中对各项事务的安排及筹划，如项目设置、选手资格、赛期、比赛方式或赛制、周期、资金、商务计划和竞赛规程等。

4. 具体措施

为了完成各项任务活动，落实计划安排，必须从实际出发，有针对性地采取各种具体措施和手段。

5. 经费和物质保障

各项高尔夫赛事活动时间进度安排。

二、高尔夫赛事计划实例分析

表 4-8-1　某高尔夫赛事计划案例

项目	工作内容	重点工作	执行人（部门）	日程安排
场地准备	球场码数	1. 确定场地码数和发球台。	赛事总监	赛前 1 周
		2. 球场码数点标定和码数本制作。	赛事组	赛前 1 周
		3. 绘制完成，球会每天开赛前要派专人负责将码数点加深颜色。	赛事组	赛前 1 周
	草坪工作	1. 球场提前一个月开始为赛事场地保养。	球会草坪部	赛前 1 个月
		2. 球会需准备赛事旗杆、洞杯、洞内喷白漆设备（赛事期间不能使用洞杯环，需要在洞口内环喷白漆）。	球会草坪部	赛前 1 个月
		3. 在球道和长草之间留出半长草。	球会草坪部	赛前 1 个月
		4. 在发球台和球道之间留出短草走道。	球会草坪部	赛前 1 个月
		5. 制作新的赛事球洞旗。	赛事组	赛前 2 周
	练习场	1. 练习区域将由球会运作管理，准备好捡球机器。	球会运作部	赛前 6 周
		2. 真草练习区域保养，真草草坪区域使用从前往后，要留足 7 天的位置，并在正式比赛前一个星期，停止对会员及访客开放。	球会运作部	赛前 2 周
		3. 赞助商提供的练习球在比赛结束后统一归还。	球会运作部	赛后 1 周
		4. 制作练习场码数牌 6 个和练习场开放时间表。	球会运作部	赛前 1 周
	练习果岭	1. 赛前 1 个月开始保养，保证比赛期间练习果岭速度及其他状况与球场果岭保持一致。	球会草坪部	赛前 1 个月
		2. 保证比赛期间每天练习果岭上都有 8 个以上的练习洞位。	球会草坪部	比赛中
		3. 需要球会确认练习果岭是否围矮栏，或使用广告板围起。	球会草坪部	赛前 1 个月
		4. 确保每日 30 个真草打位，在比赛期间全部封闭为比赛使用。	球会草坪部	比赛前结束

续表

项目	工作内容	重点工作	执行人（部门）	日程安排
场地准备	场地标定	1. 场地标定（码数点、罚杆区、界外等）。	裁判组	赛前3天完成
		2. 球会与赛事总监确认裁判组所用漆的规格和数量。	球会运作部	赛前2周
	场地疏散	1. 准备汽笛至少5个。	球会运作部	赛前1个月
		2. 赛事总监将制作赛事疏散计划，需要球会提供球场平面图。	赛事总监	赛前1周
	场地物料	1. 各种场地制作由赛事组负责跟进设计和制作安装。	赛事组	赛前1周
		2. 制作最远距离奖和最近旗杆奖所需要的奖项旗或牌。	赛事组	赛前1周
	观众控制	1. 需要准备足够的路障马扎（数量据实际情况而定），由球会保卫部负责在停车场、篷区、观众入口等位置放置和管理。	球会运作部/保卫部	赛前1个月准备好，赛前1周摆放
		2. 围绳和铁支架准备充足，球会负责将球场圈定。	球会运作部/保卫部	赛前1周安装完成
		3. 每洞都要安排定点志愿者预计40人，负责举肃静牌维持观众秩序，每个可穿越球道的通道处都要安排志愿者或保安控制围绳。	赛事组	赛中
		4. 在赛场各入口处、停车场、练习场、会所各办公室入口处等，安排安保检查证件，人数视实际情况而定。	球会保卫部	提前1个月熟悉流程
		5. 重要组别每组安排两名以上的安保人员，举肃静牌维持观众秩序。	球会保卫部	赛前两周需要培训
		6. 球场需要安排一名首席巡场控制所有场地内的秩序，并随时与裁判组联系沟通，及时解决人员调度，且需要懂英语。	球会	赛前1个月
		7. 确保准备肃静牌100块左右。	赛事组	赛前2周
	废物处理	1. 室内小型垃圾桶摆放于各办公室、球员休息区、更衣室等区域。	球会会所	赛前1周
		2. 赛场内准备足够的大垃圾桶/箱，摆放在发球台、球道、果岭区域。		

续表

项目	工作内容	重点工作	执行人（部门）	日程安排
场地准备	废物处理	3.建议使用铁质的三角垃圾架，运输和存放方便，上面为圆环，大的黑色垃圾袋可以直接套上面卡住，每天回收方便。	球会会所	赛前1周
	洗手间	如果球场洗手间数量不够，需要商议是否租赁临时洗手间及数量。	球会运作部	赛前1周
赛事运作	赛事报名	1.确定参赛人员名单。	接待组	赛前2周
		2.球员在赛事办公室进行签到，报到的截止时间为赛前1天。		赛中
		3.球员货币兑换问题。		赛前1个月
	竞赛	1.赛事条件和当地规则均使用××硬卡，并制作赛事附属规则。	裁判组	赛前3天完成
		2.制订场地疏散计划，由赛事总监在比赛周完成，球会提供球场地图并配合执行。		赛前3天完成
		3.制定每日成绩表、分组表和其他赛事文件。		比赛中
		4.确定开球形式。		比赛中
		5.与赛事总监确认是否需要安排出发员，建议安排两名会英语的人员。	球会运作部	赛前一周
		6.公告栏制作。	赛事组	（详见制作表）
	门票和通行证	1.确认门票数量与发放计划。	赛事组	赛前45天
		2.确认各种通行证类型和数量，赛事组织设计和制作。	赛事组	赛前2周
		3.赛场各入口及各办公室门口设立通行指示牌，安排保安/志愿者检查并控制进入者身份。	球会安保部	比赛中
	更衣室	1.更衣室在比赛期间将仅针对球员开放，更衣柜上贴上球员姓名。更衣柜钥匙将由更衣室服务员提供给球员，如有遗失或不归还的球员将被扣除押金。	接待组	赛前1周准备好
		2.更衣室指示牌制作。	赛事组	赛前2周完成
	球包管理	1.存放在运作部球包室，并安排保安人员24小时值班看守。	球会球童部	赛中
		2.球会要求制作球包牌以方便球包存取，由赛事组负责。	赛事组	赛前2周完成

续表

项目	工作内容	重点工作	执行人（部门）	日程安排
赛事运作	球童管理	1. 赛事服务球童要具备基本的英语沟通能力，掌握基本的高尔夫专业英语。要求体力好，能完成5~6轮的拉包及背包工作；根据赛事规模，除球员自带球童外，球场应准备120人左右的赛事服务球童。	球会球童部	赛前2个月培训
		2. 赛事总监与球会确定球员配备球童数量及球童费等。		赛前1个月
		3. 确认球童背心和冠军夹克的制作。		赛前1个月
		4. 在部分4杆洞和5杆洞安排足够的观察球童。因工作时间较长，需准备两班轮换。		提前1周落实
	报分工作	1. 赛事组负责确保每个球员的成绩能从球场上传送到记分板、领先板和电视界面。	赛事组	赛前1个月需要测试
		2. 确认媒体中心的计分板形式为电子放映，并用投影仪或电视来呈现直播成绩。		赛前1个月需要测试
		3. 建议至少5个洞放置一块领先板。建议9号、12（或13）号、16号、17号、18号洞果岭附近的大领先板附加回场板。具体地点待定，主计分板位置在会所门口。		赛前2周完成
		4. 所需各种物料由赛事组负责制作和安装。		赛前2周完成
		5. 建议跟组计分板在前两轮跟比较好的球员。最后两天领先的十组，每组设一个跟组记分板，记分板最好是分别用中英文两面设计。		赛前2周完成
		6. 报分团队志愿者的培训及赛间管理。		赛前1个月
		7. 所需志愿者由赛事组负责分配。		赛前2周完成
		8. 由专人负责志愿者的餐饮、住宿、接待等工作。		赛前1个月
	对讲机	1. 统计需要使用双向对讲机的部门及数量，制作对讲机使用分配表，并制作对讲机贴纸。		赛前1周
	球车	2. 统计需要使用球车的部门及数量，制作球车使用分配表，并制作球车车贴。		赛前1周

续表

项目	工作内容	重点工作	执行人（部门）	日程安排
颁奖	颁奖仪式	1.需要设置两个决赛颁奖仪式：（1）决赛轮冠军获得者在18洞结束后立即进行草地颁奖（主要为抢时间、直播入镜）。简单快速，主要是颁奖杯，颁冠军支票或奖品等仪式。（2）在练习果岭处进行正式草地颁奖仪式。该仪式可以无直播，有众多领导嘉宾出席并讲话。	接待组	赛前彩排
		2.奖杯的设计和制作，冠军颁奖支票的制作，制作颁奖流程表、邀请颁奖主持人和颁奖嘉宾。		赛前1周
会务部分				
赛事酒店		1.制定各类人员入住酒店分类（房标、餐标、往返球会交通）。	接待组	赛前2个月
		2.制定酒店装饰布置计划。		
赛事费用支付确定		1.制定酒店及球会的结账方式。	接待组	赛前2个月
		2.制定餐饮等其他消费的结账方式。		
赛事交通		1.制定整体接待交通计划：接机、场地内穿梭、VIP用车计划。	接待组	赛前1个月
		2.制定交通车整体装饰计划，停车进行分类和装饰计划。		
餐饮服务		1.制定赛事期间球会、酒店、VIP接待餐饮计划。	接待组	赛前1个月
		2.制定赛事期间各类人员用餐收费和接待方式。		
赛事物料准备		1.赛事对讲机的管理与发放。	共同制定	赛前1个月及赛中
		2.赛事饮水机及补给品的管理与发放。		
		3.配对赛补给及礼品的管理与发放。		
		4.赛事工作人员物品的管理与发放：工作证、办公用品、餐券管理。		
赛事办公室		1.确定赛事办公室的分类与位置。	共同制定	赛前1个月及赛中
		2.制定赛事办公室布置与物料需求落实。		
		3.制定赛事办公室补给及清洁计划。		

续表

项目	工作内容	重点工作	执行人（部门）	日程安排
	赛事保洁及安保	1. 制定赛事整体保洁计划并落实。 2. 制定赛事整体安保计划并落实。	球会实施	赛前1个月及赛中
	赛事急救	1. 制定赛事整体急救计划。 2. 确定急救/医疗地点，落实医生。 3. 确定赛事保险计划。		
宣传部分					
比赛前	赛前宣传	1. 制定媒体宣传计划总纲。 2. 筹备新闻发布会。 3. 执行媒体广告投放计划。 4. 计算媒体预算（广告制作、媒体劳务费等相关预算）。	赛事宣传组	赛前3个月
	媒体邀请	1. 确认参加新闻发布会的媒体名单。 2. 发送电子版媒体邀请函、接收回执、统计记者人数以及劳务费。 3. 确认新闻发布会媒体投放和安排。 4. 拟定媒体合作协议。 5. 制定赛事期间的媒体须知、管理用表格等相关文件。	赛事宣传组	赛前3个月
	新闻发布会 筹备工作	1. 文件筹备：制订媒体签到表，劳务费领取表等相关表格。 2. 确定新闻发布会流程、组委会名单、出席嘉宾名单、主持人串词等。 3. 撰写新闻稿、负责人发言稿。 4. 确认答记者问、媒体专访内容。 5. 同媒体沟通新闻采访内容，并确定采访提纲，交主持人和与会嘉宾。	赛事宣传组	赛前3个月
	会场布置	根据新闻发布会规格制定背景板。		赛前3个月
	人员安排	指定各环节负责人。		赛前3个月
	现场调度	维持秩序、监督采访、拍照。		赛前3个月
	媒体回馈	新闻发布会后搜集、整理新闻媒体信息回馈并存档备用。		赛前3个月
	聘请新闻官	调查新闻人人选，最终确定新闻官，明确工作范畴并签订合作协议。		赛前2个月

续表

项目	工作内容	重点工作	执行人（部门）	日程安排
比赛期间	媒体管理	1. 对官方指定媒体提出要拍摄照片或视频的，赛中要提供媒体交通班车进行接送。 2. 赛中媒体用餐（在电视制作帐篷内设置独立的餐饮区）。 3. 媒体住宿、特邀媒体入住指定酒店。	赛事宣传组	赛前1周
	媒体中心	1. 赛前电视制作团队与赛事总监核对确认电视架位置。 2. 媒体中心布置（布局、硬件和软件）。 3. 媒体中心人员安排（新闻官、管理者和志愿者等）。 4. 准备摄影记者与新闻官所需物品。 5. 媒体中心记者日常接待与管理。		赛中
	新闻官	协助新闻官工作（新闻稿、采访及整理新闻素材）。		

【课后思考】

1. 一份完整的高尔夫赛事计划主要有哪些内容？
2. 阅读实例，阐述竞赛过程中的赛事计划有哪些内容。
3. 阅读实例，阐述高尔夫赛事计划中场地准备有哪些内容。

项目五 高尔夫赛事组织管理

任务九 高尔夫赛事组织管理 / 77

任务十 高尔夫赛事组织机构设置 / 84

任务十一 高尔夫赛事规程的制定 / 98

任务十二 高尔夫赛事分组与编排 / 111

任务十三 高尔夫赛事场地设置 / 121

任务十四 高尔夫赛事文件的制定 / 130

任务十五 高尔夫赛事出发管理 / 147

任务十六 高尔夫赛事成绩管理 / 158

任务十七 高尔夫赛事闭幕式及颁奖仪式 / 179

任务九
高尔夫赛事组织管理

知识目标
➢ 了解高尔夫赛事组织管理的概念；
➢ 掌握高尔夫赛事组织管理的基本要求；
➢ 掌握确定高尔夫赛事时间需要考虑的主要因素。

技能目标
➢ 根据高尔夫赛事的具体要求，分析某项高尔夫赛事的合理性。

素质目标
➢ 通过学习高尔夫赛事组织管理，树立具体事件具体分析的意识，能够针对不同的状况做出不同的选择。

谈谈我在高尔夫赛事组织中遇到的几个小问题

　　近几年高尔夫赛事不断增多，个人作为一名高尔夫专业教师，也曾参与过部分高尔夫赛事的组织工作。大型赛事的组织是较为完善的，同时也能得到高尔夫球会的大力支持，但是在部分小型赛事中就会遇到各种不同的问题和困难。下面是两则案例。

　　1. 2018年湖南省青少年高尔夫锦标赛比赛时间为6月24日，比赛地点是浏阳国际高尔夫球会，比赛期间的温度高达35℃，球场在一座山地高尔夫球场。受高温的影响，部分小球员出现了中暑而退赛，纯山地球场难度系数较大，小球员击球过程中失误增加，找球时间增加，比赛用时最久的一组近7个小时。这给赛事组织带来了无法预料的困难。

2. 2019年9月,在2019年度湖南省球队最佳球位争霸赛中报名人数仅有39人,比赛历时周五、周六。第二轮比赛正处于周六,由于赛事参赛人数较少,球场不封场,允许客人进行下场。球会在开赛前与我们沟通当天球场接待的客流较大,需要我们赛事进行插空开球等情况,组委会临时向参赛球员解释了情况,在得到球员的谅解后,我们选取了1、10号洞顺利完成了出发工作,由于赛事采用最佳球位,参赛球员的打球速度远远高过客人的打球速度,刚开球不久几个洞新的问题就产生了,客人严重堵塞了球员的打球速度。场下裁判员又协助球场做起了"巡场",但是部分客人还是不能配合我们的赛事,最后球员和客人对比赛均有不满情绪。

(资料来源:由笔者根据自己的赛事组织经历撰写.)

思考:通过上述案例,你认为在赛事组织过程中需要注意哪些问题?

一、高尔夫赛事组织的内涵

"高尔夫赛事组织管理"指高尔夫赛事的组织管理者为了有效地实现运动竞赛的目标,通过建立完整的组织机构,确定各个部门的工作范围,协调各个部门之间的关系,针对竞赛进行计划、组织、控制和协调,从而形成一个完整的管理过程。

二、高尔夫赛事组织的基本要求

1. 确定合适的比赛时间

确定比赛时间是组织高尔夫赛事活动的起始点,通常情况下确定比赛时间应考虑以下因素:

(1)大型赛事的组织应避免与国内外重大赛事活动冲突

组织非正式性的职业比赛或有职业球员参加的比赛(如由国家或地区高尔夫球协会和联合会主办的公开赛、锦标赛和巡回赛的各站比赛等),应避开重大职业高尔夫比赛的比赛日,应根据国内外重大高尔夫赛事日程确定比赛时间,选择在上一比赛日结束之后与下一比赛日开始之前,或比赛季节空隙的适当时候,以保障有足够的球员能参加比赛。

（2）一般赛事活动应避开公休日或节假日

目前我国高尔夫球场的经营是以会员制的经营模式为主体，高尔夫俱乐部（球会）为保证会员的基本权益，一般情况下在公休日和节假日期间不安排赛事活动。在组织高尔夫赛事活动时，也应尽可能避开公休日和节假日，以选择在平日组织赛事活动（最好是上半周的适当时间）为宜，比如一般高尔夫赛事活动通常会考虑安排在周一至周四间进行比赛。

大型高尔夫赛事活动，需要通过新闻媒体进行宣传和报道以及有众多观众到现场观摩，可通过与承办比赛的高尔夫球场协商确定后选择在公休日或节假日举行。

某一高尔夫球会或俱乐部组织的小型会员比赛，如会员邀请赛、月例赛或年终赛等，以根据球场的经营运作情况，选择在公休日和节假日举行。

（3）按当地的气象条件选择比赛时间

高尔夫比赛是一项受气象条件影响较大的户外体育运动。因此，组织高尔夫赛事活动必须考虑到当地季节的气候变化，气象条件对举行高尔夫比赛可能产生的影响等因素。比如在我国北方球场比赛，选择在每年的4-10月组织比较合适；而在我国南方地区的球场举行大型高尔夫赛事时，应尽量避开雷雨和台风较频繁的季节。

（4）根据比赛的等级和规模确定比赛所需的时间

组织高尔夫球赛事活动应根据组织比赛的目的、等级和参赛的人员规模，来确定比赛所需的时间，如比赛是采用一轮比赛还是数轮比赛，正式比赛前是否安排练习日，是否举行资格赛或附加赛等。比赛主办者应根据采用的比赛方法来确立比赛所需要的时间。

2. 选择适当的比赛地点和比赛球场

高尔夫运动的特点决定了高尔夫球场建设风格的不同和球场地域条件的各异，从而形成了高尔夫球场的打球难易度各不相同。在组织高尔夫赛事活动时，主办者应当根据比赛的目的和比赛等级，有针对性地选择适当的球场和比赛地点。一般来说，在确立比赛地点和选择比赛球场时，应考虑以下相关因素：

（1）根据比赛等级和规模确定比赛地点

大型的职业比赛或高水平的业余比赛，为营造社会声势，扩大赛事影响力，以吸引更多的企业支持和赞助比赛活动，比赛地点应选择在高尔夫运动发展相对比较发达、经济环境比较优越、交通便利毗邻城市中心的高尔夫球场，这有利于社会媒体和观众到现场采访和观摩比赛。而组织一般性质的小型高尔夫赛事活动，则应根据组织者的具体情况酌情确定。

（2）根据比赛的目的和参赛球员的技术水平选择比赛球场

高尔夫球场自身的难度值，对参赛球员技术水平的发挥有直接的影响。不同高尔夫赛事活动的目的各不相同，在选择比赛球场时应有一定的针对性。通常情况下应根据组织比赛的目的和参赛球员的技术等级（如职业球员，低差点球员，高差点球员，男子、女子以及青少年球员等），有目的、有针对性地选择比赛球场，比如在举行高水平的职业高尔夫比赛时，应选择球道较长、球场设计规范并且符合国际锦标赛竞赛标准的球场；而举办业余差点比赛，则应根据参赛球员的差点水平以及比赛的目的，选择已进行球场难易度评估过的球场，且具备差点系统管理基本要求的俱乐部或球场；当举办中老年联谊活动的邀请赛时，就应考虑选择球场难度系数较低、球道比较短并适合中老年比赛的球场。

3. 确定适度的比赛规模

比赛规模的确定是保证比赛顺利进行、高质量地完成比赛任务的前提。因此，根据比赛的目的和基本任务适度控制比赛规模，对完成比赛任务、达到预期的比赛目的可以起到事半功倍的效果。通常情况下在确立比赛规模时，应考虑以下几方面的因素：

（1）以达到预期的比赛目的为前提

组织任何形式的高尔夫比赛，主办者都必须根据比赛的任务和预期目的来确立比赛的规模，对拟定参赛球员的等级范围和资格要予以控制。一般来讲，对于非正式性的比赛，比如邀请赛、联谊性质的会员比赛，比赛规模宜小而不宜大。如，本来是俱乐部会员月例赛，却邀请了大量的非会员嘉宾，这就会与比赛的初衷相违背，而且客观上也造成了会员基本权益的损害。而对于正式比赛，则应根据主办者的社会影响力和承办比赛的经济实力来确定比赛规模。假如某职业比赛的奖金过少，则可通过控制参赛球员的资格及比赛的规模来减少比赛人数，以保证参赛球员的利益。通常可通过正式比赛前的资格赛、积分排名的位置等方式来确定参赛球员人数。

（2）以主办者的经济实力为基础

组织任何形式的高尔夫赛事活动，主办者都必须根据自身的经济实力和有无其他经费来源（比如有无企业赞助和其他相关的经济支撑等）来确立比赛的规模和对参赛人员的资格要求。俗话说：有多少钱办多少事，切不可贪大求全、好大喜功而导致比赛结束之后的资金漏洞无法弥补。

（3）合理的工作人员配置

比赛组委会应以保障比赛顺利进行为前提，在赛事工作人员、裁判员以及相关服务人员的配置上应协同比赛承办者，按照一定的比例进行科学的人员配置。既不能因担心比赛出问题而配置大量的工作人员造成不必要的资源浪费，也不能为节省经费而压缩工作人员的配置而导致比赛中麻烦不断、漏洞百出。

4. 明确球员参赛资格和报名

对于赛事组织者来讲，明确球员的参赛资格，并按照规定的报名要求履行参赛报名程序是保障比赛目标顺利实现的重要基础。忽视对球员参赛资格的要求，往往会产生有失比赛公平性与客观性的情况。对参赛球员报名程序要求不明确，同样会给赛事组织者带来诸多的不利影响。因此，明确球员参赛资格，规范球员参赛报名程序，是赛事组织者的一项重要的基础性工作。

如果组织青少年比赛，比赛条件中应明确规定年龄限制；组织业余球员差点比赛，则必须明确报名参赛球员的差点指数的范围（比如差点指数在1.2-8.5）。对于各种形式的邀请赛事组织者应充分考虑所需场地的大小与受邀参赛人数相适应，并在此基础上确定受邀参赛人员数量。在一些大型的高尔夫赛事中，球员必须填写参赛报名申请表，并在规定的时间内连同报名费一起寄回赛事组织委员会办公室。对于不同形式的赛事活动，赛事组织者可根据不同的比赛目标，确定球员报名的途径与方法，比如网上报名、电话传真报名以及现场报名等。

5. 采用符合预期目标的竞赛方法

在高尔夫比赛的组织过程中，竞赛方法是实现赛事目标的基本通道和承载体。作为竞赛组织者只有根据不同的赛事目标，选择具有针对性的比赛方法，才能达到预期的目的。如果在确立了赛事目标后，所采用的竞赛方法与预期目标"南辕北辙"，那么预期的竞赛目标就是空谈。比如在一次业余球员的邀请赛中，赛事组织者同时还邀请了很多职业球员参加，又采用了按照球员的真实杆数决定排名的个人比杆赛，这会导致比赛方式的不公平，会呈现出业余球员"陪太子读书"的场面。而如果被邀请参赛的球员既有50岁以上的老年球员，又有18岁以下的少年球员，那么球员就需要按照不同年龄分组，并采用不同的方法比赛，这样才能保证参赛球员在相对公平的条件下比赛，使比赛既合理又充满乐趣。

6. 规范比赛场地设置

比赛必须按照《高尔夫球规则》的基本规定规范场地的基本设置，这样才能保障比赛在公平与公正的前提下顺利进行。赛事组织者在赛前的比赛场地设置是一项专业性很强的工作，应在专业人员（如一定级别的高尔夫裁判员）的亲自参与和指导下进行。一方面，球场设置要符合《高尔夫球规则》；另一方面，还要在球场设置完成后，根据球场特点制定"当地规则"。比赛场地设置的区域包括球场界线，正在打球之洞的发球区，以及普通区的界线、罚杆区、沙坑、推杆果岭等。

7. 努力拓展比赛资金来源

比赛资金的来源是保障高尔夫赛事活动顺利进行的物质基础。不同规模和不同组织形式的高尔夫赛事活动，对比赛资金的依赖程度不尽相同。比如：大型职业高尔夫比赛，仅比赛奖金和出场费就动辄十几万甚至上百万，这对比赛的主办者来讲，必须有一个强力的经济支撑和畅通的经济来源才能保障比赛顺利进行。而一般性质的小型高尔夫赛事活动，如俱乐部会员月例赛、季赛等，作为主办者也许不用过多投入就可以保证比赛达到预期的目的。通常情况下，作为高尔夫比赛的主办者或承办者，在举行高尔夫赛事之前，为保障比赛的顺利进行并达到预期的比赛目的，必须考虑比赛经费的基本预算，并通过一定的方法筹集经费来保证比赛费用的基本支出。举办高尔夫球赛事活动经费，主要是通过以下渠道来筹集的：

（1）主办和承办单位自筹

高尔夫赛事活动的主办和承办单位，根据组织比赛的目的任务、比赛等级和赛事规模的不同，自筹比赛经费的形式和资金来源也各不相同。作为正式的并且纳入当地政府职能部门或社会团体的高尔夫赛事，通常情况下当地政府或社会团体组织会按照所需经费的一定比例下拨专项费用。但这部分用于赛事活动的专项费用，是不足以保证比赛所需的费用开支的，主办或承办单位还应根据情况，通过不同的社会渠道来筹集比赛经费，以保障比赛所需的基本支出。而非正式的一般性的高尔夫赛事，当地政府或社会团体组织对于主办或承办比赛的单位是没有资金支持的，这就需要赛事组织者通过其他形式自行解决比赛的基本费用问题。

（2）社会招商，企业赞助

在当代体育竞赛社会化和商业化发展的影响下，高尔夫运动的赛事活动在世界范围内已完全形成了以市场经济为杠杆、以商业化运作为载体的比赛机制。从驰名的世界高尔夫"四大满贯赛事"到"六大巡回赛"，从名目繁多的各种职业比赛到不同形式和不同等级的业余比赛，都已完全融入了以市场经济的商业化运作为主体的"经济链"之中。所以，当代高尔夫比赛的各种赛事活动，通过各种渠道的商业赞助、电视转播、广告和企业冠名等来获得社会招商和企业赞助，已成为主办或承办不同性质的高尔夫赛事活动最主要的资金来源。作为赛事组织者对拟定主办或承办的高尔夫赛事活动，只有把它作为一项产品,从产品设计到产品开发符合市场经济的基本规律运作,才能获得符合预期目标的社会招商与企业赞助。

(3)收取参赛报名费

在不同性质等级的高尔夫赛事中,主办单位收取参赛球员的报名费是根据比赛的性质而确定的,如在一些区域性的业余排名赛、公开赛和非正式性的锦标赛中,由于社会影响力所限而得不到可观的商业赞助,为降低比赛的支出成本,主办单位通常适当收取参赛报名费,以补贴比赛的经费支出。

【课后思考】

1. 高尔夫赛事组织的内涵是什么?
2. 如何确定高尔夫赛事举办的时间?
3. 如何确定高尔夫赛事的比赛规模?
4. 高尔夫赛事组织过程中如何筹集资金?

任务十
高尔夫赛事组织机构设置

知识目标
- 熟悉高尔夫赛事组织机构的概念、类型;
- 掌握高尔夫赛事组织机构各部门的工作职责;
- 掌握高尔夫赛事组织机构设置的基本原则。

技能目标
- 能根据不同的高尔夫赛事的具体情况选择设置合理的高尔夫赛事组织机构。

素质目标
- 通过学习高尔夫赛事组织机构设置,树立分工协作意识,培养与他人协同处理问题的能力,树立做事情遵守原则的态度。

世界上最早的高尔夫组织机构

18世纪是高尔夫在苏格兰的黄金发展期。1744年威廉·圣·克莱尔在利斯(Leith)组建了第一个高尔夫俱乐部,命名为爱丁堡高尔夫绅士荣誉公司,该公司后来发展成为爱丁堡高尔夫俱乐部。这个俱乐部被运动史学家认为是世界第一个高尔夫组织机构。

虽然爱丁堡高尔夫绅士荣誉公司是世界上最早的高尔夫组织机构,但在高尔夫历史上最重要和最著名的事件却是圣安德鲁斯皇家古老高尔夫俱乐部的诞生。

1754年5月14日,苏格兰佛郡的22个贵族和绅士聚集在圣安德鲁斯老球场，进行了一场高尔夫比赛。赛前这些有钱人合资制作了一根银质的球杆作为奖品，胜者不但可以赢得这根价值不菲的球杆，还可以赢得当年的会长称号。

比赛结束后，圣安德鲁斯高尔夫球员协会宣告成立。这一年是圣安德鲁斯历史上最重要的一年。这个协会逐渐演变成俱乐部。后来又成为英国公开赛的主办者，世界高尔夫球运动规则的制定者和仲裁机构，成为世界上最重要和最著名的高尔夫球俱乐部——皇家古老俱乐部。

1754年后争夺银质球杆的比赛在每年的秋天举行。由于球杆造价过高，主办者决定改为金质奖牌。这个金奖牌开始时是流动的，每年在优胜者的手中传递，每届胜利者的名字都会被刻在上面。到了1815年金牌上已没有空地，于是协会开始每年买一个新的金牌颁发给胜利者。

1840年，俱乐部从英国国王那里获赠了皇室奖章颁发给冠军，金牌则颁发给亚军。皇家奖章标志着高尔夫运动在苏格兰被皇室最终认可。为此做出重要贡献的是上校约翰·贝尔什。此人与英国皇室关系非常密切，又是个高尔夫球爱好者。在他的促进下，英国威廉四世于1834年同意成为圣安德鲁斯高尔夫球员协会的赞助者，并赐封皇家头衔。至此协会更名为皇家古老高尔夫俱乐部。

1838年威廉四世的遗孀阿德雷德女王追随夫君遗愿成为俱乐部的赞助人。她送给俱乐部的是白银奖牌，并决定俱乐部的会长在一切公开场合都要戴上这个名为阿德雷德女王的奖牌。1853年，俱乐部制定获得银奖牌的仪式。在每年秋季的会员比赛上，俱乐部会长需开赛前在老球场的第一个洞开出一杆球就可以得到这块奖牌。这个传统仪式至今依然如旧。

同时期的苏格兰各地的高尔夫俱乐部纷纷成立，但位居高球都会的皇家古老俱乐部凭借其不可替代的历史地位和来自英国王室的赞助，一直高高在上不可动摇。皇家古老俱乐部至今仍为来自全球的2400名尊贵会员服务。

2004年，俱乐部在250周年诞辰时，完成了重大的机构改革。现在它分成两个部分：一部分是原来的私人高尔夫会员俱乐部，保留原来的一切规则和制度，名字也依然沿袭下来，有一个小型的秘书团为它的日常运作和会员服务工作。另一部分是新成立的R&A高尔夫集团，负责实行经营方面的职能。RGA高尔夫集团属于皇家古老俱乐部所有，但两者之间不发生经济上的来往，也就是说俱乐部作为私人会员组织，经费仍然来源于会员费和赞助费等。RGA高尔夫集团所有的盈利都由它的发展部门再投入到高尔夫运动的推广中去，也就是说俱乐部不能从集团的盈利中动用一分钱。从这一点上我们可以看出苏格兰人对高尔夫运动的神圣般的尊重。

R&A高尔夫集团下设有R&A英国公开赛组委会、R&A规则有限公司、

R&A 高尔夫发展部、R&A 基金会，其中 R&A 基金会是一个慈善组织。

圣安德鲁斯皇家古老高尔夫俱乐部是个很独特的组织。它初始创立之时，没有自己的球场也没有自己的会所，直到1877年与联合俱乐部合并后才有了自己的会所。今天看到的会所是1898年改造后的样子。圣安德鲁斯老球场也不属于俱乐部，而是属于镇政府所有的公共财产，由一个叫作圣安德鲁斯球场信托会的机构来管理经营。由于球场属于公共财产，这使高尔夫运动的大众化得到了保证。

（资料来源：人工果岭网.）

思考：阅读分析1744年的爱丁堡高尔夫俱乐部与现代的高尔夫赛事组织机构有何异同点？

一、高尔夫赛事组织机构概述

高尔夫赛事组织机构是实现高尔夫赛事运作管理目标的组织管理单位，是赛事运作的职能部门，其组织机构设置的科学合理性是成功举办高尔夫赛事的组织保障。高尔夫赛事组织机构，通常情况下是指举办高尔夫比赛的主管或主办部门，是为保证比赛顺利实施而设置的负责赛事活动组织与管理工作的专门机构，是举办高尔夫赛事活动的指挥中枢。围绕赛事活动的各项计划的制订与实施以及所确立的分层管理与组织落实，均出自赛事组委会各相关职能部门的统筹安排。

赛事组委会的组织机构规模和人员构成，要依据赛事活动的组织规模、比赛级别以及赛事活动的社会影响力等因素来确定。要组织或承办大型高尔夫赛事活动，比如有不同国家和地区球员参加的高尔夫公开赛、职业锦标赛，竞赛组委会的组织机构和人员构成，与组织某些业余球员参与的联谊赛、俱乐部会员月例赛、邀请赛，是有很大区别的。

二、高尔夫赛事组织机构的类型

1. 职能式（锦标赛型）高尔夫赛事组织结构

职能型（锦标赛型）高尔夫赛事组织机构，是一种在市场经济条件下具有市场推广经济价值的赛事组织。这种赛事组织机构的职能，既要保障比赛竞技目标的实现，也要考虑比赛社会效益与经济效益的双丰收。因此，组织委员会的基本结构，要充分考虑竞技目标与社会经济目标双重性的需要。图5-10-1

为此种赛事组织结构示意图。

锦标赛秘书长		锦标赛主席
执委助理		发展委员会执委

组委会副主席及管理岗位		
报名接待	赛事营销	名人邀请
医疗急救	场地设施	媒体事务
公共关系	器械设施	奖金保险
招商洽谈	车辆安保	特许商品经营
比赛礼品	食品饮料	颁奖礼仪
酒店住宿	财务	裁判与计分

图 5-10-1　职能式（锦标型）高尔夫赛事组织结构示意图

2. 经营型高尔夫赛事组织结构

经营型的高尔夫赛事活动，通常是把赛事品牌作为市场推广和营销的产品。因此，竞赛组织的基本架构要充分考虑赛事品牌市场推广和营销过程中的市场机制条件下的运作方式。这种组织结构的目的就是希望通过专业化的市场运作，使赛事品牌产生最大的社会反响和经济效能。其基本结构如图 5-10-2 所示。

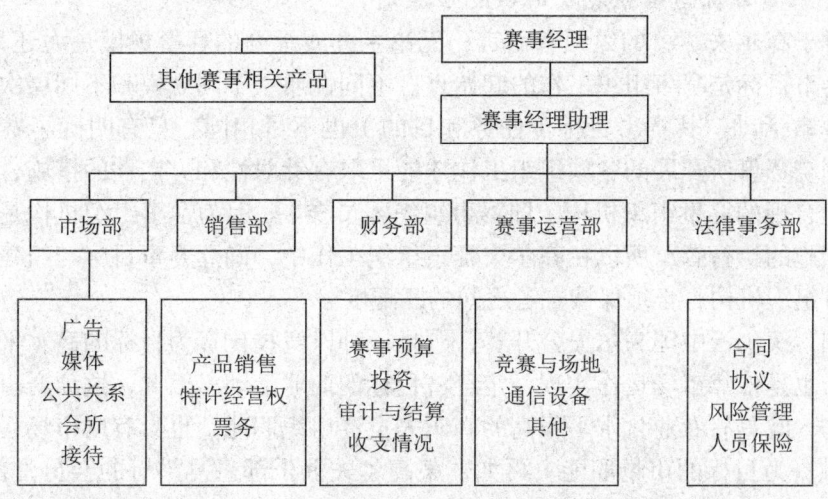

图 5-10-2　经营型高尔夫赛事组织结构示意图

3. 项目式高尔夫赛事组织结构

项目式高尔夫赛事组织结构主要以赛事组委会为统一领导，组委会下设秘书处、宣传处、竞赛处和后勤处等机构。根据赛事需要临时增设的其他组别，实行组长负责制。同时，为使赛事组织工作更加机动有效，赛事组委会可根据赛事的具体需求增减各组的人员设置和调配各组的工作内容。其结构如图5-10-3所示：

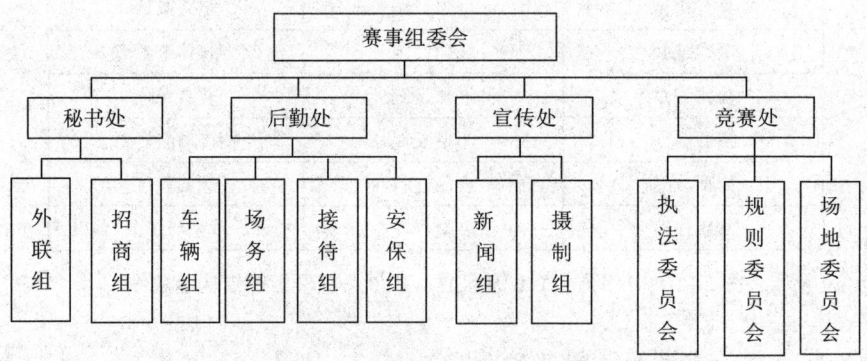

图 5-10-3　项目式高尔夫赛事组织结构示意图

三、设置高尔夫赛事组织机构的基本原则

在实施赛事组织与组织机构设置过程中，应当遵循如下原则：

1. 赛事目标与组织规模的匹配性原则

对于高尔夫赛事的组织者而言，无论主办或承办的赛事规模是大还是小，确立赛事目标是赛事组织工作的起始点。不同性质、不同规模和不同层次的高尔夫赛事活动，其赛事目标（任务和目的）也不尽相同。只有明确了赛事目标，围绕赛事所开展的各项组织工作才能采取有针对性和方向性的措施，也才能构建合理的赛事组织机构（即赛事组织委员会）。因为赛事组织机构是赛事目标实施的执行者，所以在高尔夫赛事组织工作中，确立赛事目标与组建合理的赛事组织机构，必须保持二者之间的匹配度。

如，沃尔沃中国高尔夫公开赛，既是一种以竞技比赛为目标的高水平国际赛事，也是依靠市场运作实现一定经济目标的商业活动。因此，这项赛事的组织机构，既具有专业化水平很高的高尔夫竞赛组织职能，也具有以市场运作和招商融资为目标的市场职能。再如，某高尔夫俱乐部每月举行的会员月例赛，其目的是通过比赛为本俱乐部会员搭建一个交流与沟通的高尔夫赛事平台，是一种以会员联谊为目的的小型比赛，其赛事组织者也就是俱乐部的会员部或竞技部。因此，赛事组织机构的人员组成与职能结构，也要与赛事规模和赛事目标相匹配。

2. 球员技术水平、比赛等级与专业组织能力相匹配的原则

高尔夫比赛根据比赛性质分类，可以划分为职业赛事与业余赛事；根据组织形式划分，又可以划分成锦标赛、公开赛、巡回赛和邀请赛等；根据比赛方法划分，可分为比杆赛、比洞赛等。对于这些不同性质、不同组织形式和不同比赛方法的高尔夫比赛，要根据赛事的组织规模、技术等级和参赛球员的技术特点，选择具有一定专业组织能力的团队，来完成赛事任务或达到比赛的预期目标。因此，主办和承办比赛的组织者必须具备一定的高尔夫赛事组织能力，能够保障比赛在公平、公正的竞赛环境中进行，保障球员的技术水平和竞技能力得到有效的发挥。赛事规模越大、水平越高，对组织者的专业能力要求就越高；而对于一些小型的高尔夫赛事（如会员月例赛）而言，除了其组织机构规模不及大型高尔夫比赛，其对赛事组织者的专业能力要求也没有那么严格。所以，不同规模、不同等级和技术水平的赛事活动，应由具有与其相匹配的专业组织能力的组织者来运作。

四、高尔夫赛事组织机构的工作职责

1. 建立赛事组织的运转机制和各项工作制度

高尔夫赛事的组织者，应在组委会的领导下，根据组委会总体部署，并结合竞赛规程和比赛规则的要求，制定高尔夫赛事的工作计划和实施细则，包括各项危机处理预案和应急措施等。

2. 制定竞赛组织岗位设置计划和组织

大型高尔夫赛事活动，是一项涉及多领域、多因素的组织工作，赛事组织者应充分发挥组织与协调的基本职能，负责对高尔夫竞赛所需相关人员的推荐、招聘、岗前和在岗培训的组织和管理，以保障竞赛目标的顺利实施。

3. 编制比赛经费预算及物资器材使用清单

合理的经费预算，是保障比赛目标实施的重要基础；而编制比赛所需物资与器材的购置清单，则是实现拟定比赛目标的基本保障。所以，为达成所拟定的比赛目标，赛事组织者应在赛前制定合理的经费预算，以及编制比赛所需物资与器材的采购清单，以保障比赛的基本物资和器材的供给。

4. 建立比赛组织流程标准和实施细则

无论是小型高尔夫俱乐部会员月例赛，还是大型职业高尔夫赛事，赛事组

织者都需要根据不同的竞赛目标，制定符合目标实施基本要求的比赛组织流程与基本标准，并据以制订工作计划及实施细则。只有按照赛前所制定的比赛组织流程、工作标准和计划实施细则进行，才能确保比赛目标的顺利实施。

5. 建立统一组织与协调工作机制

竞赛组织委员会是高尔夫赛事活动的指挥中枢。应在组委会的统一部署与组织协调下，建立各职能部门统一组织与协调的工作机制，做到职责分工明确，计划实施统一，组织协调得力。尤其是对于大型高尔夫赛事活动，在组委会的统一协调部署的领导下，从竞赛组织、场地器材、行政后勤，到票务、制证，从礼宾外事、新闻宣传、安全保卫、交通、通信、技术、医疗卫生、形象景观，到参赛运动员、技术官员、观众、赞助商、社会媒体的服务管理等，各职能部门都应在统一组织与协调机制的管理下，发挥不同的组织与管理职能。

五、赛事活动各部门主要工作职责

高尔夫竞赛组织工作是一个系统过程，不同竞赛目标和不同规模与技术等级的比赛活动都应当按照高尔夫运动的客观规律和高尔夫竞赛规则，有组织有计划地实施。在组织计划实施的过程中，作为竞赛组织的各职能部门，应履行不同的职责，并按照赛事组织的基本原则与工作要求，保障各项组织工作按计划实施。

1. 赛事组委会

组织委员会是高尔夫赛事的最高领导机构，对赛事进行决策、组织、控制和协调。高尔夫赛事过程中，要涉及人、财、物、信息等方面的工作，组委会在组织、领导中，要以人为本，注意调动人的积极性、主动性，及时依据客观情况在动态中做好高尔夫赛事的组织工作。组委会的主要职责包括：

（1）审议并通过组织委员会人员名单；

（2）审议并通过各部门的设置和负责人名单；

（3）听取、讨论并通过赛事计划和各部门的工作实施方案；

（4）商议并批准赛事经费的预算和决算方案；

（5）讨论并处理赛事过程中发生的重大问题；

（6）审议并通过赛事工作中的奖惩方案；

（7）听取并讨论通过赛事总结工作报告。

2. 组委会办公室

办公室是赛事组委会下设的办事机构，负责赛事日常行政事务工作。办公室是为赛事组织的各个部门开展协调工作的综合性办事部门，它的职责是帮助协调、监督检查赛事各项工作，确保各项工作能够顺利、高效地展开。赛事办公室主要的工作职责有：

（1）管理赛事文书，起草各类赛事计划、总结、报告，并对相关文件进行归档管理以及管理固定资产。

（2）起草球员报名和参赛须知、相关规定、球员报名条件（以往比赛成绩、球员差点、积分排名等）；报名时间、地点与报名办法；报名费用的收取标准与方法；球员报名参赛的特殊要求；组织赛事新闻发布等。

（3）组织各类会议，并负责对外的联络、宣传、交流、接待工作。根据赛事组委会的决议，筹备召开组委会会议、组委会常委扩大会议、组委会各部门工作联席会议、赛事筹备工作会议等几个大型会议的具体组织工作。在组织会议时，要做好以下几个方面工作：

①会前筹备，主要内容包括确定会议议题、拟定会议日程、筹备会议材料和布置会场等。

②会前检查，主要检查会议筹备情况，确保会议顺利进行。检查内容包括会议材料筹备情况、会议程序安排情况、出席人员落实情况、会场布置情况、会议安全保卫工作落实情况、出席人员落实情况、会场布置情况、会议安全保卫工作落实情况等。

③会间组织工作，尤其是规模较大、时间较长的会议，一般成立赛事秘书处或会议领导小组，以加强对会议的领导。会议期间应设文字秘书和联络员，做好会议记录和征求意见。

④会议善后工作，包括整理会议纪要或会议文件，及时上传下达；收集、整理会议资料并存档；进行会务工作总结。

（4）负责赛事的经费预算和开支管理等财务工作。

（5）做好各项工作的协调和督办，保障信息畅通，掌握各部门工作进程，确保各部门按计划推进工作。

（6）负责赛事中心的其他各项日常管理工作。为了有效地协调和控制高尔夫赛事组织管理工作的进度，组委会应在各职能部门工作计划的基础上，拟定整个高尔夫赛事组织管理基本工作程序，其形式可用制定工作流程图的方法。此外，为了表明各项工作在时间与逻辑上错综复杂的关系，更好地协调各部门的工作，也可采用绘制计划网络图的形式，编制赛事组织管理的基本工作程序。

（7）督促、检查球场组织工作的落实情况。

（8）检查各部门各项方案的落实。

（9）协助组委会成立赛事所需的各种特殊机构，如开球仪式、颁奖仪式临时指派赛事联络员。

3. **竞赛处**

竞赛处是分管竞赛的职能部门，一般来说，组织较大规模的高尔夫赛事活动，竞赛处由竞赛处长（有些比赛称之为赛事总监）、仲裁委员会主任、总裁判长及各有关裁判成员组成，其具体任务是：

（1）确定仲裁委员会成员和裁判长、副裁判长人选。

（2）勘察、选择赛事球场，按规格要求检查球场的布置工作。

（3）拟定比赛规程、比赛场地设置（包括制定比赛事条件和当地规则、在相应的球洞设置最远距离奖、最近洞杯奖奖项的标记），根据报名注册的情况，按照赛事规定时间和参赛规模编排赛事分组及开球时间，执行比赛规则。

（4）组织裁判员学习比赛的当地规则，宣布有关竞赛事宜等。

（5）制作球员记分卡（记分卡上需注明同组球员的姓名、差点及发球台和发球时间）、球场码数本、打球进度控制表。

（6）赛事结束后，收回球员的记分卡。确保球员在记分卡相应的位置签名；以赛事规程确定的方法计算球员的成绩；成绩的收集、整理与公布；准备赛事记分板，确保球员的成绩公告无误。根据球员的成绩，列出获奖球员名单，提供给赛事组委会，以备颁奖。

（7）与赛事其他部门合作，完成赛事的现场工作。

4. **宣传处**

宣传处是分管竞赛宣传事务的职能部门，主要负责赛事活动和比赛过程的电视摄像、球员采访、通信报道、赛事广告招贴的设计以及相关宣传材料的搜集与整理等。新闻宣传部的工作一般包括以下三方面的工作：

（1）社会宣传工作

包括制定、设计赛事宣传品或撰写赛事宣传材料，征集或拟定赛事宣传口号，确定宣传方式、宣传手段，制定环境和赛场布置方案。

（2）思想教育工作

包括制定对参加赛事各类人员的教育计划；拟定球员、教练员、裁判员应注意事项和有关体育道德精神文明方面的要求；撰写并印发宣传材料和观赛人员须知等，并通过各种渠道加以宣传，确定思想教育具体实施方案，落实宣传手段。

（3）新闻报道工作

包括召开新闻发布会，向有关新闻单位发出邀请，组建新闻中心或新闻室，制定新闻报道计划。

5. 市场部门

主要负责高尔夫赛事的赞助营销工作。多数商业性赛事要成功举办，需要有赞助商提供资金和实物等各种支持。市场部门是赛事的"衣食父母"，没有赞助资金的支持和保证，赛事概念策划得再好都等于零。

6. 安全保卫部门

高尔夫赛事安全保卫部门，是指对赛事的比赛、重大活动现场、驻地及其他场所提供安检、交通疏导和消防应急等服务，保障赛事相关人员人身和赛事相关设施等安全。

高尔夫赛事安全保卫工作应根据赛事的规模、档次以及到场的领导、嘉宾、明星等具体情况确定相应级别，制订有针对性的安全保卫策略。

赛前应该做出详细的安保工作计划，制定高尔夫会所、球场、现场、消防、通信、证件等各类安保方案，监督安保人员认真履行安保计划，为工作人员、嘉宾、记者等准备出入证或工作证。

安全保卫部门要与其他的赛事运作管理机构建立良好的合作，做好充分的安全保证。

7. 后勤部门

高尔夫赛事的后勤保障工作被认为是赛事运作中的重中之重，主要包括现场接待、网络信息通信技术、证件管理、物资发放与回收等。

比赛期间的保障工作包括：认真检查各类相应证件以及比赛场地、设备和器材的布置与使用情况等，确保证件的规范使用，严禁向观众转借证件，并且要做好证件的防伪工作。落实运动员、裁判员的住宿、用餐、交通和安全工作，监督竞赛各项预算的落实情况以及医务方面的伤病防治、临场应急准备和网络信息通信技术的保障等具体工作。比赛现场可能会有各级领导和赞助商来参加开闭幕式或观看比赛，因此，接待工作也十分重要，相应的礼节和观赛安排都要精心准备，周到接待将有利于获得他们的支持和关注，使得赛事的举办工作持续发展下去。

除此之外，一项赛事的结束并不代表整个赛事管理过程的结束，对于后勤保障工作来讲更是如此。赛事活动结束后，赛事组织者和管理者还要进行一系列的赛后工作，包括：各队离赛的手续，有关人员费用的结算，用于比赛的场地、器材、服装、用具等物资设备的及时归还、转让、出售和处理，完成竞赛总结和评比表彰工作，落实赞助商权益回报等。

8. 医疗卫生部门

高尔夫赛事医疗卫生部门主要负责有关卫生监督、医疗救护控制、医疗保健等方面的工作，提供安全、卫生的赛事环境。

（1）医疗救护

医疗救护的主要职责是为参加、参与赛事的人员提供优质、高效的医疗救护服务，保障赛事相关人员的身体健康。开球仪式、颁奖仪式以及比赛期间的人员集中之地，应该是医疗救护的重点区域。事先要联系好合作医院并掌握赛事期间人员、进出通道、场地情况等，在现场设置流动医务室并配备专门的医务人员做好相关医疗救护准备工作。

（2）卫生监督

通过卫生督查工作，为赛事提供安全、卫生的饮食、住宿及公共环境。事先要做好充分的卫生督查方案，根据计划有步骤地开展工作；赛事期间，要协同其他部门监督、检查赛事期间的食品、饮料安全以及住宿区的卫生等情况，对发现的问题及时予以解决。

（3）疾病防控

赛事期间，要加强环境卫生的综合治理，杜绝或减少疾病传染源，预防疾病的传播。赛前要做好辖区内的环境治理，加强赛事举办地传染疫情的常规检查，做好疫情常规报告，制定疫情暴发的紧急应对方案，把疫情传播控制在最小范围。

（4）医疗保健

根据赛事服务情况，可以考虑为赛事部分接待对象提供医疗保健服务。赛事期间，可能会有部分嘉宾或运动员有医疗保健服务的需要，赛事组织方也可以通过医疗保健服务更好地与嘉宾进行沟通、交流及合作。

9. 根据赛事需要设置特殊岗位人员

不同比赛规模和性质的赛事，人员组织结构也不可能相同。在举办大型高尔夫赛事活动中，根据比赛的需要，通常会设置部分特殊的岗位，以确保比赛的顺利进行。

（1）在比赛易发生问题的区域设置比赛观察员

比赛观察员通常由竞赛组委会指定，来帮助裁判员判定事实问题或向裁判员报告球员违反规则的情况。在比赛进行中，观察员可以对比赛中出现问题的事实向裁判员提供信息和帮助，裁判员可根据观察员所提供的信息和帮助，对问题进行裁决。比如，在比赛中，竞赛组委会在某一球道容易出现问题或争议的区域设置观察员，当球员从发球台开球，球进入该区域，观察员可向裁判员提供球所在的位置信息或帮助球员寻找球。

（2）在现场观众较多的大型比赛中设置比赛安全员

在大型赛事组织过程中，设置比赛安全员是让球员充分发挥技术水平的一个重要保证。安全员的主要职责是维持比赛的良好秩序，保证球员在肃静和无任何干扰的状态下打球。通常情况下，竞赛组委会会根据可能到场观看比赛的观众规模来配置安全员的数量。当球员准备打球时，安全员会高举手中的警示牌（警示牌上通常写有"安静 QUITE"字样）来告知观众保持肃静，不要来回走动或大声喧哗。安全员与球员打球行程通常保持一致，并始终处在球员打球位置的场外或发球台周围的适当位置，不能影响球员打球。

（3）根据不同比赛方法配置记分员

记分员是由竞赛组委会指定的、在比杆赛中记录球员分数的人员，可以是同伴比赛者，但不能是裁判员。记分员没有权力对比赛中球员的行为和球的状态进行裁决和评判，但当裁判员向记分员询问有关事情时，记分员应如实客观地向裁判员提供他所掌控的准确的信息，以便裁判员对此做出准确的裁决。记分员应在球员每一洞击球入洞后下一洞准备发球之前，准确地记录球员上一洞的击球杆数。在球员打完全部18洞之后，由球员签字并经比赛的同伴确认（签字）之后，由记分员签字并提交赛事计分组。

（4）根据比赛需要来合理配置裁判员

裁判员是由竞赛组委会指定的、与球员同行以判定事实问题并执行规则的人员。裁判员将自己观察到的或接到报告的所有违反规则的行为采取行动和判罚。当裁判员认为必要时，可以向比赛观察员、记分员或参赛者的球童询问有关比赛中所出现问题的事实，并对出现问题的事实依据《高尔夫球规则》做出裁定和判决。在《高尔夫球规则》中，并没有就一次高尔夫比赛需要设置裁判员的人数作明确的规定。因此，竞赛组委会应根据比赛的规模、比赛的性质和技术等级，适当配置裁判员。通常情况下对于大型高尔夫赛事活动，竞赛组委会可以在2-3洞之间至少配置一名裁判员，有时根据需要也可以分别在发球区、球洞区通道和球洞区各配置一名裁判员。

六、高尔夫赛事人员培训

高尔夫赛事的组织工作是一项涉及多领域、多因素的动态管理工作。从竞赛专业人员（裁判员、比赛观察员、记分员）、竞赛服务人员（球童、安全巡场员）到后勤保障人员，都需要依据不同比赛目的、比赛规模进行合理的人员配置与职责分工，协同一致，相互配合确保比赛顺利进行。这些不同职责的专业分工与服务保障，竞赛组织者应根据不同的比赛目标和比赛规则等因素，在赛前进行有针对性的业务培训和学习。在认识一致、思想统一、行动规范、服务标准的原则基础上，依据不同的分工职责开展工作。赛前组织高尔夫赛事人员进行业务培训，主要包括如下相关内容：

1. 裁判人员业务培训与学习

裁判人员主要是指竞赛裁判员、比赛观察员、记分员等。赛前业务培训与学习主要包括：

①《高尔夫球规则》和当地规则的主要精神与条款，以及特殊情况下违反规则的处理方法与程序等；

②比赛中特殊领域比赛观察员的职责与处理问题的方法和要求；

③记分员的工作职责、程序、流程和相关要求，以及特殊情况处理的方法与程序等。

2. 竞赛服务人员业务强化培训

竞赛服务人员主要是指球童、巡场员、安全员等，赛前对这类人员的业务学习与强化培训，主要内容包括：

①高尔夫球运动的基本规则，球童服务标准、程序和要求，以及当地规则的相关要求、处理问题方法与程序等；

②巡场员的服务职责和要求，以及针对比赛相关规则规定的服务程序和要求等；

③安全员的工作职责、方法和要求，以及对安全隐患的防范措施与方法等。

3. 后勤服务人员培训

后勤服务人员主要是指比赛场地组和交通车辆组（包括比赛场地内外交通），以及餐饮派送、配置等相关服务人员，对这类服务人员的强化培训，主要包括如下内容：

①场地组有关发球区标志、旗杆位置的设置与调整的标准与工作要求等；

②交通车辆组对车辆（交通车辆、球场电瓶车）的保养、安全措施以及服务程序与标准的强化培训等；

③餐饮配置、派送与球员就餐过程中的服务标准、程序和要求以及相关服务内容的培训等。

【课后思考】

    1. 高尔夫赛事组织机构的主要类型有哪些？不同的类型适合哪个级别的比赛？

    2. 高尔夫赛事组织机构设置的基本原则有哪些？

    3. 高尔夫赛事组织机构主要有哪些部门？每个部门的主要工作职责有哪些？

    4. 高尔夫赛事人员培训的主要内容有哪些？

任务十一
高尔夫赛事规程的制定

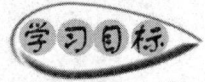

知识目标
- 了解高尔夫竞赛规程的定义；
- 掌握高尔夫竞赛规程所包含的主要条目；
- 了解高尔夫竞赛规程制定的注意事项。

技能目标
- 制定一份具有可操作性的高尔夫赛事规程。

素质目标
- 通过学习制定高尔夫赛事规程，树立全面思考问题的意识及对细节不断求索的态度。

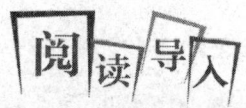

规则与规程

《高尔夫球规则》由苏格兰圣安德鲁斯皇家古老高尔夫球俱乐部（R&A）及美国高尔夫球协会（USGA）审定，是世界通用的最权威职业和业余选手之行为规范用书，每四年重新修订、印制一次，因为随着这项运动的发展，原有的规则需要经过不断的审核、修改，才能更加符合高尔夫运动的精神。对于高尔夫运动来说，高尔夫球规则是维护高尔夫球运动秩序、指引业余球员和职业球员参加赛事的标准。

竞赛规程是由竞赛组委会或筹备组，根据竞赛计划而制定的具体实施某一项（届）赛会的政策与规定，其中包括竞赛的名称、目的、任务、时间、地点、举办单位或承办单位、竞赛的项目、组别、参加方法、竞赛办法、竞赛规则、录取名次与奖励、报名和报到、食宿安排、消防与安全知识及逃生路线示意图、裁判员与仲裁委员会、注意事项或未尽事宜以及本规程解释权的归属单位等。

在竞赛活动中，竞赛规程和竞赛规则共同协调和制约着运动竞赛的全过程。规程着重于竞赛的组织管理，规则主要是对技术规范以及确定成绩和有关场地器材条件的规定。

（资料来源：节选并改编自《高尔夫球规则》中"竞赛规程".）

思考：高尔夫赛事规则与高尔夫赛事规程的区别和联系是什么？

高尔夫竞赛规程是使高尔夫竞赛得以顺利进行的重要保证，是竞赛组织者、裁判、工作人员和运动员必须共同遵守的准则，是组织高尔夫竞赛运动的依据。高尔夫竞赛规程是为组织和参与运动竞赛者制定的各种政策文件的总称。

一、高尔夫赛事规程

高尔夫赛事规程是赛事组织者（赛事组委会）向赛事的各社会团体和球员所发布的围绕赛事活动的各项规定，也是高尔夫赛事组织者在对赛事目标实施的可行性进行分析与评价，并在确定了总体实施方案的基础上，所制定的组织纲领和目标实施办法。

该类文件主要由赛事组委会制定，可用于制定后期赛事文件的标准，尤其是赛后成绩排名确定的主要依据。

二、高尔夫赛事规程的主要内容

1. 赛事名称

高尔夫赛事名称是赛事组织者对既定赛事活动所指定的称谓，是赛事组织者打造赛事品牌和社会影响力的重要因素。因此，比赛名称即是赛事目标实施的起点，也是赛事组织者获得社会效益和经济效益的载体和市场平台。设计比赛名称以及确定赛事的称谓，是打造高尔夫赛事品牌至关重要的一步。在制定高尔夫比赛规程时，对比赛名称的表述，既要体现高尔夫赛事组织者的组织目标，又要充分考虑比赛名称所承载的相关元素，其命名方式主要有：

（1）冠名形式命名高尔夫赛事

冠名赞助是赞助的一种形式，是指某高尔夫活动以赞助者（包括个人、企业、单位、公司、组织等)的名称为前缀而展开的赞助,它是高尔夫活动营销策略的手段之一。因此,准确表达比赛的冠名,是对比赛赞助者基本权益的核心体现,其主要表现为:以企业品牌形象作为冠名赞助和企业产品作为物质赞助两种形式。诸如"××(企业名称)高尔夫公开赛"。部分比赛赞助采用分项赞助的形式,比如奖杯赞助、服装赞助、器材赞助或设施赞助等,这些赞助不属于冠名赞助。

(2)以组织形式命名赛事

该命名方式是为避免比赛名称对比赛组织形式的表述不准确而造成参赛球员和社会各界产生错误的理解和认识所采用的命名方式,如"邀请赛""锦标赛""巡回赛"。当此类比赛有赞助者进行冠名赞助时,可采用××××年"'××杯'高尔夫邀请赛"的叫法。

(3)以区域与参赛对象命名

这类命名方式主要是以举办地(参赛球员的类型)进行命名的方式。比赛地域是指何地举行赛事、参赛对象是指为何种球员群体组织的比赛,如深圳市"希望杯"青少年高尔夫锦标赛、2017年大连长兴岛全国青少年高尔夫球公开赛等。

因此,比赛冠名、赛事组织形式、赛事举办地点和参赛对象是构成比赛名称的四要素,如果没有商业冠名,那么在比赛名称中必须能够体现赛事的举办地、组织形式和参赛对象这三个基本要素。

2. 确定主办、承办、协办和赞助单位

(1)主办单位

主办单位比赛的主管部门或社会团体,是比赛的发起者和管理比赛的召集者,并承担相应的社会责任和相关法律义务。如,湖南省首届全民健身高尔夫球锦标赛暨中高协差点段位赛湖南省第二场,其主办单位是湖南省高尔夫球协会。

图 5-11-1　湖南省首届全民健身高尔夫球锦标赛

（2）承办单位

承办单位是比赛的组织者和实现赛事目标的执行者，是由赛事主管部门所委托组织和经办比赛的具有一定资质和专业能力的社会团体或企业机构，如高尔夫球会、高尔夫俱乐部、高尔夫专业的管理机构。

（3）协办单位

协办单位一般是做实事的，和承办单位相比，是一个大的单位，但名气不大，或者是因为出了赞助（资金、场地什么的），又不能放在"赞助"里，就放在"协办"里，它是演配角的意思。

（4）赞助单位

赞助单位是指为比赛提供经济帮助和支持的企业、个人或社会团体。他们以资金、物质等方式赠予组织者，并取得一定回报，以与组织者共同获利的合作方式参与赛事。

3. 确定比赛时间和地点

比赛时间与地点是组委会所决定举办赛事的具体时间和举办地方。

对比赛时间的表述要准确、具体，不能含糊不清，如××年××月××日～××月××日。

对比赛地点的表述，应该根据举办赛事的俱乐部的不同情况，说明举办比赛的具体场地，如中国·长沙·星河湾高尔夫俱乐部A、C场。

为提供更加贴心的服务，需要为球员制定详细的日程安排表（详见日程安排表）。

4. 参赛条件

由竞赛组委会根据所拟定的赛事目标确定参赛球员的性别身份（应邀参赛的对象）、技术等级（职业球员，业余球员以及球员差点）等相关规定与报名参赛的具体形式和方法。

赛事组委会在策划一场高尔夫赛事所要做的第一步就是确定谁有资格来参加这个比赛。如果要组织一场青少年比赛，在比赛条件里必须申明年龄界限以及比赛选手的生日必须在某月某日之前才可以获得参赛资格。比如为了获得青少年业余公开赛的资格，球员必须在公开赛正式开赛前最后一天年满18岁；如果组织成人的比赛，那么在比赛条件里，也必须申明可接受的最小年龄或某年某月前满××岁数。

赛事组委会必须确定比赛是否接受所有选手报名，或者只接受USGA差点指数不超过某范围的球员报名。如果对差点的要求进行了限制，那就必须作为比赛条件的参赛资格来公布。

赛事组委会必须决定接受报名的人数以及方法，比如要组织一个100人的比赛，那么赛事组委会就必须确定如何决定是哪100名球员，是按报名的先后顺序，还是按所有球员中差点最低的一百名。如果最高的限制差点有并列名单的话，是否要以抽签来确定。

5. 比赛分组

比赛分组编排是为顺利实现比赛目标、对参赛运动员的比赛出场顺序所进行的分配与组合。分组编排是根据竞赛组委会所规定的比赛方法、为保证参赛球员技术水平的发挥所进行的具有针对性的赛前组织工作。赛事组委会对参赛球员进行分组编排时，应根据不同的比赛方法，采取相对应的比赛分组与出场顺序。（详见任务十二：一、高尔夫竞赛分组与编排方法）

6. 比赛方法

比赛方法是赛事组委会根据赛事目标所采取的比赛手段。比赛方法与赛事目标是一个统一的整体，如果比赛方法得当，比赛目标也就可以顺利地实施与完成。主要包括以下内容：

（1）确定竞赛的规则，如比赛采取的主要赛制、比赛是否分阶段进行、分阶段进行的比赛各阶段的成绩如何衔接；

（2）规定比赛如何决定名次，明确记分以及积分方法；

（3）公布竞赛规则以外的特殊规定，如当地规则等；

（4）规定对高尔夫球员违反竞赛规定的处罚办法（如弃权等）；

（5）规定对所使用的比赛器械、服装鞋帽以及辅助装备等的要求。

（详见任务六：高尔夫赛事文件的制定）

7. 报名方法

赛事组委会应确定报名方法和程序。比如，可以发报名表给球员，球员填好回传给赛事组委会；通过赛事的官方网站以及新浪高尔夫、高尔夫时代网等媒体刊登报名表以及比赛条件；根据赛事指定报名系统进行网络报名。

规定参赛队球员、裁判长（裁判员）、仲裁等报名起止时间，参赛队书面报名的格式、份数、报名表投递的地点、单位、时间（要注明以寄出或寄到的邮戳时间为准）以及违反报名规定的处理办法。

确定参赛队球员、裁判员、裁判长、仲裁等报道的时间、地点、单位以及竞赛场地地点。注明报到时应携带的材料和物品，以及违反报到规定的处理办法。

（详见任务十二：二、高尔夫赛事运动员报名与报到）

8. 录取名次与奖励

比赛名次是由竞赛组委会对本次竞赛所规定的奖励名额，如冠军、亚军、季军，或前六名、前八名等。奖项是由竞赛组委会对本次比赛所设置的各种不同奖励内容，如最远距离奖、最近洞杯奖、一杆进洞奖、最快进步奖等。奖品是由赛事组委会对取得不同名次、不同奖项的参赛球员所颁发的各种奖励物品或奖金（仅限职业比赛有冠军奖金与名次奖金）。

9. 其他规定

赛事组委会对参赛球员所应遵循的相关规定和要求，如球员参赛的服装、比赛用球、提交记分卡的办法以及比赛结束后的颁奖时间、地点等要求。必要时可以注明赛区食宿条件和标准、交通费用开支等。有未尽事宜，由组委会随时修改补充，在正式比赛之前，以补充规定的形式下达至各参赛单位。

10. 解释权

规程要留有余地。一般规程解释权属于主办单位的有关部门，如赛事组委会等。通常的表述方式是："本规程的解释权归属竞赛组委会"。另外如有必要，竞赛规程可以在文末以附件的形式，注明球员的注意事项，酒店与球场的交通与联系信息以及详细的竞赛日程安排等。

【案例呈现】

第四届全国高等院校高尔夫球冠军赛暨全国运动训练竞赛联盟高尔夫球锦标赛竞赛规程

一、指导单位
国家体育总局科教司

二、主办单位
全国运动训练竞赛联盟

三、承办单位
北京大正承平文化传播有限公司

四、协办单位
全国运动训练教学联盟

五、支持单位
黄山市体育局
黄山市高尔夫球协会
黄山市屯溪区文体旅局

六、承办球场
黄山松柏高尔夫乡村俱乐部

七、技能水平认证
《青少年高尔夫球运动技能等级标准》

八、竞赛日期
2022年9月23日—2022年9月30日

九、参赛单位
全国普通高等学校

十、比赛形式
7级业余组：男子、女子个人比杆赛，男子、女子团体比杆赛，高尔夫技能大赛，混合团体比杆赛；8级专业组：男子、女子个人比杆赛，男子、女子团体比杆赛，高尔夫技能大赛，混合团体比杆赛；9级高水平组：男子、女子个人比杆赛，男子、女子团体比杆赛，混合团体比杆赛；教师组：A、B组男子、女子个人比杆赛，教学技能大赛。

十一、参赛资格
（一）基本条件

1.院校

参赛院校必须是经教育部批准设立备案的全日制普通高等学校。

2.学籍

（1）参赛运动员必须是按照教育部关于全国高等院校招生考试、录取的有关规定（以及相关的特殊招生政策），审核录取的学生（含在校全日制本、专科学生、研究生、留学生，不含成人高等教育系列的学生），完成2022年高校招生录取手续的学生可报名参赛。

（2）参赛运动员文化课考试合格，遵守学校各项纪律和有关规定，并经医院检查证明身体健康并适宜参加高尔夫比赛者（须有当地县级以上医院的体检证明）。

（3）2022年应届毕业生在获得毕业院校同意后，可以代表院校参加本次赛事。

3.教师组

凡身体健康并适宜参加高尔夫比赛，教师和学院校级领导均可参加教师组比赛。

A组：45周岁以下的教师（1977年9月23日后出生）

B组：45周岁以上的教师（1977年9月24日前出生）

4. 技能水平要求

参赛运动员应符合《青少年高尔夫球运动技能等级标准》4级以上技术水平。

参赛球员报名需提供《青少年高尔夫球运动技能等级标准》4级证书或者院校提供的具有4级水平的证明函。

5. 注册

所有参赛运动员必须在大正体育 APP 注册。

6. 监督

参赛运动员名单将于报名截止后3个工作日在大正体育 APP（http://www.bwvip.com/APP）进行公示。

（二）参赛资格说明

1. 凡是在国家体育总局小球运动管理中心、中国高尔夫球协会正式履行注册、备案或入学前参加过由国家体育总局小球运动管理中心、中国高尔夫球协会举办的全国性高尔夫球比赛和通过高考体育单招（含免试）录取的学生（研究生、博士生本科阶段通过高考体育单招（含免试）录取的）仅限参加9级高水平组。

2. 综合类、师范类、体育类本科院校体育院系，高职类院校高尔夫相关专业（运动训练、高尔夫球运动与管理、社会体育、休闲体育）的学生仅限参加8级专业组。

3. 凡是通过全国统一高考正常录取未享受任何体育加分或降分政策的学生（研究生、博士生须提供本科入学时相关资料进行资格核查）、通过高尔夫球运动技能等级标准4级测评（以证书或校内测评函形式提供证明）仅限参加7级业余组比赛。

4. 赛事允许升组参赛，不允许降组参赛；7级业余组可以升组打8级专业组，8级专业组可以升组打9级高水平组。

十二、竞赛办法

比赛采用中国高尔夫球协会审定、R&A 规则有限公司及美国高尔夫球协会联合颁布的2019年版的《高尔夫球规则》以及竞赛委员会制定的"比赛条件"和"当地规则"。

技能水平要求认定为:《青少年高尔夫球运动技能等级标准》

（一）个人赛：

1. 7~9级组：

三轮总杆数少者名次列前；如果第一名出现并列，则采取"骤死式"逐洞延长赛决定名次；第二、三名出现并列则首先比较最后一轮的成绩，杆数少者名次列前；若再相同，则比较最后一轮后九洞（10~18洞）的成绩；若再相同，则从最后一轮的最后一洞（第18洞）开始比较单洞成绩，采取倒计数方式决定名次。

2. 教师组

（1）个人赛：二轮（36洞）比杆赛

分为A、B两组，每组二轮总杆数少者名次列前；成绩出现并列时，则首先比较最后一轮的成绩，杆数少者名次列前；若再相同，则比较最后一轮后九洞（10~18洞）的成绩；若再相同，则从最后一轮的最后一洞（第18洞）开始比较单洞成绩，采取倒计数方式决定名次。

（2）高尔夫技能大赛

赛事期间，还将举行教师组以及7~8级学生组个人技能大赛；技能内容包含：1号木、推杆、切杆、定距击球等。

（二）男（女）子团体赛：三轮（54洞）比杆赛

1. 男（女）子团体赛

参赛学校男（女）子运动员达到2人并且属于同一组别时可参加团体赛的评比；如果参赛院校同一组别的男（女）子人数超过团体规定人数，则每轮取成绩最佳的两名作为当轮的团体成绩；团体总杆数少者名次列前；如团队成绩出现并列，则首先比较最后一轮的团体成绩，杆数少者名次列前；若再相同，则比较最后一轮后九洞（10~18洞）的团体成绩；若再相同则从最后一轮的最后一洞（第18洞）开始比较单洞团体成绩，采取倒计数方式决定名次。

例如：某学校选派了同一组别的2名男子运动员参加比赛，此情况则可进行当前组别的男子团体赛的评选；若学校选派了同一组别的3名男子运动员参加比赛，则每轮取成绩最佳的2名作为当轮的团体成绩。

2. 混合团体赛

参赛学校男女各两名运动员并且属于同一组别时，可参加混合团体赛的评比；如果参赛院校同一组别人数超过团体规定人数，则每轮取成绩最佳的男、女各两名作为当轮的团体成绩；团体总杆数少者名次列前；如团体成绩出现并列，则首先比较最后一轮的团体成绩，杆数少者名次列前；若再相同，则比较最后一轮后九洞（10~18洞）的团体成绩；若再相同，则从最后一轮的最后一洞（第18洞）开始比较单洞团体成绩，采取倒计数方式决定名次。

十三、报名办法

（一）以参赛院校为单位，在大正体育APP上进行报名。

（二）报名时需按要求填写领队信息、教练员信息、运动员信息，住宿信息。

（三）运动员注册。注册时间为：即日起可以注册；参赛运动员需在大正体育APP首页点击"个人"，注册成为"大学生"身份，方可进行赛事报名。

十四、报名

（一）运动员组以学校为单位，每个单位最多可以报名8人；团体赛要求：男（女）子运动员达到2名并且属于同一组别。团体赛球员同时参与个人奖项评选。

（二）教师组总参赛人数不高于80人；学生组总参赛人数不超过160人。

（三）报名：各参赛单位先在大正体育APP进行赛事报名，并于2022年9月9日前将报名表（主管校领导签字并加盖学校公章）的电子版以邮件的形式发送至gcct@bwvip.com邮箱。报名时间：2022年8月26日；报名截止日期：2022年9月9日。

十五、录取名次与奖励

（一）个人比杆赛：向7级业余组、8级专业组、9级高水平组、教师A/B组获得前三名的运动员和教师颁发奖杯与成绩证书，向获得4~8名的运动员和教师颁发成绩证书。

（二）男（女）子团体比杆赛、混合团体比杆赛：向获得前三名的男（女）子团体颁发奖杯，向4~8名获奖团体颁发证书。

（三）高尔夫技能大赛：向A/B组教师高尔夫技能大赛成绩优异的颁发获奖证书；向7~8级学生组个人高尔夫技能大赛成绩优异的颁发获奖证书。

（四）教学技能挑战赛：赛事组委会根据参赛学校成绩评选"优秀教练员"；根据裁判员执裁情况，评选"优秀裁判员"。

十六、裁判与仲裁

裁判长、裁判员、仲裁委员均由科教司商定选派。

十七、资格审查及纪律监督

（一）为端正赛风赛纪，资格审查委员会在报名后、比赛中及比赛后将对运动员资格进行审查。对违反资格规定的运动员，如在报名后或比赛前发现并查实有弄虚作假、违反规定者，取消其比赛资格，并不得补报和更换其他运动员。如在比赛中或比赛后发现并查实有弄虚作假、违反规定者，取消比赛资格和获奖名次，没收比赛保证金。

（二）凡对运动员资格有异议并提出申诉者，须向资格审查委员会提交由领队签字的书面申诉报告，同时缴纳申诉费2000元后方予受理，如胜诉则申诉费如数退还，败诉者不予退还申诉费。

十八、处罚

（一）对弄虚作假违反参赛资格的单位，一经查实立即取消其参赛资格，并取消已获得的名次，书面通知所在学校主管领导、并给予院校停赛一年的处罚。

（二）对发生罢赛及不参加颁奖晚宴的单位，取消参赛资格、成绩及名次，书面通知所在学校主管领导、并给予院校停赛一年的处罚。

（三）对比赛中出现的其他违纪行为将按相关规定进行处理。

十九、其他规定

（一）经费

1. 赛事服务费：150元/人（包含：赛事秩序册、广告等宣传制作物费用）。

2. 正赛期间，击球费用：550元/18洞（含：果岭费、设施费、球车费），球童小费球员自行支付。

3. 试场（果岭费、设施费、球车费）：550元/18洞、280元/9洞；各参赛学校需通过组委会预订试场，院校需在9月9日前将预订试打时间、球员姓名发送至邮箱 gcct@bwvip.com。

4. 试场期间，提供球车，1对2球童服务；需支付小费100元/人，产生单车差需由参赛学校承担；

5. 酒店名称：黄山高尔夫酒店。住宿费：370元/间夜（单双同价、含双早）；餐费：150元/人/天（含午餐、晚餐）；若球员不在规定时间内就餐，费用不予退还。

6. 练习场热身：20元/盒/30粒球；签到时，需要在组委会处购买击球券。

7. 1~6项的相关费用各院校在现场刷公务卡结算。发票由组委会开具；发票开具公司为：北京大正承平文化传播有限公司；发票项目：体育服务费（球童小费除外）。

8. 交通提示：黄山屯溪国际机场距离黄山松柏球会约12分钟车程，黄山北高铁站距离黄山松柏球会约20分钟车程。本次组委会不安排接送机，请各院校自行解决。

（二）保险

1. 参加本赛事的各代表队的运动员、领队、教练员、工作人员，都必须由所在单位在当地保险公司办理"人身意外伤害保险"（含往返赛区途中及比赛期间，保险金额为保险公司核准的最高金额）。

2. 在报到时，向组委会交验保险单据原件，否则不得参加比赛。

3. 各代表队报道时，须携带本人第二代身份证原件、学生证原件、加盖公章的招生录取审批表复印件、健康体检证明（证明本人体质可参加高尔夫项目比赛），组委会将统一验证，若证件不全或不符者不允许参加比赛。

注：如有特殊情况不能及时报到者，须事先通知组委会；无故未能按时报到者，作弃权处理。

4. 关于疫情防控

所有参赛运动员及领队须持有48小时内核酸检测阴性证明、行程轨迹、健康码方可进行签到，获得参赛资格。组委会不组织集中核酸检测。运动员报到时，若行程轨迹涉及港澳台、境外及高风险和中风险地区的运动员，组委会有权取消该球员的参赛资格。

除核酸检测外，所有参赛运动员及领队需遵守组委会的相关防疫措施，如体温检测、提供健康码、不聚集、分散热身等，具体防疫措施请见后续报名须知及现场公告。同时，为了更好地实施疫情防控政策，所有参赛运动员必须居住在赛事指定酒店，避免外出，听从组委会安排。

（三）保证金

报到时各代表队（团）须缴纳3000元（人民币）保证金。对于在比赛期间未违反赛会有关纪律规定、社会治安管理条例以及运动员参赛资格等问题的代表队（团），比赛结束后将保证金原数退回。

（四）校旗

为了宣传赛事及参赛学校，要求所有参赛学校自带本校校旗。校旗尺寸为2米宽、3米长，不符合规格及未带校旗的学校将由大会统一代为制作，费用由学校支付。

二十、9月24日将召开"GCCT约见未来——高校见面会"，请各院校老师出席。

二十一、未尽事宜由承办单位另行通知。

二十二、本规程解释权归属赛事组委会所有。

全国运动训练竞赛联盟
2022年8月

全国高等院校高尔夫球冠军赛日程安排

日期	时间	活动安排	场地
23/Sept.	10:00-17:00	院校签到日	酒店大堂
	12:00-18:30	试场	球场
	17:30-18:00	球员会议	酒店会议室
	19:30-20:00	领队会议	酒店会议室
24/Sept.	07:30-12:30	"GCCT约见未来"高校配对赛	球场
	15:00-17:30	"GCCT约见未来"高校见面会	酒店黄山厅
25/Sept.	08:30-14:00	学生组技能大赛（七级组）	练习场
	08:00-08:30	开幕仪式/合影	出发广场
	08:45-14:30	教师组比赛日（第一轮）	球场
26/Sept.	08:00-13:30	教师组比赛日（第二轮）	球场
	14:00-17:00	教师组技能大赛	练习场
	16:30-17:00	高校学生组球员会议	球会餐厅
27/Sept.	07:30-15:30	高校学生组比赛日（第一轮）	球场
	14:00-17:00	高校学生组技能大赛（八级组）	练习场
28/Sept.	07:30-15:30	高校学生组比赛日（第二轮）	球场
29/Sept.	07:30-15:30	高校学生组比赛日（第三轮）	球场
	18:00-19:30	颁奖晚宴	酒店黄山厅
30/Sept.		代表/参赛球员返程	

（注：赛事日程以赛事组委会现场公示为准。）

【课后思考】

1. 高尔夫赛事规程的概念是什么？试分析高尔夫赛事规程与规则的区别。
2. 高尔夫赛事规程的主要内容有哪些？
3. 常见的高尔夫赛事命名的形式有哪些？

任务十二
高尔夫赛事分组与编排

知识目标
- 了解高尔夫赛事运动员报名和报到的流程
- 掌握高尔夫比洞赛分组编排的方法
- 掌握高尔夫比杆赛分组编排的方法

技能目标
- 根据提供的参赛运动员名单进行比洞赛和比杆赛的分组编排

素质目标
- 通过对不同类型高尔夫赛事的球员进行分组的学习,树立服务意识,学会根据球员类型做好相应服务。

李今亮:比洞赛与比杆赛组织方式的差异

现代高度商业化的职业比赛中,绝大多数采用了比杆赛,从而导致人们逐渐淡忘了比洞赛辉煌的过去。但不可否认的一点是,即使现在,比洞赛仍然是最吸引眼球的比赛形式之一。下面我们就它们的组织方式进行详细的讨论。必须承认,这个话题有一定难度,读者必须具备一定的专业知识后才能对此有更深层次的理解。

1. 比洞赛的组织方式

比洞赛有两个最明显的特点:第一,比洞赛是两方之间的对抗赛,也就是说,球员成绩的好坏以及比赛的胜负只对参赛的双方发生影响,与其他人无关;

第二，比洞赛是逐洞进行的。参赛选手一对一，胜者晋级，负者淘汰，直至决出最后的"王中王"。而且，双方可以不用过于顾忌某个洞的得失，即使你有两三个洞打"爆"，仍有可能取得整场比赛的胜利。

当人数众多时，比洞赛的组织办法其实就是其他体育项目经常使用的淘汰赛（knock-out），参赛选手两两厮杀，胜者晋级，败者出局。然后胜者和胜者之间继续两两厮杀，胜者晋级，败者出局……最后一名获胜的运动员就是这次比赛的冠军。

可见，比洞赛具有强烈的对抗性，双方没有任何妥协的可能性，且他们之间的比赛不受第三方比赛的影响，也不可能去影响第三方的比赛。这种比赛形式，最大的优点在于可以把比赛逐步引向高潮，并在最高潮的一场——冠亚军决赛后结束全部比赛。这种方式，似乎更加符合体育竞赛的特点，因而很受现场观众的青睐。

比洞赛组织过程中的两个缺陷：参赛人数受限制程度高和比赛名次的合理性差。

首先来看参赛人数的受限制程度高。我们假设一名选手一天打规定一轮是最合理的比赛强度的话，那么如果有64个人参加比洞赛，他们每个人将打6场比赛，也就是说，比赛要持续6天的时间才能决出最后的冠军；如果是128人参加比赛的话，则要7天才能完成整个赛事。很难想象有哪些观众能有那么好的耐心连续7天观看比赛，也很难想象球员需要多好的体力才能连续比赛7天仍能保持较高的竞技水准。如果我们认为四天比赛是一个比较合理的时间长度的话，那么一次比洞赛就只能容纳16名选手参赛，对高水平的比赛而言，这显然是一个难以接受的现实。

比洞赛的第二个缺陷——名次的合理性差。假设有32名运动员参加一次比洞赛并以任意的一种方式编排成一定的比赛秩序。第一轮比赛结束后，将有16名运动员晋级。但是在理论上没有办法证明一名选手只输了一场比赛，他的名次就被排到了17名开外，也就是说，没有和他对过阵的已晋级第二轮的另外15个人就一定能战胜他吗？对于本次比赛的冠军而言，他只是连续赢了5场比赛而已，但实际结果却相当于他战胜了31名运动员。这显然也是一个逻辑上很难说清楚的事情。

以上两点就是比洞赛的排名合理性差的原因。当然，无论参赛人数受限制程度高，还是名次合理性差，在实践中我们都会想出一些办法来克服或部分克服，具体克服办法有待进一步探讨。

2. 比杆赛的组织方式

比杆赛最大的特点在于,全场所有的选手同时参赛,大家都在同样的发球区出发,打同样的球洞位置。最后,谁在规定轮数内的杆数最低,谁就是获胜者。也就是说,对每一名选手而言,他的对手绝不仅仅是同组的几名运动员,还包括其他组的所有选手,所有人都在角逐最后的胜利,比赛的结果是看选手完成所有比赛后的最终杆数,属于"球后算账型"。这样,每一洞的成绩都会对比赛结果产生重要的影响,如果有一洞打"爆",最后夺冠的概率就会降到很低!所以,球员不能像比洞赛那样放弃某些球洞。

比杆赛最大的优点是可以在较短的时间内容纳较多的运动员参加比赛。现在,在日照时间容许的情况下,一次正式的比杆赛可以容纳的最多参赛人数一般为156人。全部比赛只用三天或者四天就可以完成。如前所述,如果是比洞赛的话,128人的比赛就需要打7天。这样比较起来,比杆赛显然较比洞赛要"高效"得多!

这种方式的另外一个优点是,比赛通常会打三四天。这样,选手即使某一天的状态不太好,但是只要他不打得"太烂",在后几天的比赛中还是有机会翻盘的。并且,优秀选手也不会像比洞赛那样被过早淘汰。

当然,凡事有一利必有一弊。比杆赛同时也有自己明显的不足之处。

首先,这种比赛形式对选手的竞技发挥要求过高,这直接导致比赛结果的偶然性被加大了。如前所述,选手只要有一个洞因某种原因打"爆",他夺冠的可能性就会大大减小。所以,现在大家都公认,高尔夫球比赛的冠军永远是最难预料的。不过,也有人会说,比赛结果的高不确定性正是高尔夫球运动的魅力之一。仁者见仁、智者见智吧。

其次,优秀选手之间的直接对抗性与比洞赛相比显得不足。通常情况下,人们对体育竞赛最大的期盼是,能在最后看到最高水平选手之间的直接对决,他们二人之间的胜者将举起整个比赛的冠军奖杯。但是,很多比杆赛中,冠军不一定从最后一天的领先组中产生。我们知道,高水平运动员之间的比拼,不仅是球技的对抗,也是心理上的对抗,少了同组的直接竞争,观众多少会觉得有些遗憾。从电视转播的角度来说,这样的结果也很难烘托出全场赛事的高潮。

以上对比洞赛和比杆赛组织方式上的分析,是基于宏观角度的。从微观的组织角度而言,比洞赛和比杆赛也存在很多不同,比如比杆赛中选手必须要提交记分卡,而比洞赛中则没有这个程序;比杆赛的记分方式是真实记录各洞成绩,然后算总杆,而比洞赛则是用胜、负、平来计算各洞结果,然后再用领先、落后、打平、多米(Dormie)等术语来表达当前比赛的状态……关于这些微观上的差异，我们可以通过阅读有关规则方面的书籍和参加实践活动来慢慢积累体会。

（资料来源：搜狐体育．本文根据李今亮老师相关资料整理，标题有修改．原标题：《李今亮：比洞赛VS比杆赛之间差异——关于组织方式》．）

思考：试分析比洞赛与比杆赛在分组过程中可能存在何种不同？

一、高尔夫赛事运动员报名与报到

1. 组织或邀请参赛球员并接受球员报名

竞赛组织委员会根据所制定的竞赛规程，组织或邀请参赛球员并接受球员参赛报名。这些工作通常由秘书处负责，下面我们以"第四届全国高等院校高尔夫球冠军赛"为例（报名表见表5-12-1），介绍接受报名时的主要工作内容。

（1）依据参赛球员的资格标准，制定球员参赛报名须知与报名表。报名表样式可详见下面所附"2022年全国高等院校高尔夫球冠军赛报名表"。

（2）明确报名方式。目前常用的报名方式主要有现场报名、网络和传真报名等。其中，现场报名主要针对区域性的赛事；网络报名需要提供报名的网络系统，如，第四届全国高等院校高尔夫球冠军赛报名方式明确要求："各参赛单位先在大正体育APP进行赛事报名，并于2022年9月9日前将报名表的电子版以邮件的形式发送至邮箱g***t@b****ip.com"；传真则需要提供传真号码和传真的接收时间等。

（3）明确报名的时间节点。如，"第四届全国高等院校高尔夫球冠军赛报名时间：2022年8月26日；报名截止日期：9月9日。"对于有人数限制的赛事，还要明确截止报名的方式，如，"如报名人数已满，组委会将提前截止报名。"

（4）依据球员参赛报名须知的相关要求，接受球员报名并审核球员的参赛资格。（可详见本项目任务三"实例呈现：第四届全国高等院校高尔夫球冠军赛暨全国运动训练竞赛联盟高尔夫球锦标赛竞赛规程"。）

（5）明确报名成功的反馈形式。如，"如确认报名成功，组委会会以电话或邮件的方式予以回复。"

（6）参赛选手名单公布。如，"组委会将于9月20日公布参赛名单。"

（7）请假申请。如，"若选手报名成功并获得本站比赛资格后，球员因故不能参赛，需在赛前9月23日前与组委会进行电话联系申请退赛，组委会视情况补充参赛人员；如在赛前未做退赛申请，一经确认，将按旷赛处理。"

（8）报名截止后，参赛选手不允许更改参赛组别。

表 5-12-1 2022 年全国高等院校高尔夫球冠军赛报名表

学校名称					
此表联系人		手机			
领队		手机		（此处加盖学校公章）	
教练员		手机			
教练员		手机			
参 赛 队 成 员					
	姓名	性别	身份证号	平均杆数（必填）	参加组别（教师A组、教师B组、9级组、8级组、7级组）
运动员					
试场	日期		时间	人员	
	日期		时间	人员	
	日期		时间	人员	
酒店预订	房型（双人／单人）		（in/out）	入住人	
	房型（双人／单人）		（in/out）	入住人	
	房型（双人／单人）		（in/out）	入住人	
	房型（双人／单人）		（in/out）	入住人	
备注： 1. 运动员组无教师参加可只填写领队、教练员、运动员以及报名表联系人信息。 2. 仅有教师组参加比赛，可只填写教师信息、报名表联系人信息，领队和教练可不填。 3. 组委会将根据院校提供的资料预订房间及试打。因举办时间为击球旺季，如院校要调整或取消预订，务必在9月12日前通知组委会。 4. 试打时间说明：试打具体时间会根据当日赛事日程安排，适当调整；调整结果会告知各领队。 5. 本次组委会不安排接送机，请各院校自行解决。					
					2022年8月

2. 组织实施赛前球员签到

在接受球员报名和进一步审核球员参赛资格之后,组织与管理参赛球员签到是连接正式比赛的重要环节,也是一项要求非常细致的工作。为保障球员赛前签到不出纰漏,通常需要秘书处、宣传处、后勤处等部门协调参与,按照一般高尔夫比赛球员签到的基本程序进行,其主要组织工作及流程包括:

(1)确定球员报到的具体的时间和地点。

以2018年别克中国青少年精英赛北京站为例,报到时间和地点如下:

北京站报到时间:A~E组:2018年5月30日08:00~15:00

北京站报到地点:北京乡村高尔夫俱乐部(北京市顺义区马坡镇潮白河西侧)

(2)组织并设立球员签到处,摆放签到台,准备签到随手礼,接受球员签到(如通过张贴宣传标语或设立指示牌等)。

(3)组织专人负责接收球员球包,标明球包信息,并分派或保存在赛事指定的存包处。

(4)检查报到需要提交的基本材料,如参赛选手需持本人有效身份证明(身份证、户口本、护照等均可)、报名表、健康体检证明、人身意外保险单据等,现场填写《选手陪同人员须知》、《免责声明书》等赛事组委会要求填写材料,没有签署相关文件将不予参赛。

(5)缴纳参赛的相关费用。费用缴纳需要有专门的财务人员操作,同时为球员开具相关票据。

(6)派发球员所需比赛用品(如比赛指定服装、太阳帽、球或纪念品等),球员比赛分组(或差点分配)表、比赛须知等;

(7)引导球员在指定的地点就餐、休息或练习等。

二、高尔夫竞赛分组与编排方法

高尔夫比赛的分组编排是高尔夫赛事组织过程中重要的组成部分,也是高尔夫赛事活动组织与管理的根本保障。若没有合理的编排,赛事结果就不能客观地反映参赛球员的真实水平,也无法达到比赛预期的目标。

1. 个人比洞赛常见的分组方法

比洞赛的赛制下,参赛选手为两人或两队,进行一对一对抗,根据每一洞杆数决出该洞胜负,最后根据选手赢得的球洞数决定最终名次。分组编排的关键是如何将参赛球员进行合理的分组编排。比洞赛分组编排方法主要有"盲式抽签"和"数字抽签"两种。

（1）盲式抽签

盲式抽签要求在报名前确定参赛人数，参赛的人数必须是2的乘方（如8、16、32、64等）。球员报名采取随意抽签决定自己的分组位置，然后根据每一个参赛球员的抽签位置进行比赛的对阵分组。

这种比赛分组方式通常用于参赛人数较多时安排预选赛（淘汰赛）时使用。参赛球员先通过盲式抽签分组进行预赛（淘汰赛），获胜球员再进入下一轮的比赛。盲式抽签的目的不是为了一次性产生比赛名次，而是希望通过一轮比赛淘汰部分球员，为后续的名次比赛筛选球员。

例如，假设有16名球员参加比洞赛，分组可以如图5-12-1所示。

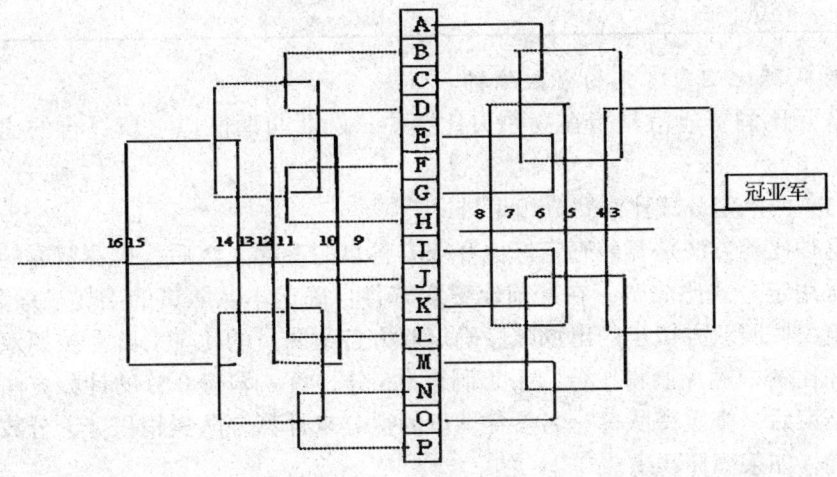

图 5-12-1　盲式抽签

（2）一般数字抽签分组

在通常情况下，一般数字抽签是根据预赛的成绩位置或报名提交的成绩顺序进行对阵分组。该分组方式要求参赛队员是2的倍数（如，2、4、6、8、10……）。竞赛组织者编排时，根据成绩位置的顺序交错落位；分组可以采取上半区和下半区的对阵分组见表5-12-2。

表 5-12-2　一般数字抽签上下半区对阵分组

上半区	下半区	上半区	下半区
32名选手		16名胜出选手	
1VS32	2VS31	1VS16	2VS15

续表

上半区	下半区	上半区	下半区
3VS30	4VS29	3VS14	4VS13
5VS28	6VS27	5VS12	6VS11
7VS26	8VS25	7VS10	8VS9
9VS24	10VS23	8名胜出选手	
11VS22	12VS21	1VS8	2VS7
13VS20	14VS19	3VS6	4VS5
15VS18	16VS17		

2. 队际比洞赛常见的分组编排

队际比洞赛通常是指在高尔夫比赛中，两队与两队以上所进行的比洞赛方法。

（1）两队定分式比洞赛分组编排

这种比赛方法是赛前确定好比赛双方各自的参赛人数后，比赛双方的参赛球员采用定分式比洞赛，在赛前比赛双方各自确定本队队员的出场顺序名单，竞赛组织按照双方拟定的出场顺序确定双方各组队员的比赛对阵。按照双方每一组在比赛中胜一洞得1分，平1洞得0.5分、负一洞得0分的计分方法，在比赛结束后，按照每队每一名参赛球员的得分来计算全队累积积分，分数多者为优胜，如莱德杯赛事。

（2）两队以上定分式比洞赛的分组编排

两队以上的队际比洞赛，要求参赛球队的数量必须是2的乘方。在确定各参赛球队出场球员人数以后，比赛可采用冠军淘汰赛和名次淘汰赛两种形式。

冠军淘汰赛即每队在一轮比赛结束后，总得分落后方即失去继续比赛的资格，而胜者继续进行下一轮的比赛。安排分组时，是由各队按照不同的情况事先确定出场顺序，各队按照盲式抽签分组来确定对阵球队和球员出场顺序。

名次淘汰赛即每队在一轮比赛结束后，总得分落后方失去争夺冠军的资格，但还可以继续参加后面的比赛，以确定最后名次。比如，在一次有四支队伍参加的队际比洞赛，某队在输掉第一轮比赛后，即失去了争夺冠军的比赛，只能参加争夺三四名的比赛。有时如果参赛队员较多（比如有8支球队），可以采用预赛、复赛（半决赛）和决赛三轮的比赛方法进行，通过第一轮的比赛后，胜队进入下一轮（复赛）1~4名的比赛，而负队进入后5~8名的争夺。通过复赛的对抗，胜者进入冠亚军的争夺，负者争夺三四名，以同样的方法决出5到8名的比赛名次。

（3）定分式四人两球比洞队际赛的分组编排

4人2球比洞赛是队际赛通常采用的一种比赛方法。在确定了各队的参赛人数以后，各队按照各自拟定的出场顺序，采用盲式抽签的方法确定对阵对象（球队）和对阵对手（球员）。一轮比赛结束后，同队的两名球员按照胜一洞得1分、平1洞得0.5分、负一洞得0分的计分方法，来确定全队的累积得分，最终根据各参赛队各组球员的累积得分，确定下一轮的比赛资格或名次。如莱德杯比赛的第二天便使用四人两球的方法。

3. 比杆赛的分组编排

（1）按照球员报名依次分组编排

在竞赛组委会所规定的报名时间内，球员根据报名条件的具体要求选择个人所在的比赛组别进行报名。竞赛组委会根据预计参加比赛的人数，按照每组2~4名球员空位，事先确定比赛的组别，根据球员报名的先后顺序进行分组落位。如2020年湖南省青少年高尔夫U系列赛（常德站）确定比赛人数120人，分为A、B、C、D、E组，根据报名年龄、性别限制条件报名球员选择对应组别，报名后由赛事组委会进行不同组别的分组编排。

（2）按照种子球员进行抽签选位的分组编排

按照种子球员进行抽签选位的分组编排方法是一种事先确定若干名种子球员（通常是根据上一次比赛的成绩或名次确定），分组编排中，将种子球员组委会确定在相对较好的tee time时间段组别，最后再由非种子球员进行抽签落位。

比如，2015年第二十八届世界大学生夏季运动会中国大学生高尔夫代表队选拔赛中将"2014年全国大学生高尔夫锦标赛"超级组前八名的男、女运动员，校园组男、女前三名的运动员作为种子球员。在比赛中组委会根据报名情况将符合种子球员条件的12名球员安排在第5、6、7三个组别，发球时间（tee time）定在10:00~10:30之间较好的时段，其他非种子球员根据不同的组别落位进行分组编排。

（3）根据球员球场差点的分组编排

职业比赛是无差点比赛，只有业余高尔夫比赛中会出现球员球场差点。通常情况下，为保障比赛过程的顺利进行，防止不同差点球员在同组别比赛中相互影响，作为差点比赛的分组编排要按照球员球场差点的高低进行分组编排。具体编排方式主要有：①将单差点球员编排在相同级别的分组中，如将差点为

1~9 的球员进行分组编排；将双差点球员编排在相同级别的分组中，如将差点为 10~20 的球员进行分组编排；将差点为 20 以上的球员编排在高差点组别中。②根据球员的差点指数转化为比赛球场的差点后，将若干名低差点球员作为种子球员分别设在较好发球时段的组别，而其他较高差点的球员采取抽签选位确定自己的组别。根据球员差点编排时，要求球员在报名时提供个人的差点。

（4）根据比赛的性质分组编排

根据比赛的性质分组编排的方式，一般是邀请赛或非正式的联谊赛活动的比赛中所采取的编排办法，其具体方法是根据不同的情况由组委会酌情进行分组编排。如在 2015 年中国高尔夫教育联盟会议过程中安排的联谊赛，在分组编排过程中便考虑了与会代表的身份、参会目的、社会影响力等情况进行了编排，考虑到企业参会的目标将每一个组别中分别分为教育领域、企业领域代表，将院长、公司总裁级别分为一个组别，将普通老师代表按照一个组别编排。

【课后思考】

1. 高尔夫赛事比洞赛常见的编排方法有哪些？
2. 高尔夫赛事比杆赛常见的编排方法有哪些？
3. 根据拟定的参赛名单分别根据不同编排方法做出分组表。

任务十三 高尔夫赛事场地设置

- **知识目标**
  - 了解不同发球台设置的基本要求；
  - 掌握普通区设置的基本要求；
  - 掌握沙坑检查的基本要求；
  - 掌握罚杆区检查设置的基本要求；
  - 掌握洞位选择的基本方法。
- **技能目标**
  - 根据赛事的具体情况独立完成高尔夫赛事球场的设置。
- **素质目标**
  - 通过学习高尔夫赛事场地的设置，树立为他人着想的意识，培养精益求精的工匠精神。

高尔夫球场为什么有沙坑

对于许多高球爱好者而言，沙坑是令人讨厌的障碍区，球一旦落入沙坑似乎就意味着这一杆打坏了。殊不知，高球场上风格各异的沙坑恰恰是球场设计师们奇思妙想的展现。

为什么要有沙坑？

高尔夫球场为什么会有沙坑呢？这个问题现在看来都认为是理所当然，但它的典故又是什么？为什么会拿这些沙来造成沙坑，根据高尔夫球运动的历史，要追溯到苏格兰的滨海球场。

早期的高尔夫爱好者在海边的沙丘上，寻找有草的地方边打球边走，可是海边风大，要全面长草是不可能的，很多地方不长草只有沙，据了解这就是球场有沙坑的由来。

在球场上，球员们除了要对草地进行保护，将被切削起的草皮放回原处，修复球痕和钉鞋造成的损坏。对沙坑也必须有基本的礼仪保护，在离开沙坑之前，球员应仔细地平整好他在沙坑内造成的所有坑穴和足迹。沙坑旁都会放置沙耙，为了公平起见，在打完球后仍要将表面刷平，以免下一位打者的球陷入凹洞里。

根据功能和位置，可以将沙坑分成果岭沙坑、球道沙坑和攻果岭沙坑等几种。根据模样的不同，又可分成草坑、用作美观或沙面沙坑、壶形沙坑等。实际上，并非所有沙坑都是差点的敌人，有些沙坑完全可以利用，有些沙坑更能帮助球员纠正失误。球场设计师在设置每一个沙坑时都有特别用意，如果了解这些沙坑的位置、用途和模样，每轮比赛还能降低2到3杆。不过，那些在全球声名远播的经典沙坑可就没那么容易被征服了。

（资料来源：百家号.）

思考：除了沙坑，在比赛过程中球场的设置有什么不同的要求？

高尔夫比赛场地的检查和设置是体现赛事组织者专业能力和比赛管理水平的一项重要工作。尤其是举办大型高尔夫赛事活动时，赛前对比赛场地进行检查并根据比赛场地的实际情况进行设置，是高尔夫球规则赋予竞赛组委会的基本义务和权利。根据《高尔夫球规则》，构成球场的区域主要有：普通区、球员开始其比赛时必须使用的发球区、所有的沙坑、所有的罚杆区、球员正在比赛球洞的推杆果岭。本部分就以上述五个区域在比赛时的检查和设置为主要内容进行介绍。

一、比赛场地设置的基本原则

作为不同风格和不同难易程度的高尔夫球场，对不同球员的技术水平发挥具有深刻的影响。虽然从高尔夫球员的技术运用与发展来讲，不可能再有"革命性"的技术（新的挥杆击球技术产生、新的挥杆原理的创造等）突破，但是不同难易程度的高尔夫球场，对任何球员在任何时候都是一种无法回避的挑战，所以，球员的技术水平与高尔夫球场之间始终是一种永远存在着的矛盾。如在同样的赛制下，如果说一名球员昨天在某球场打了72杆，而今天在另一个球场却打了 82 杆,这种情况难道能说明该球员仅仅在一天之内成绩就退步了 10 杆?这显然是不可能的,而最合理的解释是由于两个不同难度值的球场,对该球员的技术水平发挥所造成的客观影响所致。所以对于大多数业余球员而言,不同球场的难度值始终是影响球员技术水平发挥的重要因素,即便是职业球员,不同球场的难度值也会对其技术水平的发挥产生影响。因此,作为高尔夫赛事组织者要针对不同性质的比赛(职业和业余)和参赛球员的技术水平,正确选择既符合球员技术特征,又能为球员技术发挥提供公平、公正的竞赛环境和球场条件,这是赛事组织者理应遵循的基本原则。

二、发球区的检查与设置

1. 发球台介绍

高尔夫发球台(Tee)的形状灵活多样,主要有圆形、长方形、半圆形、L形。"发球区"是指正在准备打球之洞的起始处。它由两个发球区标志(Tee Marker)所限定,发球区标志向后延伸两支球杆长度所限定的方形区域即为"发球区",两个标志之间的连线称为"发球线"。如图 5-13-1 所示。

图 5-13-1 发球区示意图

为了满足不同打球者的需要,且使球道长度码数较为有弹性,球场设计者会为不同类型球员设计不同距离的发球台,并用不同颜色的发球区标志进行标定区分。通常的标定方式及实用球员类型如下:

金 Tee:职业选手发球台;

黑 Tee:单差点球员发球台;

蓝 Tee:男子业余高手、女子职业选手;

白 Tee：男子初学球员、老年球员、女子业余高手；

红 Tee：女子发球台；

Baby Tee：儿童选手（颜色不固定）。

在部分较大的发球台中，可能会出现同一个发球台设置不同的发球区的现象，这要求比赛前对发球区进行设置和检查。

2. 设置发球区标志的基本要求

（1）两个发球区标志之间的连线应与球洞区通道的方向（尤其是第一落点）垂直，尤其是在部分长杆洞，诸如狗腿洞发球区标志设置更应遵循这一原则。发球区标志的摆放要与击球方向一致；两个发球区标志之间的距离通常设置为 6yd（码，yard 的缩写形式）。

图 5-13-2　常见发球区标记

（2）为利于球员技术水平的发挥，发球区应选择较为平坦的某一个区域。

（3）在非一轮比赛中，需重新设置每一轮短洞的发球区。为保护发球台草皮，应在一轮比赛结束后，及时调整下一轮比赛所使用的发球区，以减少球员击球对同一地点草皮的过度损害。为快速找到不同轮次发球区标志设置点，前期在设置发球区标志时可以做好相应的记录，如图 5-13-2 所示。

（4）广告牌设置。在比赛中，发球台广告牌的安置要求如下：广告牌等障碍物，离发球区后缘边线不得低于四球杆长度，如图 5-13-3 所示。

图 5-13-3　发球区后广告牌

— 124 —

（5）发球区标志放置的位置离发球台后缘不能少于两球杆长度。(《高尔夫球规则》中对发球区的要求：纵深为两支球杆长度。)

（6）去除发球台旁边树木的支撑架、绳或包裹物。

（7）发球台与球道草的修剪高度要一致。

三、普通区的检查与设置

普通区是指除球员开始其比赛球洞时必须使用的发球区、所有的沙坑、所有的罚杆区、球员正比赛球洞的推杆果岭之外的所有区域，包括发球台上发球区以外的所有其他开球位置和错误的果岭。

举办大型高尔夫球赛事活动之前，对普通区的检查与设置是检查和设置比赛场地时重要的一环，关系到比赛能否按《高尔夫球规则》精神顺利进行。对于比赛场地在比赛中可能出现问题的区域和地点，比如在每一洞的什么区域、什么情况下球员最容易发生什么问题以及出现问题时应如何解决，竞赛部门都应在检查场地时做到心中有数。同时，为避免球员比赛时出现《高尔夫球规则》中未注明的地点或区域状况，设置场地后必须在当地规则中清晰地予以说明。通常情况下，对普通区进行检查和设置的具体内容如下：

1. 球场码数点的标定

球场往往会有较多的码数桩或地标，这些码桩（地标）所指出的距离都是指从此地到果岭正中心的直线距离。但在比赛过程中，每轮洞位具体位置均会发生变化，高水平运动员对于距离判断的准确性较高。为了让球员准确把握球的现有位置与果岭前缘的距离，比赛前裁判组会在球道中间分别喷 50yd、100yd、150yd、200yd、250yd 的码数点。这些数字是指从该喷漆码数点到果岭前点，即"T"（详见洞位图制作）的距离。通常 3 杆洞球道距离较短，会在发球台的后缘用喷漆标示数字，并注以 BOT（back of Tee），该数字表示从发球台后缘到果岭前缘的码数。

3 杆洞　标　发球台　$\dfrac{150\text{yd}}{\text{BOT}}$

4 杆洞　标　球道　200Y、150Y、100Y、50Y

5 杆洞　标　球道　250Y、200Y、150Y、100Y、50Y

2. 关于球场界线与界桩的设置

比赛场地的界限和界桩必须清晰可见，界桩与界桩之间必须有明显的界线或者其他代替性标志。界线的设置要合理，界线的延伸应与球道的方向和长短相适应，而且界限标志内的场地要有可以使球员补救和打球的合理区域。

界桩应为白色的木桩或者其他白色替代物（如白色的石桩、木桩等），界线也应是白色的线或者白色的替代物（如白绳或布带等）。

3. 关于整修地的标志设置

"整修地"是按照委员会的指令标示为整修地（通常用蓝桩标示）或由其授权的代表宣布为整修地的球场的任何一部分。位于整修地内的所有地面和任何草、灌木、树或其他生长物均为该整修地的一部分。即使没有被如此标示，整修地仍包括准备移走的堆积物和草坪人员所做的坑穴。

当用立桩（蓝桩）标定整修地的界线时，立桩本身位于该整修地内。当同时用立桩和线来标示整修地时，立桩为该整修地的识别标志，而线则决定了该整修地的界线。当用地上的一条线来标定整修地的界线时，这条线本身即位于该整修地内。整修地的界线垂直向下延伸，但不向上延伸。当球处于整修地中或其任一部分触及整修地时，该球即位于这个整修地内。

注：如果在一个球道中，由于几个相邻的小的整修地相对集中在某一个区域，竞赛组委会可以将这些相邻的小的整修地设置为一个大的整修地。

4. 环境敏感区的认定

环境敏感区域（Environmentally Sensitive Area，ESA）是出于环境保护原因被相关权力部门宣布为禁止进入和/或禁止在其中打球的区域。这些区域可以根据委员会的决定被标定为整修地、罚杆区或界外。如图 5-13-4 所示。

图 5-13-4　环境敏感区

球场本身不可以随便界定环境敏感区域，而必须由有关部门发文去指定，但球场一定要根据法律来保护这个区域。

5. 关于妨碍物的认定

妨碍物是指任何人造物体，包括道路及通道的人造表面和侧面部分以及人造冰，但下列物体除外：

a. 标示界外的物体诸如墙壁、栅栏、立桩和栏杆；
b. 在界外的不可移动人造物体的任何部分；
c. 委员会宣布为球场不可分割部分的建筑物。

当一个妨碍物不需使用超常的力量、不需造成不正当延误打球和引起伤害即可移动时，则该妨碍物为可移动妨碍物；否则，它就是不可移动妨碍物。

注：委员会可以制定当地规则宣布可移动妨碍物为不可移动妨碍物。

四、关于"罚杆区"的设置

"罚杆区"指球场上所有的水体区（海、湖、池塘、河、沟渠、地表排水沟或其他开放性水域）以及其他一些可能容易丢球的、被委员会定义为罚杆区的区域（灌木区、树丛、火山岩甚至粗放式养护的长草区）。

1. 水域标志

球场上的海、湖、池塘、河川、沟渠、地面排水沟或其他露天水渠（不论其中有无积水）以及其他类似者。

A 黄色罚杆区：应以黄色界桩或标线标明界限。如图 5-13-5 所示。
B 红色罚杆区：以红色界桩或标线予以界定。如图 5-13-6 所示。

图 5-13-5　黄色罚杆区

图 5-13-6　红色罚杆区

2. 设置罚杆区的注意事项

（1）球场的水塘四周用石砖砌成护坡，在设置罚杆区的界线和立桩时，应在石砖砌成的护坡的上方设置，而不应该在石砖护坡下方与水面接触的地方设置。

（2）在部分难以区分黄色罚杆区和红色罚杆区时，为了方便设置罚杆区立桩和界线，可以都采用红色罚杆区的红桩（线）来标示。

（3）当罚杆区有通道的情况时，要明确规定通道是否属于罚杆区。

（4）在罚杆区附近的区域（如泥潭、沼泽地或有可能对球员人身安全造成伤害的地区）可视为罚杆区的一部分，并在当地规则中说明。

（5）罚杆区的标定一定要将整个区域标定为一个闭合的区域。当该区域较大时，可采用指向性剪头进行标定。

五、关于"沙坑"的检查

"沙坑"是指经过特别整理的、由沙子构成的区域，该区域多呈凹状，经去除草皮或泥土而成。沙坑常被特意放置于球员们更可能击球的位置。由于沙坑是修建球场的过程中而成，我们在比赛前期的场地设置中不需要做特殊的设定，但要根据实际情况进行检查。通常检查的内容如下：

（1）检查沙坑是否存在泥土、草皮码放的情况，并根据实际情况进行处理，如移除或在当地规则中做出特殊说明。

（2）是否存在积水的情况，积水的量多少，是否将其定义为临时积水或其他处理方式等。

六、果岭的检查与旗杆位置的设置

1. 果岭周围环境的检查和设置

高尔夫球场的设计者，从设计的角度提高了球场的难度，造成有些比赛场地的果岭周围环境比较复杂，在检查和设置球场时，应将各种问题事先考虑到，并通过对比赛场地客观合理的设置，保证球员能正常地发挥其技术水平。比如，作为水中的"岛型果岭"，应根据罚杆区的具体情况设置界限或立桩，并在适当的地点为球员设置出"抛球区（补球区详见图5-14）"。

如果果岭后面和两侧是球车道，竞赛组委会应当在当地规则中说明该球车道是妨碍物还是不可移动妨碍物。

2. 果岭位置的设置

在非一轮比赛的高尔夫赛事活动中，对每一轮果岭的洞位进行调整是必要的。旗杆位置调整中需要考虑的因素主要有：果岭的难易度、比赛的性质和球员的水平。

（1）在洞位周围2~3码（yd）的范围内应该拥有良好的草皮，没有任何陡坡，或者尽量不要有任何坡度的变化。换言之，洞位所处的果岭区域应尽可能接近水平，如果达不到水平，要做到坡度均匀一致。在任何情况下，洞位都不应该设置在很刁钻的位置或很陡的坡上，使球的速度加快。通常洞位半径1yd范围内不应有斜坡，以免球停不住，但这并不代表洞位所在区域必须水平。

（2）美国高尔夫协会（USGA）建议，洞杯距离果岭边缘至少5yd（4.6米）。当果岭入口之间有障碍，距离应加大。在果岭边缘周围没有障碍和陡坡的情况下，球洞应该离推杆表面边缘至少10yd。当果岭很湿或冬季时，洞杯最好放在果岭前部，以免果岭因践踏而过度压实、变形。如天气预报将下雨，应避免选择低洼处放洞杯。

（3）新洞杯应至少距离旧洞杯5yd。新洞位2yd范围内不应有旧洞位埋痕。

（4）果岭、发球台均有前、中、后之分。为了保持球洞长度，发球台标志摆放位置应与果岭旗杆相配合，即前发球台——后果岭，后发球台——前果岭，中发球台——中果岭。另外，洞杯放位应在果岭左右两侧替换。十八个果岭洞杯位置安排应为前、中、后各六个，其中九个靠左侧，九个靠右侧。这样可以避免球员投诉球洞过长或过短。一般情况下，一个果岭应至少规划六个以上放置洞杯的位置，并将这些洞杯的位置根据打球战略的需要分配到上述不同难度的球洞区中。

【课后思考】

1. 高尔夫赛事场地发球台设置的基本要求有哪些？
2. 高尔夫赛事场地普通区检查和设置的主要内容有哪些？
3. 高尔夫赛事场地球洞区洞位选择的基本要求有哪些？

任务十四
高尔夫赛事文件的制定

知识目标
- 了解比赛条件和当地规则所包含的主要内容;
- 掌握码数本、洞位图的制作;
- 掌握PACE表以及其他赛事公告的制作。

技能目标
- 制作一份比赛条件、当地规则和洞位图。

素质目标
- 通过学习制定高尔夫赛事文件,建立规范化、可执行意识。

专访中锦赛球场码数测量师俞顽峰

严谨、精确、正确永远是第一重要

绘制码数图是一个细致到不能有丝毫差错的工作,因为稍微提供一点错误的信息对于球员造成的失误会很大。据俞顽峰介绍,一般的业余选手,会根据球童所报码数信息来选择球杆,但是职业选手在比赛中,会更相信自己,基本不会问球童,这样就需要一个非常精确的码数本。

在俞顽峰制作的码数本上,沙坑、水塘、粗草区等主要障碍,乃至上坡、下坡,因地形特征增减多少码,都被标示得清清楚楚,且全部是由手绘而成。"有了码数本,即使躺在床上就能知道一个新球场的地形信息。"俞顽峰幽默地说。码数本的"含金量",也决定了它的身价,一本小小的手绘码数本通常要卖到150元左右。

苦中作乐，枯燥生活中也有乐趣

绘制码数本是一项极其辛苦枯燥而且往往是一个人独立完成的工作，每年俞顽峰大概会走全国大大小小的几十个球场。每到一个球场测量时，必须趁着球场上没人打球的时候进行，所以常常5点多就得起床，一天工作12个小时以上。

"如果你对这份工作没有兴趣的话就会觉得很枯燥，我们的工作就是要懂得调节自己。"俞顽峰笑着说，有时候，他也会在单调的码数本上"搞点怪"："比如，在旁边画只小鸟，鸟在一旁看着选手打球，就会轻松多了。"

走了全国那么多的球场，谈起对这次厦门凯歌球场的印象，俞顽峰坦言道，凯歌球场非常大气，尤其是发球台很大，很壮观，站在上面有种舍我其谁的霸气，球道的设计也很好，特别适合职业赛，他说："整体看起来很大气，景观自然生态、障碍布局极具挑战，我认为这是中锦赛举办以来最好的球场之一。"尤其让俞顽峰印象深刻的是凯歌球场的沙坑特别深，"第一次见到这么深的沙坑，而且是每个洞的沙坑都这么深，富有挑战性，这在全国球场中都是难得一见的。"不过他也给出了建议，"沙坑的排水问题一定要注意，否则遇上雨天就不好办了。"

（资料来源：诺曼凯歌集团．）

思考：高尔夫赛事码数本中包括了球场的哪些信息？

高尔夫赛事文件是组织高尔夫比赛过程中运用到的各种赛事活动的文本，主要包括比赛条件、当地规则、码数本、洞位图、比赛的公告等。

一、高尔夫比赛的比赛条件和当地规则

比赛条件及当地规则中如出现有关高尔夫球规则内容的争议，对规则的解释将以英文版的《高尔夫球规则》为准。以下某些比赛条件及当地规则的内容可以在R&A规则有限公司公布的《高尔夫球规则》（以下简称《规则》）中找到。

高尔夫比赛条件：《规则》第520条规定委员会必须制定要进行的比赛的条件。比赛条件主要包括报名方式、参赛资格、比赛轮次等很多不宜列入《规则》或其附属规则的内容。除此之外，有些事项可能受到委员会的格外关注而被列入比赛条件。

1. 比赛条件

（1）球员的行为准则（见《规则》1.2）

①一轮比赛期间禁止球员吸烟；

②文明比赛，注意语言文明；

③克制律己，不发生肢体冲突。

违反①②的处罚：第一次警告，第二次罚两杆，第三次取消比赛资格；

违反③的处罚：取消比赛资格。

（2）球杆和球的规定（见《规则》4）（该规则多在高水平球员的比赛中使用）

根据型号和杆面倾角识别，球员携带的任何一号木杆的杆头参数标准必须出现在 R & A 最新公布的《符合标准的一号木杆杆头一览表》中。1999年之前制造的一号木杆杆头不受本条件的限制。

违反木杆使用规定的处罚：

①比洞赛，判该洞负，一轮比赛最多处罚两个洞；

②比杆赛，判罚两杆，一轮比赛最多罚4杆。

球员使用的球必须在 R & A 最新公布的《符合标准的高尔夫球一览表》列表中。

违反球使用规定的处罚：取消比赛资格。

一球条件：规定一轮比赛中球员必须使用在 R&A 最新公布的《符合标准的高尔夫球一览表》中单列的同一品牌和型号的球。

（3）过度延误，打球速度（见《规则》5.2）

为预防缓慢打球，委员会可以按照《规则》5.2制定打球速度指南。

常用表述：如果没有充足理由，如一组球员的打球进程超过了允许时间并处于"落后"，该组球员将被计时（第一组球员只要超过允许时间即被计时）。计时开始后，如果任何一名球员在首先击球时超过50秒，或在第二或第三个击球时超过40秒，他将被视为有一次"延时"。

"落后"指的是与前一组的时间间隔超过了发球时保持的间隔时间。

一组球员被计时后，即使随后赶上前组或与前组保持了开始的间隔时间，该组球员已有的延时记录仍然继续有效。

违反规定的处罚：

①一次延时，竞赛官员对其进行口头警告；

②两次延时，加罚一杆；

③三次延时，加罚两杆；

④四次延时，取消比赛资格。

注：（a）球员被计时前不会得到来自比赛官员的提醒或警告；

（b）当裁判认为已到球员击球顺序，计时即开始；

（c）在某些情况下，裁判员进行目标计时而非整组人。

（4）出于危险情况而暂停比赛（见《规则》5.7）

由于高尔夫球场曾出现多起因雷雨而导致的伤亡事件，规则敦促高尔夫球比赛的所有俱乐部和赞助商采取预防措施保护相关人员免受雷电伤害。

常用表述：当出于危险状况的原因打球被委员会中止时，如果同组的球员正在两洞的打球之间，在委员会指示打球再开始之前他们不得恢复打球。如果他们正在一洞的打球过程中，他们必须立即中止打球，在委员会指示打球再开始之前不得恢复打球。如果球员未立即中止打球，他将被取消资格，除非情况允许免除按照规则规定的处罚。

暂停比赛和恢复比赛的信号为：组委会或球会的通知。

（5）练习（见《规则》5.5）

球员不得在刚刚打完之洞的球洞区上或其附近进行任何练习击球，如果在刚打完之洞的球洞区上或其附近进行了练习击球，球员将受到在下一洞加罚两杆的处罚，如果是在该轮的最后一洞，则处罚施于最后一洞。

注：该条件同时禁止在刚打完之洞的球洞区上滚动球。

（6）击球入洞（见《规则》3.3）

高尔夫赛事按照比赛方法划分，可分为比洞赛和比杆赛。规则3.3明确规定，比杆赛一轮比赛中，球员必须在所有球洞都击球入洞。因此，对比杆赛的要求会有如下表述：

本次比赛为比杆赛，必须要击球入洞，没有"OK球"，如球员没有击球入洞，未改正在下一发球区发球后，取消比赛资格。

（7）运输

在规定的一轮中，允许球员全程搭乘球车。球车全程由球童驾驶，球员禁止驾车。

违反条件的处罚：第一次违规罚两杆；第二次违规取消比赛资格。

（8）并列决定

A+、A、B、C组比赛采用两轮36洞比杆赛的方式，总杆数少者名次列前。如果各组的第一名出现并列，则采取"骤死式"逐洞延长赛决定名次；其余名次并列时，则首先根据其最后一轮的杆数，杆数少者名次列前；若仍相同，则根据最后一轮最后九洞成绩（10~18号洞），杆数少者名次列前；若仍相同则采取从最后一轮的最后一洞（18号洞）成绩逐洞倒计数的方式决定名次，杆数少者名次列前。若仍相同，则采取抽签方式决定。

D组比赛采用27洞+3洞比杆赛方式，第一轮为9洞+3洞，其中3洞为练习果岭定点切推；第二轮为18洞，总杆数少者名次列前。如果第一名出现并列，则采取"骤死式"逐洞延长赛决定名次；其余名次并列时，则首先根据其最后一轮的杆数，杆数少者名次列前；若仍相同，则根据最后一轮最后九洞成绩（10~18号洞），杆数少者名次列前；若仍相同则采取从最后一轮的最后一洞（18号洞）成绩逐洞倒计数的方式决定名次，杆数少者名次列前。若仍相同，则采取抽签方式决定。

E组比赛采用两轮18洞+3洞比杆赛的方式，第一轮为9洞，第二轮为9洞+3洞，其中3洞为练习果岭定点切推；总杆数少者名次列前。如果第一名出现并列，则采取"骤死式"逐洞延长赛决定名次；其余名次并列时，则首先根据从18号洞依次逐洞倒计数的方式决定名次，杆数少者名次列前。

注：在比较并列成绩时，不涵盖定点切推3洞成绩。

团体：如果名次出现并列，则由"竞赛成绩"评分项目得分情况决定名次，得分高者名次列前；若仍相同，则由"精神风貌"项目得分情况决定名次；若仍相同，则由"参与度"项目得分情况决定名次；若仍相同，则比较团队运动员18洞平均成绩，杆数少者名次列前；若仍相同，则采取抽签方式决定。

（9）提交记分卡，比赛结束

当最终比赛结果在正式的公告栏上贴出后，视为比赛结果已正式公布，裁判委员会不再对球员成绩进行撤销或修改，或对球员施加处罚。

2. 当地规则

当地规则主要依据的《规则》20的要求和实践操作中的经验制定高尔夫比赛的当地规则，以便球场比赛的顺利进行。

高尔夫当地规则是《规则》的组成部分，并不是单一独立出来的一套规则。一般举行赛事的委员会或经营球场的球会，会根据球场的状况执行《规则》第20条中有关当地规则的政策。制定当地规则的目的是为了更明确地解决球场中的一些特定问题而允许委员会对规则条款进行补充、拓展。但是这些补充、扩展都是在不违背《规则》基本要求的前提下实现的。

（1）界外（见《规则》2）

球处在任何标定球场界外的墙壁、栅栏、公共马路或白色立桩之外均视为出界。

（2）罚杆区（包括红色罚杆区）（见《规则》17）

罚杆区由黄色立桩标定，红色罚杆区由红色立桩标定。

当黄色/红色立桩紧靠球车道路沿时，以球车道路沿为罚杆区的界限。

（3）助言（见《规则》10）

在规定一轮中，球员不得：

①向正在球场上进行比赛的任何人提供助言,但其伙伴除外;或者

②向任何人征询助言,但其伙伴或他(们)的球童除外。

(4)异常球场状况(见《规则》16.1)

如果球员的球或站位受到动物的洞穴、整修地、不可移动妨碍物或临时积水构成的妨碍,可采取免罚补救。

注:球场上标示球洞的石头、垃圾桶、喷灌控制器、球车道、灯柱、排水沟为不可移动妨碍物。

(5)补救区(见《规则》14.3)

球场设补救区:在8号、10号、12号、17号洞。球员的球无法按照《规则》14.3处理的,加罚1杆后,可以在补球区抛球并继续打球。补救区以黄圈方格标定。如图5-14-1所示。

(6)禁止打球的区域

处于保护球员安全的目的,球场内用竹围栏围起的区域为禁止打球区。

图5-14-1 补救区的划法

(7)陷入地面的球(见《规则》16.3)

当球员的球在普通区陷入地面时,允许其按照《规则》进行补救。

注:如果球在推杆果岭上陷入地面,球员可以标记球的位置,拿起并擦拭球,修理由该球造成的损伤,然后把球放置回初始位置。

(8)不可移动妨碍物(见《规则》16)

a.球场所有发球区标志均视为不可移动妨碍物。

b.不可移动妨碍物包括球车道、灯柱、树木支架、广告板、透气管道、喷灌头和喷灌控制设备。

c.四周被妨碍物包围的景观花坛为该妨碍物的一部分。

d.沥青柏油马路和球车道。

e.所有墙壁,避难所和其他建筑物。

(9)果岭上的修补草皮(见《规则》16.1)

无论大小,任何在果岭上的修补草皮具有同旧洞埋迹同样的属性,可以根据规则16-1d进行修理。

(10)永久性高架电力线或电缆

如果球撞到永久性高架电力线或电缆,球员不受处罚,但必须取消该次击球并重发球。如果不能立即取回这个球,可以替换另一个球。

例外：如球撞到从地面升起的电缆的支架连接部分，则不能重打。

（11）沙坑（见《规则》16.1）

沙坑中的木桩和衬布为沙坑中的不可移动妨碍物，沙坑中的石块是可移动妨碍物。

（12）果岭上的球意外移动（见《规则》19）

当球员的球位于果岭上之后，如果球员、他的伙伴、对手或他们任何人的球童或装备意外移动了球或球标，他们不受处罚。

本当地规则仅适用于球员的球或球标位于果岭上且任何移动均为意外的情形。

注：如果确定果岭上的球被风、水或诸如重力等其他自然因素移动，球员必须在新的位置继续打这个球。因上述情况被移动的球标要放置回原位。

（13）杆数限制

当任意一洞的成绩达到 double par 时，球员必须停止该洞击球，该洞成绩记为：double par+1。

（14）测距仪（见《规则》4.3）

在比赛中，球员可以使用仅具有测量距离功能的装置（测距仪）来获得距离方面的信息。如果球员使用的测距仪除了具备测量功能外，还有其他能够影响球员比赛的功能（如坡度、风速、温度等），无论球员是否实际使用了这些附加功能，都违反了规则 14-3，处罚为取消比赛资格。

（16）计分处（见《规则》3）

计分处设在会所大门附近。球员一经离开计分处，将视为他/她已经完成记分卡的提交。

（17）本次裁判员信息

在明显的位置公示裁判长、副裁判长、裁判员及赛事秘书的信息和联系方式，并告知球员，如表 5-14-1 所示。

表 5-14-1　裁判员信息公示

裁 判 长：***	181********
副裁判长：***	138********
裁 判 员：***	134********
***	158********
赛事秘书：***	158********
（如需帮助，可以联系上述人员。）	

（18）违反当地规则的处罚

违反当地规则时，要加罚两杆。

二、码数本的制作

在高尔夫比赛中，赛事组委会须向球员提供球场所有球洞信息的码数本，包括果岭数据（面积大小、坡度走向）及相关位置到果岭的距离。码数本是一种示意图，虽不能把图上的信息和实际所处的环境和位置信息完全对应起来，但可以提高学习高尔夫球的乐趣，降低打高尔夫球的难度。

1. 码数本简介

码数本，是球场的缩本，能帮助球员认识球场、了解球场。球场落球区内的一切几乎都能在码数本上体现，果岭、障碍、球道、沙坑、水域、上下坡，就连草的倒向都会在码数本上被还原。码数本是球员在球场上最好的朋友，码数本上提供的信息将决定球员打球的技巧。对于有一定经验的球员而言，即使没有赛前试打，只要比赛时拿着码数本，就能很快熟悉球场，并在击球时做出合理的判断。在练习轮次中，球员往往要做好的第一件事，就是把每一洞的发球台和攻果岭的风向用小箭头标示出来。

2. 码数本制作的基本步骤

（1）获取高尔夫球场实景图

具体方法：可利用卫星地图或航拍照片获得。

（2）对高尔夫球场实景图进行图像处理

具体方法：图像处理包括从高尔夫球场实景图中检测并分割出球场的实景对象及其边缘轮廓。可分割出经过放大的局部实景图（如果岭、球道、长草区、发球台、沙坑、水塘、障碍和树木）的信息，形成局部实景信息图，最后得到高尔夫球场各景观组成要素边界清晰的实景球场图形。

（3）在高尔夫球场实景图上标注码数本所需信息，形成实景图码数本

具体方法：根据高尔夫球场实景图上各景观组成要素的边缘轮廓，在实景图上标注码数本的信息，得到电子格式的实景图码数本。实景图码数本可以是电子格式的（如，JPG 格式图片、PDF 格式文件或像素点阵），也可以是纸质的。

码数本制作完成后能够为球员提供高尔夫球场实景图的码数信息，所有信息均能准确反映球场的原始状况，为参赛者提供较为直观、形象、准确的球场数据，可以增加打高尔夫球的乐趣。

3. 码数本的使用

这里以中国巡回赛"七彩云南精英赛"的码数本 LEGEND 页（版权归属

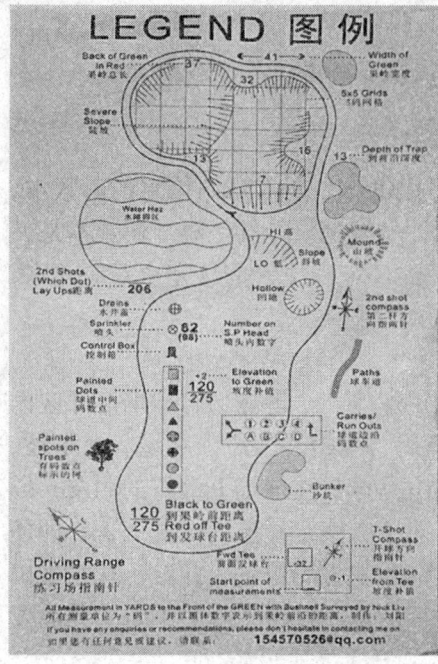

图 5-14-2 码数本示例

刘阳）为例进行讲解。

如图 5-14-2 所示，从该页可以看到，球道上很多不同的点都标了距离。在实际的球道上，那些点要么是喷灌头、水井盖、控制箱等，要么是用油漆喷在地上的黄（红）点。通过测算球的所在位置距这些点的距离，就能很准确地算出球到果岭前方的距离。码数本上还准确地标定了沙坑、罚杆区及该区域到发球台和果岭的距离。球场策略是怎样的，一个球在某个地方该怎么打，完全可以通过这些明确的数字表现出来。

4. 中小型比赛逐洞信息表的使用

逐洞信息表是在中小型比赛中用来提供球场各球洞距离和标准杆信息的图表。当球会无法给予支持提供码数本时，为让球员获得准确的球道基本信息，赛事组委会会制定简易的逐洞信息表。如图 5-14-2 所示。

表 5-14-2 小型比赛逐洞信息表
2016 年湖南省青少年高尔夫球锦标赛
球场逐洞信息表

男子甲组		蓝 tee		总长：6509		tee mark：蓝色（三角）													
洞号	1	2	3	4	5	6	7	8	9	10	11	12	13	14	15	16	17	18	
标准杆	4	3	4	5	4	4	5	3	4	4	4	3	4	4	4	3	4	5	72
长度	392	154	374	554	364	351	513	166	361	358	152	413	376	523	369	148	415	526	6509

三、洞位图的制作与解读

高尔夫球场果岭的球洞位置，通常每日或隔几日会由球场的工作人员进行人工移动，并且测量记录球洞的准确位置相对于果岭前缘或果岭两侧的偏差值，将球场所有球洞的偏差值填入洞位图，从而制作成一份当日高尔夫球场球洞洞位图，供球员参考当时打球的球洞具体位置。

1. 何谓洞位图

洞位图（含旗杆位置图和洞杯位置图）是由赛事裁判组在赛前选定洞杯后绘制而成的洞位图，便于选手在比赛中结合码数本准确地计算距离和制订打球策略。

2. 确定洞杯位置的依据

一场比赛中果岭推杆数往往占到总杆数的一半左右，洞杯的设置往往能决定比赛的基调和走向。洞杯位置距果岭环至少4码，但每一洞洞杯的位置应适当均匀分布，整场18个洞洞杯的位置要有前有后、有左有右，这样显得变化丰富。球洞洞杯位置的确定要考虑如下要素：首先要确定该洞的难度值，通常将难度分为中等难度、中高难度和高难度，确定难度后选定洞杯所在的点；新洞杯所在点除了符合设定的难度值以外，还要兼顾地势必须平坦、草坪生长情况较好的条件，以便球员在该洞杯位置推球较为顺利。某一洞难度的确定要综合考虑比赛当天天气情况、果岭速度快慢、晋级轮或决赛轮、球员进攻果岭一杆距离及方向、果岭坡度和走线等多种因素，需要有相当的经验才能拿捏准确，所以一般由裁判长或赛事总监与球会运营主管共同讨论制定。

（具体要求可详见任务十三："六、球洞区的检查与旗杆位置的设置"中"2.果岭洞位的设置"）

3. 洞位图的制作

裁判选洞杯前会划定果岭的前后点。前后点的确定通常采用的方式和步骤如下：在果岭后方找寻一个点，要求该点与最后一杆进攻果岭的区域连线贯穿果岭，同时该线满足距离果岭两侧的垂直距离相等的条件；然后在连线上找到果岭前缘确定前点，要求前点的垂线与果岭前缘相交，但不能相切；初步选定前后点后，测量前点与后点之间的距离，确定果岭的纵深，然后裁判员拿两个比赛用球在预选区域附近试推，多次试推后如果球都能滚动到该点附近，就在点上喷漆做记号确定；确定点以后，开始测量洞杯的位置，洞杯位置的选定可用三个数据作为指示：果岭深度、洞杯离果岭前方距离、洞杯离果岭左边（或者右边）的距离。前后点的划定要遵循两个原则：首先，前后点连线方向与最后一杆进攻果岭方向一致；其次，前后点的连线近似左右等面积平分果岭，类似于圆的直径。从前点走向后点的步数（标准步幅长度近似一码）为纵深（Depth），前点到洞位的垂直距离为前沿（Front），洞位到果岭边缘（最近的一侧）的距离为两侧（Side）。

4. 洞位图的解读

Hole：表示"球洞"；

Front：表示球洞到果岭前缘"T"的距离；
Side：表示球洞到果岭侧边的距离；
R：Right 的缩写，表示洞杯距右边的距离；
L：Left 的缩写，表示洞杯距左边的距离；
C：Center 的缩写，表示洞杯在中间；
Depth：表示果岭总长。

在比赛前，裁判组会在果岭前缘标示"T"型符号（果岭前 T 的设置通常根据攻果岭那一杆的目标而设定），在果岭后面标示"●"符号，Depth 表示从果岭前缘"T"到后点"●"的直线距离。从"T"到"●"的连线将果岭分为两部分，同时这条连线到果岭两侧的垂直距离大概相等。

如图 5-14-3 所示的洞位图，4 号洞果岭的纵深为 40 码，旗杆插在距果岭前点 34 码、距果岭左侧 4 码的地方。那么假设球员在距离果岭 50 码的位置，即可推算出到球洞的距离是 84 码。这样，球员可以结合自己的球路，选择适合的落点。

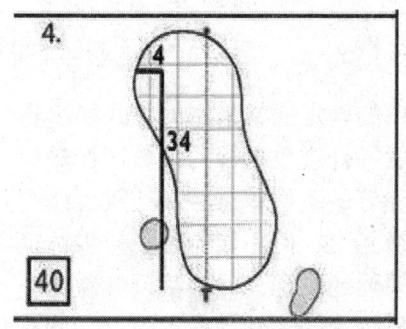

2018 湖南省青少年高尔夫球锦标赛 第二轮　2018.06.24							
Hole	Front	Side	Depth	Hole	Front	Side	Depth
1	25	8L	44	10	13	5R	30
2	8	9L	15	11	25	5R	31
3	14	10R	25	12	11	8L	41
4	34	4L	40	13	26	9R	39
5	12	10L	27	14	6	7R	34
6	7	C	35	15	20	8L	27
7	18	8L	32	16	10	6R	34
8	20	11R	26	17	10	9L	40
9	16	9L	24	18	23	9R	34
L 代表左，R 代表右，C 为中间							

图 5-14-3　洞位图

四、高尔夫赛事 PACE 表的制作

1. 何谓 PACE 表

根据《高尔夫球规则》关于过度延误比赛、快速打球的规定，球员不得过度延误比赛，并且必须遵守组委会制定的任何打球速度的规定。其中包括规定完成一轮、一洞甚至是一次击球所允许的最长时间（见《规则》5.6）。PACE 表正是根据该规则而制定的，其中写明了比赛中每一洞（或一轮）打球的用时

规定,是判定球员在打球过程中是否与本组打球速度保持一致的参考性文件。常见 PACE 表格式如标 5-14-3 所示。

在没有充足理由的情况下,如一组球员的打球进程超过了规定时间并处于"落后"(即,与前一组的打球进程时间间隔超过了出发时的间隔时间),则该组球员将被计时。一组球员被计时后,即使随后赶上前组或回到规定时间之内,该组球员已有的"延时"记录仍然继续有效。

表 5-14-3　常见 PACE 表格式

中国高尔夫球协会 2018 年第三期裁判员培训下场实战配时表											
PACE OF PLAY　＊＊＊ R1											
组别	轮次:R1	洞号	1	2	3	4	5	6	7	8	9
	发球台:1#	标准杆	4	4	4	3	4	5	4	3	5
	姓名	每洞时间	0:18	0:17	0:15	0:11	0:18	0:20	0:18	0:11	0:20
1	×××	11:33	11:51	12:08	12:23	12:34	12:52	13:12	13:30	13:41	14:01
2	×××	11:45	12:03	12:20	12:35	12:46	13:04	13:24	13:42	13:53	14:13
3	×××	11:58	12:16	12:33	12:48	12:59	13:17	13:37	13:55	14:06	14:26
4	×××	12:11	12:29	12:46	13:01	13:12	13:30	13:50	14:08	14:19	14:39
5	×××	12:26	12:44	13:01	13:16	13:27	13:45	14:05	14:23	14:34	14:54

2. PACE 表的制订

(1) 制订 PACE 表格的依据

通常在一次击球的时间限制:如果任何一名球员在"第一个进攻果岭击球(包括三杆洞开球)、切击球或推击球"时首先击球时超过 50 秒,或在"发球台开球、第二或第三个击球"时超过 40 秒,他将被视为有一次"延时"。

(2) PACE 表格制订的主要步骤

首先要确定每一洞的击球时间,根据每一洞不同的标准杆确定不同用时,通常 5 杆洞 20 分钟、4 杆洞 18 分钟、3 杆洞 11 分钟;其次根据分组表规定的开球时间确定每组球员的开球时间;最后根据开球时间和每洞的间隔时间制定 PACE 表。具体的制定方式可以利用 EXCEL 的公式进行。

(3) 利用 EXCEL 制订 PACE 表格

根据球场的数据和球员的出发分组表制作表头,该表格可以作为一种通用型的表格格式。如图 5-14-4 所示。

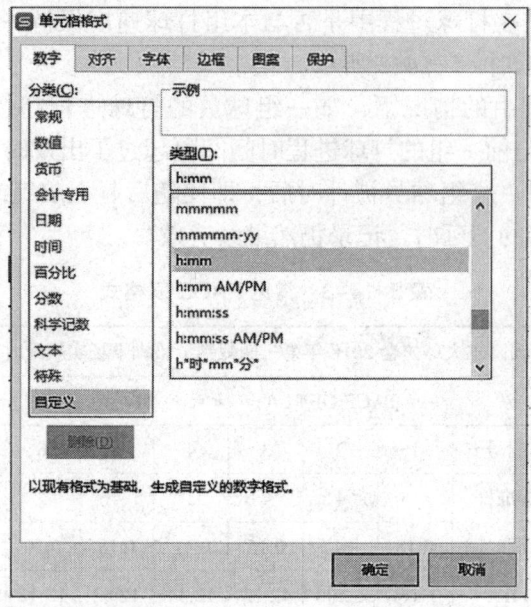

中国高尔夫协会2018年第三期裁判员培训下场实战

组别	轮次 发球台 姓名	洞号 标准杆 每洞时间	1 4 0:14	2 4 0:17	3 4 0:15	4 3 0:11	5 4 0:18	6 5 0:20	7 4 0:18	8 3 0:11	9 5 0:20
1	×××	11:33									
2	×××	11:45									
3	×××	11:58									
4	×××	12:11									
5	×××	12:26									

图 5-14-4　PACE 表制作过程（一）

第一步，该表格中要设置出发时间和每洞时间的格式为"时间显示"，具体设置方式：右键选择"设置单元格格式"－选择数字－自定义－选择"h:mm"。

第二步，利用 EXCEL 的公式功能进行公式的制定：主要采用了 EXCEL 的求和公式。以第一组为例，出发时间为 11:33，第一洞的打球时间为 0:14 第一洞的结束时间输入求和公式 =C7+D6，结果为 11:47，如图 5-15 所示。

第三步，利用 EXCEL 的拖拽功能进行其他洞号的时间计算；其他组别也以同样的方式进行计算即可。

D7			fx	=C7+D6							
A	B	C	D	E	F	G	H	I	J	K	L

中国高尔夫协会2018年第三期裁判员培训下场实战

PACE OF PLAY ＊＊＊R1

组别	轮次 发球台 姓名	洞 号 标准杆 每洞时间	1 4 0:14	2 4 0:17	3 4 0:15	4 3 0:11	5 4 0:18	6 5 0:20	7 4 0:18	8 3 0:11	9 5 0:20
1	×××	11:33	11:47								
2	×××	11:45									
3	×××	11:58									
4	×××	12:11									
5	×××	12:26									

图 5-14-5　PACE 表制作过程（二）

当裁判员发现某组球员处于"落后"、球员被计时时，确定存在过度延误比赛的情况，裁判员会采用 Timing Record 表格记录球员的详细延误情况作为处罚的依据。如表 5-14-4 所示。

表 5-14-4　常见 Timing Record 格式

NAME（姓名）_____　　MATCH NO._____（球员号）　　ROUND_____（轮）

SHOT 击球	1	2	3	4	5	6	7	8	9	10	11	12	13	14	15	16	17	18
TEE-SHOT 发球																		
2ND SHOT 第二杆																		
3RD SHOT 第三杆																		
1ST PUTT 第一推																		
2ND PUTT 第二推																		

五、高尔夫赛事相关公告的制定

高尔夫赛事中日程安排可能会因天气和赛场情况变化等原因，需要临时进行调整,这时要以公告的形式告知球员,以便后续比赛的顺利进行。

1. 天气公告

高尔夫比赛中,导致比赛延迟或终止的因素有很多,诸如大雨、大风、大雾或者雷电等。可以说高尔夫比赛中遭遇异常天气并不少见,每年都会因为天气原因中断或取消一些比赛。因此,当临时遇到特殊天气时要及时发布公告。如图5-14-6所示。

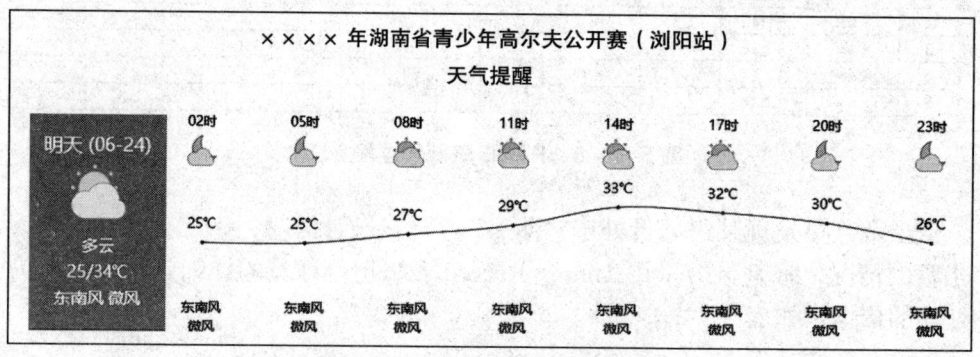

图5-14-6 天气公告示例

天气信息的查询可以通过高尔夫频道-中国天气网(http：//www.sportsweather.cn/golf/)进行查询。该网站提供的天气信息不仅包括了常规的天气预报,而且提供了相应的风速、风向信息。

2. 中止比赛公告

中止比赛公告示例如图5-14-7所示。

中止比赛公告

尊敬的各位球员：

　　由于天气突降大雨,为保障球员的人身安全,比赛暂时中止,球员未完成的比赛待天气达到比赛条件后继续进行。当前球员结束比赛的球洞为未完成之洞,恢复比赛后,从该洞发球台重新开始。

赛事组委会

××××年××月××日

图5-14-7 中止比赛公告示例

3. 旗语公告

旗语通常用于航海、军事或某些远距离作业中，是一套为表示所欲传达的言语或信号而统一规定的挥动旗子的动作。由于高尔夫比赛受比赛条件和观赏礼仪的限制，在球场禁止大声喧哗，在部分球场区域不便使用声讯设备进行信息的传播。因此，在比赛过程中对于特殊区域的特殊要求就要以旗语的形式传递信息。旗语公告示例如图5-14-8所示。

旗语公告

本次比赛分别在球场的4号、12号洞设有安全球童。当安全球童所执黄旗竖起时，表示前组球员未离开安全区域，此时后组禁止击球；当黄旗放倒时，表示前方安全，可以击球。

赛事组委会
××××年××月××日

图 5-14-8 旗语公告示例

4. 其他类型公告

下面是一则"选球移位公告"示例。

公　告
（选移球位——仅适用于决赛轮）

位于球洞区通道短草区域的球可以被拿起而不受处罚，而且可以被擦拭。在拿起球之前，球员**必须**标定球的位置。拿起球之后，必须在<u>一支球杆范围内</u>，且较球原来所在地点不更靠近球洞，也不在障碍区或球洞区的地点<u>放置球</u>。

球员仅可以一次性放置球。放置球后，球即成为使用中球（见《高尔夫球规则》6.3）。如果球不能在被放置的地点静止，则适用规则 **14.2**。如果放置球后，球在被放置的地点静止之后移动，不受处罚，但必须在球的现有状态下打球，除非有其他规则条款适用。

如果球员在拿起球之前没有标定球的位置，或者以任何其他方式移动球，如用球杆拨动，则要受到加罚一杆的处罚。

赛事组委会
××××年××月××日

图 5-14-9 选移球位公告示例

5. 成绩公布方式公告

高尔夫比赛成绩公布通常采用成绩公告板的形式进行展示，目前部分高尔夫比赛成绩公告会采用网络系统进行展示。如图5-14-10所示。

亲爱的各位参赛选手、家长、教练员：

××××年湖南省青少年高尔夫锦标赛成绩直播由"××高尔夫"全程网络实时播报。敬请各位朋友关注参赛选手的成绩、关注湖南青少年高尔夫运动的发展、关注"××高尔夫"。

（可放直播平台二维码）

扫描二维码观看直播

赛事组委会
××××年××月××日

图5-14-10 比赛成绩公告示例

【课后思考】

1. 高尔夫赛事需要用到的主要赛事文件有哪些？
2. 何谓码数本？码数本在比赛中如何运用？
3. 如何正确解读高尔夫赛事的洞位图？

任务十五
高尔夫赛事出发管理

知识目标
- 掌握高尔夫比赛的开球组织与管理
- 了解高尔夫比赛开球仪式的组织与流程
- 了解高尔夫比赛开球仪式主持人的常规串词

技能目标
- 能组织不同形式的开球仪式

素质目标
- 通过了解高尔夫赛事出发管理,树立区别对待、具体事情具体分析的意识,做到按规律办事。

高尔夫发球台上的那点事儿

第一洞发球台做的第一件事——互致问候。

高尔夫被称为绅士运动,球员应处处体现出绅士风度。在第一洞发球台开球之前,应主动与同组球员(无论同伴还是对手)作自我介绍并握手问候,祝对方好运。当然,在球员开出好球后也别忘了为他喝彩,喊上句"好球"。

谁先发球?

如果是平日较随意的打球,在第一洞发球台同组球友可以协商的方式决定开球顺序。若是男女混合组,且球员均使用同一发球台,应请女士优先击球。在较正式的打球或比赛,如事先没有编排分组表,可采用抽签的方式,或是按照高差点球员让低差点球员先发球。很多时候球员喜欢抛球托决定先后：四人围成一圈，向空中抛一个球托使之落在中间，球托尖端指向的球员后开球，之后再在剩下的球员中重复以上步骤直到排出第三、第二及先开球人的顺序。第一洞之后其余的发球台则应按照上一洞成绩决定发球顺序，即杆数低的球员优先击球。

（资料来源：新浪网．原标题：《高尔夫：发球台上的礼仪》．）

思考：高尔夫比赛中球员如何进行出发打球？

在高尔夫比赛中，不同性质的比赛涉及不同的比赛开球方法，如职业比赛，通常是按照同一开球地点（发球台）、不同发球时间（发球顺序）有序进行的，而业余比赛则是根据不同比赛目的、规模和人数以及相关要求等，采取不同的发球时间或发球地点。对于一些具有商业赞助和社会影响较大的比赛，赛事组织者还要组织相应的比赛开球仪式。因此，无论是什么性质（职业或业余）的比赛，赛事组织者根据比赛性质和相关组织要求，做好比赛的开球组织管理工作，是赛前组织工作的一项重要内容。主要包括：比赛开球方法开球时间仪式的地点和要求等。

一、比赛开球的组织与管理

规则规定委员会必须制定出发时间，并为比赛者安排编组，做好比赛的开球组织与管理。根据不同级别的赛事在比赛中开球的组织与管理主要有以下几种：

1. 同一发球台开球的组织与管理

同一发球台开球主要用于职业比赛或高水平的业余比赛中。比赛都会在一个确定的日期举行，赛事委员赛前安排分组以及开球时间，并提前在适当的时间通知到球员（可以通过赛事公告板或赛事咨询前台，提供印刷好的排组开球表、微信、QQ群等）。如果无法提前确定排组及开球时间表，并且存在晋级线时，赛事委员会要明确完成排组表的时间并通知球员说明合适可以获得该信息，并安排工作人员通过电话通知球员他的开球时间。同一发球台开球的组织与管理需要注意的问题主要有：

（1）处在第一发球台的裁判员（出发员）应遵循《高尔夫球规则》中有关发球时间的规定，严格按照每一组预定的发球时间依次进行，并严格控制开球时间间隔。球员按照竞赛组委会规定的时间依次开球。

（2）开球时间的间隔是非常重要的。如果间隔时间不充分，球场上会出现堵塞现象，球员会经常要等待前一组球员离开击球射程或离开果岭。这样对球员是很不合理的，因为球员无法集中精神打球和进入状态，另外球员在球场的时间也会过长。开球时间间隔在两个人一组的时候最少为8分钟，而在三个人一组时最少为10分钟，四个人一组时最少为12分钟。或者也可以根据赛事总监的经验安排合适球场的间隔时间。赛事委员会可以根据实际需要安排2人一组、3人一组或4人一组。

（3）球员根据竞赛组委会规定的时间开球是每一位参加球员的责任。球员在规定时间之前到达发球地点，竞赛组委会安排在第一发球台附近的推杆练习区或指定的区域等待发球。根据规则5.2等待发球的球员不应在第一发球台或其周围进行挥杆练习。此时，作为助理出发员应协助出发员，对第一发球台等待发球的球员做好管理工作。

（4）在第一发球台的显著位置，竞赛组委会应配置一个可供参赛球员掌握发球时间的标准时钟。裁判员（出发员）应该根据编排分组的发球顺序和发球时间，<u>宣告并检查参赛球员的有关证件</u>，同时告知下一组准备发球的参赛球员姓名。

表 5-15-1　同一发球台不同时间开球安排示例

中国高尔夫球协会××××年第×期初级教练员培训班下场实战分组表					
××××-××-××（时间）					
组序	时间	发球台	组序	时间	发球台
1	8:30	1号洞	6	9:45	1号洞
2	8:45	1号洞	7	10:00	1号洞
3	9:00	1号洞	8	10:15	1号洞
4	9:15	1号洞	9	10:30	1号洞
5	9:30	1号洞	10	10:45	1号洞

（5）出发员主要工作准备和开球注意事项

①比赛前提前20分钟到达指定发球台，检查设施：桌子、椅子、水、水果。摆放物品：铅笔、分组表、记分卡、当地规则比赛条件、洞位图、临时通知。

②开球前8分钟确认该组出发的球员已经到出发台。若有球员未到，要联系球场或组委会或裁判，通知下该情况；球员到后，要给他们发记分卡（A记

B，B记C，C记D，D记A）。并告知他们开球顺序，提醒球员互相对球标。

③出发员最好站于球员左/右前方距离3~4码、并尽量选择能够看到球员击球第一落点的位置，致出发辞。见图5-15-1。

> 各位早上好，欢迎参加"湖南省第十三届运动会高尔夫球比赛"。
> 今天进行第×轮。这里是1#Tee台/10#Tee台。
> 第一组，第一位开球选手是来自×的×××（第一位开完后）……
> 　　　　下一位开球选手是来自××的×××……
> 　　　　下一位开球选手是来自××的×××……
> 　　　　下一位开球选手是来自××的×××……

图5-15-1　出发员常用出发辞

④第一组发完球后，要按照分组表上的时间准时发下一组（准时发的前提是，一定要保证前一组的球员已经走出了第一落点，保证安全）。若某一组的开球时间超过规定的分组时间，则要在对讲机里告知裁判长：第×组开球时间+×（分钟）。每组球员开球结束之后，要确认下一组的球员是否到达发球台；如果没有，要及时与裁判长/出发站取得联系。

注：球员开球后，要关注球的落点。预判有情况，要提前与在场或者附近的裁判员沟通，确定球员开出的球是否遗失可以打暂定（但是若是有可能下水，则不需要打暂定）。

⑤全部开球结束后要通过对讲机告知裁判长：Tee开球完毕，时间on time或+×。

⑥出发时一定要保持安静。球员开球时，若对讲机被呼叫，可轻轻走远点对答，或等球员开完球之后再对答。要时刻关注时间，按预先分组时间开球。若有问题及时呼叫裁判长，或直接与在该洞附近的裁判沟通。

2. 不同发球台同一时间开球的组织管理

在一些参赛球员较多的大型高尔夫赛事活动中，为了合理地安排比赛时间，竞赛组委会可以在当地规则中附加说明规定若干个发球台同时开球，比如根据参赛人数可以安排在第1和第10号洞（即上下半场）同时开球，也可以在18个发球台同时开球。

（1）上下半场同时开球的组织与管理

上下半场两个发球台同时开球，竞赛组委会应将编排分组表在比赛前的适当时候，分送给每一位参赛球员，或通过公告牌的形式告知所有参赛球员。同时在第1号和第10号洞分别配置一名裁判员（出发员）组织参赛球员的发球，并配置一个可供所有参赛球员掌握发球时间的标准时钟。

（2）18个发球台同时开球的组织与管理

在业余比赛中，由于参赛人数较多，为了保障比赛在基本相同的时间结束，往往会采用这种开球方式。而处于这种情况下的同时开球，并不意味着参加比赛的球员正好是18组，也并不是说每一个发球台仅有一组球员。在参赛球员较多而且需要节约时间的情况下，可以根据长洞、中洞、短洞的不同情况，合理安排参赛球员同时在不同发球台开球。

如2017年湖南省高尔夫教练员联谊赛中有100名参赛球员，组委会将其编排为26组。如果在同一发球台发球，开球时间需要3小时28分钟，如采用18洞同时开球，开球时间就会大大缩减。其中所有3杆洞发球台安排1组、5杆洞发球台安排2组、部分4杆洞安排2组，总计26组。当参赛人数再有增加时，球洞组别安排会遵循：3杆洞发球台安排1组、4杆洞发球台安排2组、5杆洞发球台安排3组的最大限度来操作。这样就可以将各组参赛球员合理地安排到不同的发球台。如表5-15-2所示。

赛事组委会在赛前要通过公告牌将各组的出发时间、出发地点向所有参赛球员说明，所有球员在按规定的时间内到达发球地点后，由组委会使用信号（目前所使用的信号主要有汽笛声、鸣枪，在部分山地球场由于球场的山岭阻挡，会采用鸣放双响炮的方式）告知各个不同发球台上的裁判员（出发员），通知球员开始发球。

表 5-15-2　常见同一时间不同发球台开球安排示例

2017湖南高尔夫教练联谊赛					
组别	时间	开球洞号	姓名	代表队	TEE
1	7:30	1号洞（A1）	×××	湘江壹号	蓝
			×××	涉外	蓝
			×××	湘江壹号	蓝
			×××	涉外	蓝
2	7:30	4号洞（A4）	×××	坐标轴	蓝
			×××	远征	蓝
			×××	坐标轴	蓝
			×××	远征	蓝

续表

2017湖南高尔夫教练联谊赛					
组别	时间	开球洞号	姓名	代表队	TEE
3	7:40	4号洞（A4）	×××	思睿	金
			×××	大仕辰	蓝
			×××	思睿	蓝
			×××	大仕辰	红
……	……	……	……	……	……
			……	……	……
			……	……	……
26	7:40	18号洞（c9）	×××	嘉宾	蓝
			×××	嘉宾	蓝
			×××	嘉宾	蓝
			×××	嘉宾	蓝

3. 多轮比赛的开球组织与管理

通常情况下，高尔夫比赛会采用多轮进行，在职业比赛中前两轮比赛一般是3名球员为一组，男子比赛的后两轮，女子比赛的最后一轮一般采用2名球员为一组。前两轮的开球时间的安排应考虑第一轮与第二轮球员的开球时间的合理性，即每一组球员都有一个较早和较晚的开球时间。

最后两轮（女子最后一轮）则按照前两轮的比赛成绩安排开球顺序，即前两轮成绩较好的球员开球时间拖后，反之开球时间排前。如果比赛时采用两个发球台同时开球，则第一轮从第1洞出发，第二轮应安排从第十号洞开始比赛。

二、开幕式（开球仪式）的组织

高尔夫竞赛开幕式是一次比赛的正式开始，是高尔夫竞赛活动的良好宣传方式。不同规格、水平比赛开幕式的主题、内容和形式因承办地的文化差异、赛事性质、经济水平差异等各有不同，但都必须经过周密的组织、策划与部署，方能保证开幕式的成功举办。其主要内容包括赛制组委会主席致开幕词、宣布大会开始、运动员入场、裁判员入场、运动员及裁判员宣誓、运动员退场、文艺表演、宣布开幕式结束等。

在开幕式的礼仪安排方面,包括主席台邀请的嘉宾、各代表团在主席台就座的人数及安排、主持人的人数、服装设计、场地安排、各队出场人数,并且在欢迎词和文艺表演中都要体现主人对来宾的欢迎,宣传赛事的精神文化。

在开幕式的艺术内容策划与组织方面,包括全场的灯光、音响、音乐、节目内容、服装、舞美、道具和背景等方面。

1. 开幕式的准备工作

举办较大规模的高尔夫比赛,为了使开幕式的场面和气氛庄严、隆重、热烈,会组织入场式和开幕式表演。

入场式的组织,要求整齐、准确、迅速。入场式可做如下设计:

（1）裁判员队伍

由引导员举着写有"裁判员"的牌子引导。裁判长在引导员后3米左右处,其余裁判员着裁判服组成方队,随后行进。

（2）运动员队伍

每个队首应设引导员举单位名称牌引导。每个单位的人数、队形、着装以及行进速度、间距等事先要有明确的规定和要求（如着装统一、步伐整齐、精神饱满）。运动队入场的顺序,按一定的编制序列,主办单位的队伍通常排列在最后。

入场式和开幕式表演的准备工作应及早部署。开幕式的会场布置、广播音响、主席台人员安排、主持词和开幕词、观众安排及执勤保障等,也应按开幕式方案的要求抓好落实。在比赛开幕前,应安排适当的合练或预演,发现问题及时纠正。

2. 开幕式的协同与指挥

（1）制定协同计划表格

按单位或人员为横列,时间为纵列,将不同的任务列入表格中,使有关单位明确各自的任务,明确其集结、就位、入场、表演的地点和时限。一般列入协同计划表的单位有:先导队、仪仗队、引导员、裁判队、运动队、军乐队（或用录音）、表演队、广播员、主席台人员、观众、保障人员（执勤人员、医生）等。

（2）明确指挥人员分工

开幕式指挥员应位于主席台,兼管引导领导就座。此外,视情况增设几名分指挥。例如:场外集结地点一名,负责集合入场式队伍和表演队伍;入口一名,负责控制各入场队伍的间隔距离;转弯处一名,负责调整各方队绕场一周后进入列队位置的方向与速度;广播宣告处一名,负责协调各类宣告和播放音乐的时机等。

(3)注意现场协调

由于参加开幕式的人员众多,同一时间内各有关单位都在进行不同的工作,任何一个环节出现差错都会直接影响开幕式的整体效果,为使开幕式圆满成功,工作人员应各负其责并保持密切的联系。指挥员要特别注意现场的协调工作,根据有关预案,果断地处理可能发生的意外情况,及时地弥补漏洞。

3. 开幕式的流程

高尔夫比赛的开幕式一般有下列程序:

(1)宣布比赛开始(奏《运动员进行曲》)

(2)开幕式嘉宾、裁判员、运动员入场

在收到赛事项目负责人下达"比赛开始"的指令后,走至背景板前区域中央位置站定,使用礼貌的召集语,将嘉宾请到背景板前集合。可参考使用的召集语如下:

● 问候:"尊敬的各位领导,各位嘉宾,早上/下午好!欢迎参加……(比赛名称)。"

● 自我介绍:"我是本次赛事的主持×××,来自承办方×××,很高兴在这里与大家见面。"

● 简单介绍比赛情况,包括比赛名称、主办方、球场等。

● 介绍参加本次活动领导。

● 介绍参加本次活动嘉宾及媒体。

(注意:每介绍一位嘉宾,稍做停顿,留出观众鼓掌、嘉宾向观众示意的时间。)

召集过程中的移动幅度要小,左右不过四步、前后不过一步。

(3)奏乐(国歌或军歌)

(4)致开幕词

开幕词一般是主办比赛方的领导在比赛开始前的讲话,应简明扼要地讲清比赛的宗旨、任务、目的、要求等,集中体现赛事的指导思想,为竞赛定下总的基调。开幕词的结构一般包括下列三个部分:

开头。一是称呼语;二是宣布大会开幕;三是代表上级机关和组委会向有关人员致以问候。

主体。一般分为如下层次:一是简要总结过去的比赛成绩;二是指出本届比赛的目的、意义和指导思想;三是向参赛的运动员、教练员、裁判员提出任务、要求和希望。

结束语。要有鼓动性和号召性，写得简短有力。最后，预祝大会圆满成功。

开幕词语言的运用，应简洁明快，亲切热情，多用一些鼓舞人心的词语和肯定的句式，使致辞朗朗上口，自然流畅，便于造成开幕式热烈的气氛。

（5）运动员代表讲话或宣誓

运动员代表宣誓词

我谨代表××××年×××高尔夫球公开赛全体运动员宣誓：

严格按照组委会的各项要求，遵守纪律，服从裁判，尊重对手，讲究高尔夫礼仪，文明比赛。比赛中做到：胜不骄，败不馁。赛出风格，赛出水平！以饱满热情积极参加本届比赛。宣誓完毕！

宣誓人：×××

××××-××-××

图 5-15-2　运动员代表宣誓词示例

（6）裁判员代表讲话或宣誓

裁判员代表宣誓词

我谨代表×××高尔夫球公开赛的全体裁判员宣誓：

严格按照组委会的各项要求，服从领导，遵守规程，严肃认真，公正准确，秉公执法，裁判员之间互相学习，团结协作，确保大会竞赛工作顺利进行。宣誓完毕！

宣誓人：×××

××××-××-××

图 5-15-3　裁判员代表宣誓词示例

（7）裁判员、运动员退场

（8）开球仪式

当多人次开球时，用"有请下一位"，切忌用"有请第×位"。

邀请所有嘉宾佩戴统一的球帽，到背景板前合影留念。

注意事项：

①合影时，主持人要先将主要领导安排在中心位置，再组织其他嘉宾

> 站好队形，需保证横幅平整。
> ②简单介绍主办方提供了丰富奖品，预祝球员打出好成绩；同时也感谢赞助商对比赛给予的大力支持。
> ③宣布开球仪式到此结束，请参赛嘉宾回到球车上，随工作人员前往球场，准备比赛。
> ④如若安排了练习场，请不下场参赛的嘉宾在背景板前集合，随工作人员前往练习场。

（9）宣布开幕式结束

【实例呈现】

各位高尔夫会员，女士们，先生们：

女：大家上午好！我是主持人_____（女），_____（男），感谢各位的光临。今天是一场由_____冠名，协同_____高尔夫球会进行的一场"_____"赛。

男：此次_____举办"_____"赛，正是面向社会中热爱高尔夫运动的_____，意在引领一种高贵、健康的生活方式，倡导"优雅运动，犒赏生活"的精神。

女：首先，让我们以热烈的掌声对_____的大力支持以及各位贵宾的莅临表示衷心的感谢！请允许我们向大家介绍一下莅临今天比赛现场的领导和嘉宾。

女：他们分别是：_____、_____、_____。（此处要根据人物的地位进行依次介绍）

男：担任本次大赛裁判的分别是：_____、_____、_____。

男：非常感谢各位的到来。让我们再次以热烈的掌声欢迎各位领导和嘉宾的到来！

女：首先有请_____为开杆仪式致辞！
（领导致辞）

男：感谢_____对比赛给予的厚望，借_____吉言，希望各位球员在比赛中全力以赴，取得优异的成绩。

男：下面我们有请大赛（主）裁判宣读赛事规则。

裁判员：（讲解赛事规则）

女：好了，比赛规则和赛事流程大家已基本了解。

男：现在我们隆重请出_____（先生/女士）到发球区，为本次大赛开彩球！

女：有请_____（先生/女士）到发球区，为本次大赛开彩球！

男：有请_____（先生/女士）为大赛开彩球！

女：下面有请在座的领导，嘉宾，裁判和选手合影留念。谢谢！

男：开杆仪式到此结束，再次感谢各位的光临并预祝大家取得优异的成绩，谢谢！

【课后思考】

1. 高尔夫赛事开球组织的主要形式有哪些？
2. 在多轮比赛过程中，高尔夫球员的开球需要注意哪些？
3. 高尔夫赛事开幕式的主要流程有哪些？

任务十六
高尔夫赛事成绩管理

知识目标
- 熟悉高尔夫比赛过程中球童报分的基本流程和操作方法；
- 掌握记分卡收集的注意事项；
- 了解差点及其计算方法。

技能目标
- 能完成球童报分和记分卡的收集。

素质目标
- 通过学习高尔夫赛事具体成绩的管理，树立细心、严格的办事态度。

球员没有在记分卡上签名导致比赛资格被取消

　　2000年在英国贝弗利度假酒店（The Belfry Hotel&Resort）举办的国际高尔夫公开赛本森和赫德格斯（Benson and Hedges）上，28岁的帕德雷格·哈灵顿（Padraig Harrington）正在信心十足地做着准备活动，准备参加最后一轮的比赛。在前三轮的比赛中他以5杆的优势领先，在最后一轮的比赛中如果不出意外的话，他将会最终捧得冠军奖杯。然而还是出了意外。就在比赛正式开始前，一名裁判员走到他的面前，很遗憾地通知他，他的比赛资格被取消。可怜的哈灵顿听到这个消息之后怀疑自己的听力是否出现了问题。随后裁判员向他解释道，大赛委员会刚刚发现他的第一轮比赛计分卡上没有他个人的签名，按照规则他的比赛资格应该被取消。原来，在第一轮的比赛结束后场面比较混乱，哈灵顿的记分员按照要求在哈灵顿的记分卡上签了字，而同组的选手迈克尔·坎贝尔（Michael Campbell）却稀里糊涂地在哈灵顿的卡上也签上了自己的名字。在规则面前没有商量的余地，哈灵顿在最后一轮比赛前被取消了参赛资格。

由此可见，18洞比赛结束，虽意味着球员本轮或全部比赛结束，但对赛事组织者而言，此时的工作并没有结束，相反更加重要。在比赛结束时，计分组如果对球员成绩计算错误或没有按照规则的要求认真核对比赛成绩的有效性，会导致球员的成绩和比赛名次排列出现无法弥补的错误结果。

（资料来源：搜狐体育．原标题：《高球赛场上的窦娥冤 大牌球星因为记分卡而翻船》．）

思考：根据以上材料分析球员比赛记分卡的重要性。

一、高尔夫球童报分

在比赛中当参赛人员过多，且需要实时转播时，此时我们需要将球员的比赛成绩及时反馈到赛后控制中心。大型高尔夫赛事比赛过程中会有专门的记分员，但是中小型赛事却较少配备记分员。比赛结束后由赛后控制中心集中收集球员的记分卡会带来繁重的工作，甚至是出现失误。为了降低赛后控制中心集中收集记分卡造成失误的概率，在比赛过程中可以不间断地由报分球童收集记分卡并反馈到赛后控制中心，再由赛后控制中心进行初步统计，最后再根据记分卡进行成绩核对，从而加快工作的进度，同时确保成绩无误。

比赛中球员成绩反馈与登记大致有以下几种方式：条件允许的情况下，可将成绩输入到智能球车中，由球车数据系统发送反馈到出发台终端；可让负责球场各区域的裁判在球员经过时记录成绩，并发送成绩数据到赛后控制中心；部分区域信号不好时，亦可通过巡场员将成绩带回出发台，进行实时登记。可依据球场所具备的条件选择合适的方式快速将成绩反馈到出发台。

1. 中小型高尔夫比赛报分方式

当前中小型高尔夫比赛通常采用球童报分的方式，其具体操作可根据球场的球童数量选择不同的方式。

（1）逐洞报分

在球童数量较为充足的情况下，可借鉴大型高尔夫赛事的报分方式，采用随组定点报分的方式，要求球童随时汇报球员的成绩，以便后台进行登记直播。球童的需求数量至少 18 人，或根据参赛球员的分组组数进行确定。

（2）三洞一报分

当球场的空闲球童数量少于 18 人时，可采用三洞定点报分的方式进行。具体操作可采用在 3、6、9、12、15、18 号洞安排球童统计，记录球员的比赛成绩并反馈到赛后控制中心。此类报分方式至少需要 6 名球童分布在指定区域进行分数统计反馈。

（3）九洞一报分

当球场空闲球童的数量少于 6 人时，可以采用 9 洞定点报分的形式进行。具体操作方式如下：安排报分球童在 8、17 号洞进行统计，记录球员的比赛成绩并及时反馈到赛后控制中心。此报分方式至少需要两名球童分布在指定区域进行。

2. 赛前报分球童培训的主要内容

赛前要求报分球童熟悉报分用表的填写要求：字迹清晰，成绩正确无误。遇到无法确定的成绩要及时与球员进行沟通。

要求全体球童进群并核对群成员，以免出现遗漏的情况而影响成绩的汇报工作，要确保群信息的畅通性。注意：报分球童群为临时群，工作结束后可以自行解散，尽量不使用公司原有的群，以免影响赛事外的其他球童工作。要求成绩填写后及时反馈回赛后中心，工作中随时关注群信息，关注赛后对特定区域球童的要求。

3. 报分球童需要做好前期准备

报分球童需要做好如下准备：

（1）报分球童用表

主要用于球童登记球员在不同球洞的成绩，以便直接报至赛后控制中心。如图 5-16-1 所示。

（2）硬纸板一个

主要用于携带报分用表及作为垫板。

（3）书写用笔

主要用于记分表的书写，要求书写字迹清晰。如图 5-16-2 所示。

（4）了解和熟悉赛后控制中心建立的成绩反馈途径

目前中小型高尔夫赛事成绩的反馈工作主要是通过便携通信工具展开，其中，建立 QQ 群、微信群是两种主要的方式。赛事控制中心事先应对报分球童进行相关的培训并组建成绩反馈群，以便及时反馈信息。

三洞一报分　　　　　　　　　　　　　　九洞一报分

图 5-16-1　报分球童用表示例

图 5-16-2　报分常用物品

4. 报分基本工作流程

（1）开球前球童集合

要求在每轮次开球前 15 分钟报分球童要集合，由赛事成绩记录员强调球童报分工作的基本要求：

①工作中不能随意离岗和随意走动，以免影响球员打球。

②填写报分表时要认真核对球员成绩，字迹清晰；填完后拍摄完整表格，要能清楚显示组别、球员姓名和各洞成绩。

③记录球员成绩时不能影响球员打球。要在球员推杆结束后再询问球童（记分员或球员）进行登记。

④工作中要注意球员打球的落点，确定自身安全。

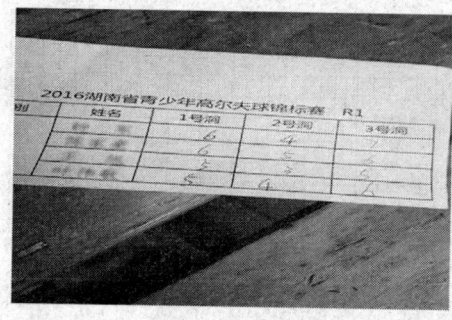

图 5-16-3　报分球童报分表填写标准

（2）报分球童准确就位

通常要求报分球童在果岭附近的安全区域寻求一个既能看得到球员击球又有一定遮掩的区域。

（3）准确记录球员的成绩

球员推杆结束后，球童要及时与球员或记分员进行沟通，准确地将球员的成绩登记在报分球童用表上。

（4）及时反馈球员成绩

完成一次球员成绩记录（一洞）后，要及时通过微信群或QQ群反馈到赛后控制中心，并随时关注赛后控制中心对反馈信息的意见。

（5）比赛结束后，及时交全记分表

比赛结束后，要求报分球童将本人所填写的报分表齐全地交到赛后控制中心，以备查询。

5. 高尔夫赛事N洞系统系统报分

与传统赛事报分模式相比，N洞报分系统具有节省大量工作人员、降低报分出错率、加快赛事成绩更新速度、展示形式更加灵活等特点。N洞报分系统能够完美支持现行各类高尔夫比赛成绩的实时播报和查询，并针对不同赛事提供个性化定制服务。

首先，赛事组委会要向系统后台申请赛事系统用户名和密码，在设置完赛事基本信息后，从赛事管理模块找到报分员管理板块，然后点击报分员管理，点击添加，如图5-16-4所示。

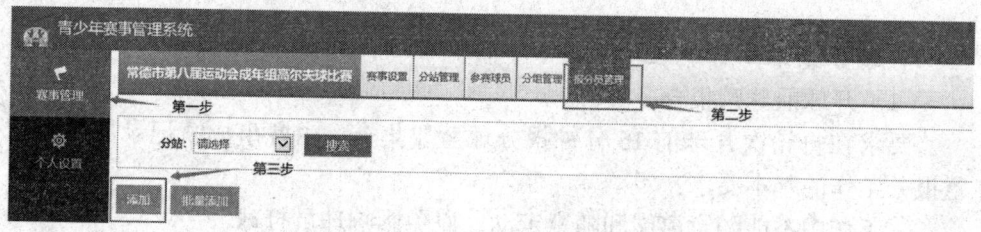

图 5-16-4　某高尔夫赛事管理系统添加报分球童示意图

要提前在系统中添加报分球童的信息，如"用户名""密码""所属分站""指定分组""负表球洞"等。用户名可采用"001、002、003……"的命名样式，要与组别数量保持一致，以便不同的组别分别报分。密码可采用类似

"123456"的简单密码。如图 5-16-5 所示。

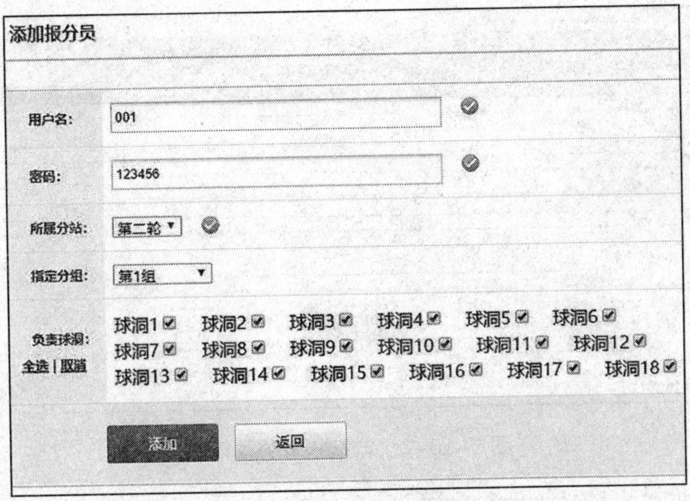

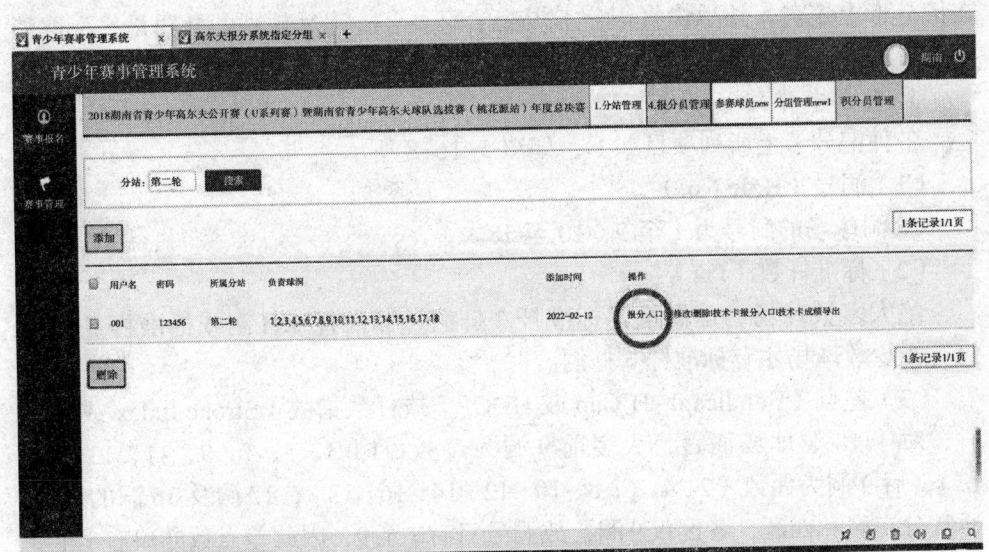

图 5-16-5　设置报分球童信息

报分球童信息添加完成后，点击报分入口就可以进行报分。如图 5-16-6 所示。

图 5-16-6　高尔夫赛事管理系统报分球童入口示例

以下为某报分系统的报分展示界面，此界面可以使用手机登录。如图

5-16-7所示。

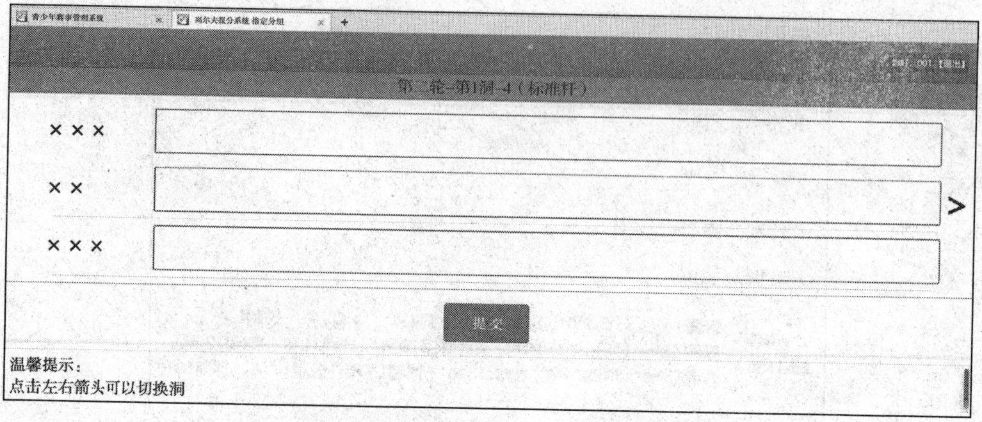

图 5-16-7 球童报分界面示例

二、比赛记分卡的收交工作

根据规则，一轮比赛结束后，参赛球员应核对自己各洞的成绩，并与委员会一起澄清所有疑点。球员必须确保记分员已在记分卡上签名，然后自己也要在记分卡上签名，并尽快将记分卡提交给组委会。违反规则的处罚是——取消比赛资格。

1. 记分卡介绍

各种记分卡上所列项目如下，如图 5-16-8 所示。

（1）洞号（Hole No.）

18 洞球场的洞号为 1 至 9、10 至 18。

（2）标准杆数（Par）

绝大多数球场的球洞都是标准杆 3 杆洞、标准杆 4 杆洞或标准杆 5 杆洞；仅有极少数球场才有标准杆 6 杆洞。

（3）差点（Handicap，H'Cap 或 HDCP）或杆数指数（Stroke Index 或 s.i.）

对于 18 洞球场而言，大多前 9 洞为奇数（1、3、5、7、9、11、13、15、17），后 9 洞为偶数（2、4、6、8、10、12、14、16、18）；27 洞及 36 洞的球场，通常分三区和四区，各区仅 9 洞，故洞号只有 1 至 9，因此差点数亦仅有 1 至 9。

（4）码数（Yardage 或 yd）

各洞分别列有蓝色（Blue Tee）、白色（White Tee）和红色（Red Tee）等三个发球台（Tee）的码数。例如，Hole No. 3（第三洞），Par 3（标准 3 杆），

216yd（金梯）、183yd（蓝梯）、144yd（白梯）、105yd（红梯），HDCP 7（差点 7）。

（5）记杆数栏

因为一组最多四人，因此大致前 9 洞和后 9 洞每洞都有四格，每格都要填写每洞杆数、各实打合计杆数、18 洞合计总杆数（Total Score）、差点及减去差点后之净杆数（Net Score）。

（6）其他记事栏

记分卡上必须列有比赛名称（Name of Competition）、日期（Date）、球员姓名（Player's Name）、空白栏及签名处（Attested by/ Player's Signature）、记分员签名处（Approved by Marker/ Marker's Signature）；比赛结束，核对完各洞杆数或分数后，球员及记分员均须在记分卡上签名，记分卡才有效。

（7）当地规则

记分卡背面有当地规则（Local Rule），打球前应先行阅读，有不明白之处应询问清楚。

Competition				Date				Time				H'Cap		Strokes Received		○SSS 74 SSS 73 ○SSS 71 ○SSS 73	
Player A																Stableford Points or Par Result	
Player B																	
Player C																	
Player D																	
Pace of Play	0:15	0:30	0:42	0:57	1:12	1:24	1:42	1:57	2:12	2:27	2:42	2:54	3:09	3:24	3:36	3:54	4:09	4:24
Hole	1	2	3	4	5	6	7	8	9	OUT	10	11	12	13	14	15	16	17	18	IN	TOTAL	H'Cap	nett
Black Yards	421	471	454		370	144	552	205	553	3504	512	422	158		373	231	415	451	659	424	3646	7290		
Blue Yards					110	130		173		3372			16		207				631	410		6621		
White Yards	401	357	426	401	354	128	523	179	523	3292	479	394	146	362	205	425	435	627	396	3469	6761		
Yellow Yards	391	346	390	383	345	116	504	164	506	3145	463	383	128	325	193	415	419	615	336	3297	6442		
Par	4	4	4	4	4	3	5	3	5	36	5	4	3	4	3	4	4	5	4	36	72		
Matchplay S.I.	6	16	2	10	12	18	14	8	4		17	3	15	1	13	5	11	9	7				
Stroke Play S.I.	10	2	8	4	9	17	12	15	1		16	11	5	14	18	3	6	7	13				
Player A																							
Player B																							
Player C																							
Player D																							
W=1 L=-1 H=0points																							
Red Yards	378	308	347	363	334	105	409	146	444	2834	412	357	115	289	178	382	361	570	304	2968	5802		
Par	4	4	4	4	4	3	5	3	5	36	5	4	3	4	3	4	4	5	4	36	72		
Matchplay S.I.	8	12	4	10	16	18	14	11	2		17	5	15	1	13	6	3	7	9				
Stroke Play S.I.	7	10	5	11	4	17	13	15	1		9	2	18	12	16	3	8	6	14				
Marker's Signature									Player's Signature									

图 5-16-8 记分卡示例

2. 高尔夫记分方法

（1）高尔夫比杆赛的记分方法

最简单的记分方式：挥杆击球结束时，数一下球员在这个球洞所用的杆数，并将数字填写在记分卡那一洞对应的方框中。分别记下球员在前 9 洞和后 9 洞打的杆数，然后将这前后 9 洞的杆数加起来就是整轮球赛 18 洞的总杆数。

如图 5-16-9 所示。

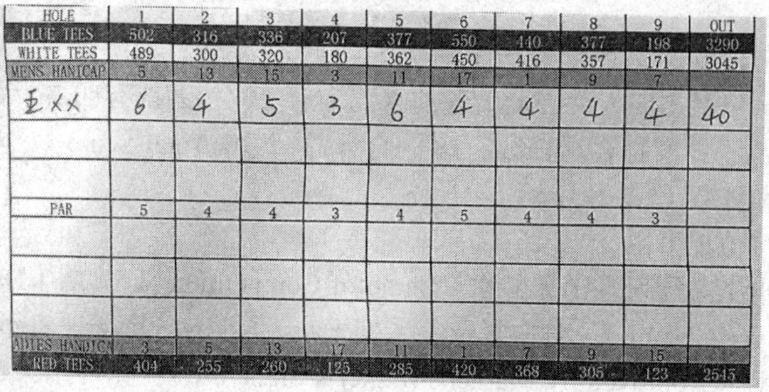

HOLE	1	2	3	4	5	6	7	8	9	OUT
BLUE TEES	502	316	336	207	377	550	440	377	198	3290
WHITE TEES	489	300	320	180	362	450	416	357	171	3045
MENS HANICAP	5	13	15	3	11	17	1	9	7	
王××	6	4	5	3	6	4	4	4	4	40
PAR	5	4	4	3	4	5	4	4	3	
ADIES HANDICA	3	5	13	17	11	1	7	9	15	
RED TEES	404	255	260	125	285	420	368	305	123	2545

图 5-16-9　记分卡的正确填写示例

在 PGA 巡回赛节目以及一些网站上，我们会发现 PGA 球员的记分卡都作有记号，还有的被全部画上了圆圈或方块。圆圈或方框表示在该洞球员击球杆数与标准杆差值。圆圈代表小鸟球（BIRDIE，比标准杆低一杆），重复划了两次代表老鹰球（EAGLE，比标准杆低两杆），重复划三次代表信天翁（ALBATROSS，比标准杆低三杆）；方块则表示高于标准杆的球洞，一个方框代表柏忌（BOGEY，比标准杆高一杆），两个方框表示双柏忌（DOUBLE BOGEY，比标准杆高两杆）；既没有标记圆圈也没有标记方块的代表标准杆。如图 5-16-10 所示。

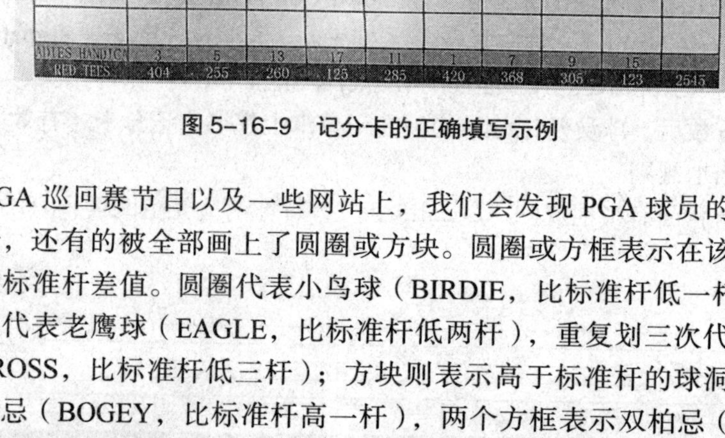

HOLE	1	2	3	4	5	6	7	8	9	OUT
BLUE TEES	502	316	336	207	377	550	440	377	198	3290
WHITE TEES	489	300	320	180	362	450	416	357	171	3045
MENS HANICAP	5	13	15	3	11	17	1	9	7	
王××	6	3	4	5	4	3	5	4	4	38
PAR	5	4	4	3	4	5	4	4	3	
ADIES HANDICA	3	5	13	17	11	1	7	9	15	
RED TEES	404	255	260	125	285	420	368	305	123	2545

图 5-16-10　PGA 球员的记分卡示例

作为普通球员，我们并不提倡这种方法，因为这会让记分卡变得潦草不堪。尤其对于初学者以及中差点和高差点球员，作这些记号毫无意义。如果非要模仿 PGA 职业球员记分画圆圈或方框，可能你的记分卡上的数字会画满方框。

（2）高尔夫比洞赛的记分方法

①个人比洞赛

打比洞赛的时候可以用不同的术语标记球员的比洞赛到达了何种阶段。一场比赛开始时，因为还没有球员赢得一个洞，即“完全是平局”。当比赛保持平局时，在记分卡上标记为“AS”（all square 的缩写），代表比赛双方“均为平局”。当比赛出现输赢差异时，标记为 +1 或 −1。

如图 5-37 所示，如果前 2 洞都打成平手，那么每洞都在记分卡上记下相同的“AS”字样。如果在第 3 洞打输，在记分卡的第 3 洞记下“−1”，第 4 洞继续打输，同样标记为“−1”。第 5 洞打平标记为“AS”，第 6 洞打赢则标记为“+1”。最后整场比赛统计除“AS”标记以外的数值之和，如果合计≥ 1，整场比赛赢；如果合计 =0，则两人整场比赛打平；如果合计≤ −1，则输掉该场比赛。

部分球员为记录个人本场比赛各洞的杆数，会在对抗成绩记录下方空白处，准确记录每个洞个人所打的杆数。如图 5-16-11 所示。

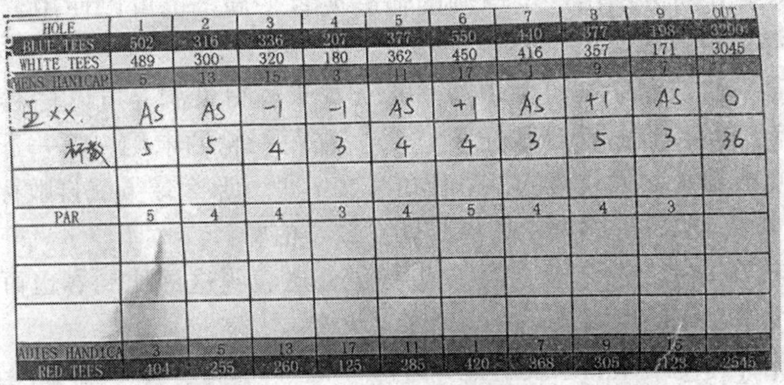

HOLE	1	2	3	4	5	6	7	8	9	OUT
BLUE TEES	502	316	336	207	377	550	440	377	198	3200
WHITE TEES	489	300	320	180	362	450	416	357	171	3045
MENS HANICAP	5	13	15	3	11	17	1	9	7	
王xx.	AS	AS	-1	-1	AS	+1	AS	+1	AS	0
杆数	5	5	4	3	4	4	3	5	3	36
PAR	5	4	4	3	4	5	4	4	3	
LADIES HANDICA	3	5	13	17	11	1	7	9	15	
RED TEES	404	255	260	125	285	420	368	305	123	2545

图 5-16-11　比洞赛记分卡术语标记示例

②比洞配对赛

在比洞配对赛中，除标记比洞赛的标记外，通常还会标记每个人的成绩。如图 5-38 所示，1 号洞两队打平，其中 B 队一人成绩为 6 杆，另一人为 5 杆；2 号洞 B 队打输，B 队两人均打出 6 杆。如图 5-16-12 所示。

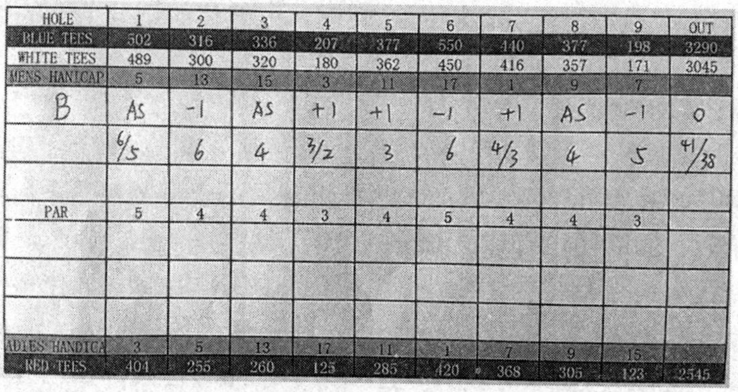

图 5-16-12　比洞配对赛术语标记示例

③比洞赛 vs 标准杆或柏忌

当球员独自在球场打球或是在比洞赛中，其实他/她是在跟"标准杆或柏忌"较量。即，如球员以标准杆打完某洞，则打成了平手；如果打出小鸟球，那么就赢得这一洞（因为低于标准杆）；如果打出柏忌，那么就失去了这一洞（因为高于标准杆）。这种比赛形式通常使用"+"（正）、"-"（负）或"0"（零）的方法分别标示出这个球洞的输赢或者平局。也可以使用"AS""+1"和"-1"等标记记分。

如果某洞打成平手，可以填写"0"；如果赢得某洞，可以写上"+"；如果输掉某洞，可以在这个球洞记下"-"。在每一轮的末尾，数一下正号和负号，获得总成绩（如果获得的正号比负号多一个，那么球员就打败标准杆；如果获得的"+"比"-"多两个，球员就打败了柏忌。

注意图 5-16-12 记分卡上的 差点标记，这表明这种比洞赛也可以使用差点系统。关于如何使用差点记分，请参见下文。

（3）比杆赛使用差点系统的记分方法

在比杆赛中，当使用差点系统记分时，低差点球员有两种不同的记分方式。如图 5-16-13 和图 5-16-14 所示。

对于有差点的球员，通常在球赛开始之前在记分卡上用小圆点做个标记，每一个小点就代表球员在某一洞可以减免杆数。如，在某些球洞球员可以获得差点照顾，此时可以在对应球洞格的左下角（或右下角）打上一个小点。如果球员的球场差点是 2，那么可以将标记了差点的两个球洞的得分各减去一杆；如果球员的差点为 8，则可以在标记了差点的 8 个球洞都可以享受相应照顾。在每一洞对应的方格写中出球员所得的杆数。总杆数（实际打出的杆数）填写在上面一排；然后，在总杆数下面那一排，写下球员的净杆数，即球员的实际杆数减去球员的差点杆数；最后，将实际杆数和净杆数分别加起来，对应填写在最右侧的OUT（IN）栏。

图5-16-13　比杆赛使用差点系统的低差点球员的记分卡示例（1）

图5-16-14　比杆赛使用差点系统的低差点球员的记分卡示例（2）

在比杆赛中，当使用差点系统记分时，高差点球员常用的记分方式如图5-16-15所示。

当差点高于18时，球员在每一洞的得分都可以至少减去一杆，在某些球洞则可以减去两杆。在这种情况下，通常分两栏分别记下每一洞的总杆数以及净杆数。

HOLE	1	2	3	4	5	6	7	8	9	OUT
BLUE TEES	502	316	336	207	377	550	440	377	198	3290
WHITE TEES	489	300	320	180	362	450	416	357	171	3045
MENS HANDICAP	5	11	15	3	13	17	1	9	7	
王××	..6	.6	.4	..5	.7	.7	..6	.5	.5	51
净杆	4	5	3	3	6	6	4	4	4	39
PAR	5	4	4	3	4	5	4	4	3	
LADIES HANDICAP	3	5	13	17	11	1	7	9	15	
RED TEES	404	255	260	125	285	420	388	305	123	2545

图 5-16-15 比杆赛使用差点系统的高差点的球员的记分卡示例

3. 记分卡的收集

在大型高尔夫比赛中，每个洞结束后，记分员都应该和比赛者核对成绩并记录下来。一轮比赛结束后，记分员必须在记分卡上签名并将它交给比赛者。如果有一名以上的记分员记录成绩，每个人都必须在各自负责的部分签名。

（1）设立收卡和确认球员有效成绩的专门负责人

收卡是记分工作最容易出现问题的环节，也是准确计算球员成绩的一项重要工作。因为球员一旦将比赛记分卡提交竞赛记分组，那么该球员最终比赛成绩也就确定了，不允许球员再有任何涂改。所以，为确保这一环节的工作不出纰漏，记分组应向所有球员明确提交记分卡的形式和时间。记分卡必须由本人亲自提交，球员提交记分卡时，收卡人员以签名形式确认球员比赛成绩为有效成绩。球员一旦离开赛事委员会专门设置的计分处，即视作球员完成了记分卡的提交。球员提交的记分卡由专人负责收集，核对成绩。

一般业余比赛会将计分处设置在球员回场的地方，裁判组也会在当地规则中将计分处的位置明确公布出来。通常规则要求球员在比赛结束后尽可能快速回到计分处提交记分卡。到了计分处后，球员和记分员需要相互确定每洞的杆数，澄清在场上发生的所有规则问题，裁判也会在现场协助。每洞的杆数确定后，球员与记分员必须在记分卡上签名才能离开计分处。一旦离开了计分处，便意味着已经完成记分卡的提交，不能对记分卡再做任何修改。

（2）记分卡验收人员确认记分卡的有效性

确认记分卡是否有效是登记和计算球员成绩的依据。因此，验收人员在收缴记分卡时必须确认记分卡的有效性。所谓有效记分卡必须满足以下条件：一是记分卡须有记分员和球员的签名；二是记分卡要有按照实际杆数填写好的 18

洞成绩；三是如果 18 洞成绩中有任何的涂改、修正则须有记分员和球员的签名。18 个洞总杆数相加的计算工作由组委会负责，不需要用球员自己去计算，如球员愿意算总杆写在记分卡上也没有问题。

常见无效记分卡：
- 出现"+1""+2""0""-1""-2"等以标准杆为基准的加减杆数的记录；
- 出现涂改、修正但没有记分员和球员签名的记分卡；
- 只有记分员或球员一方签名的记分卡；
- 缺少某一洞成绩的记分卡。

常见填写不完整的有效记分卡：
- 有准确的 18 洞分洞成绩，却缺少 18 洞总成绩。

还有一种特殊情况：如果某球员比赛未结束时，其记分员中途因某些原因退赛，组委会为其更换另一个记分员，在比赛结束提交记分卡时，要求同时有前后两位记分员和球员本人的签名——基本原则是：球员打的每洞成绩都必须有人为你签名作证。

（3）按照赛前公布的竞赛办法进行成绩登记和计算

根据竞赛规程所颁布的竞赛办法（详见本项目"任务三　高尔夫赛事规程的制定"和"任务六　高尔夫赛事文件的制定"中的"并列决定"），对球员所提交的比赛记分卡按照不同的计分方法进行登记和计算。对于已登记和计算过的球员成绩，一定要进行再次检查，在确认球员成绩和名次无误的情况下，再经过大会裁判长签名，方可最后确认球员的成绩和名次。

比赛结果在公告栏上公布后便被视为比赛结果已经正式公布，赛事委员会不会再对球员成绩进行撤销、修改或对球员施加处罚。

三、差点和差点指数、差点的计算方法

1. 差点和差点指数

通俗地说，差点就是高尔夫球员打球的水平与标准杆之间的差距。例如，球员的水平一般在 85 杆，标准杆是 72 杆，那么这个球员的差点就是 13。

差点是一个整数，但是通常我们所说的球员的差点，准确地说应该是差点指数（handicap index）。根据 USGA 的定义，差点指数是一个衡量高尔夫球员在一个标准难度的球场潜在的成绩能力的数值，差点指数可以有一位小数。差点指数可以让球员在不同难度的球场转换对应的差点。所以，高尔夫球员真正在一段时间可以固定的是差点指数，而不是差点。根据差点指数，球员在不同难度的球场打球的时候，就会获得不同的差点。

2. 差点的精神：诚实守信、挑战自我

（1）差点系统是一个为了建立公平基础的系统

有了差点系统，不同打球能力的球员，都可以从一个公平的起点开始竞争。为了公平起见，用于计算差点微分的成绩采用调整后的总杆，而不是原始总杆。所谓调整，就是不接受球员故意打烂的成绩。

（2）差点系统是一个为了建立挑战自我潜在打球能力的系统

差点系统在选择有效差点微分的时候，并不是取所有的打球成绩的平均值，而是取一定比例的最好成绩的平均值，而且，取了平均值以后，还要乘以系数 0.96，意味着差点系统认为球员还有 4% 的潜在能力可以挖掘。所以，差点的精神是高尔夫球员挑战自我潜在能力的系统。

（3）降低差点的过程就像爬山，越到后来就会越难

独立有效的差点微分的选择不是一个固定的比例，刚开始是 5 场中取 1 场、7 场取 2 场、9 场取 3 场……一直到 20 场取 10 场。可以看出，刚开始 5 场成绩打好一场，就能够降低差点，等到 20 场则要打好其中的 10 场，才能降低差点，所以差点的降低就像设立一个远在山峰顶端的目标，开始容易，越到后面就越难。

（4）差点不是谦虚系统

很多球员注意到，差点成绩总是比自己实际成绩的平均值要更低一些，这是因为差点是反映球员的潜在打球能力的，不是谦虚、保守的系统，是一个需要球员自己去挑战的目标。所以对于汇报真实差点指数的球员，正常有一半以上的成绩是达不到差点成绩的。

（5）差点系统是一个讲究诚信的系统

差点成绩的提供，包括在有让杆比赛中差点的汇报，都是基于诚信的基础。提供虚假成绩以及虚报差点都是违背高尔夫精神的，也是违背差点系统精神的。

3. 差点的运用

球员有了差点指数以后，当在有难度评定的球场中打球时，就可以用差点指数转换为球场的差点，一般的转换公式如下：

球场差点 = 球员的差点指数 × 球场的坡度系数 /113

例如，一个差点指数为 12.4 的球员，在一个坡度系数（slope rating）为 140 的球场，依据上述公式，就可以计算出该球员在此球场的差点为 15。

这样在与零差点球员打球的时候，就可以在该球场难度系数为 1 到 15 的洞每洞获得 1 杆的让杆。这样，有了差点系统，即便是水平不高的新手，也可

以和职业球员同场竞技。在许多大赛中的职业业余配对赛上，业余选手都会根据差点获得让杆。

在节假日客流高峰期，球场可以设定一定的差点门槛，只有低于或等于这一差点门槛的人才能下场打球。因为高差点的球员往往打球速度较慢且球路不稳定，容易引起球场拥堵，且容易出现安全隐患。国外的球场一般要有差点证才能下场打球。

另外，球场也可以规定不同差点的球员在不同的Tee台上发球，这样也可以保障正常的打球速度。目前许多球场提倡415，也就是在4小时15分钟内打完18洞，差点的运用就可以有效地支持这种管理思想。

4. 差点的计算方法

美国高尔夫球协会（USGA）设计的差点系统，是经过很多年的统计、分析和积累，用科学的数学方法计算高尔夫球员的打球水平能力的一整套体系。了解差点，首先要知道球场难度系数（Course Rating）与球场的坡度系数（Slope Rating）两个概念，这两个概念通常统称为"球场评定系数"。

球场难度系数，简单地说就是零差点球员一般能够在这个球场打多少杆。而球场的坡度系数，则是指球场设计因素（如，气候、障碍、沙坑等）对不同差点球员的成绩影响的放大系数。也就是说，坡度值越大，差点水平的差距将被放大；对于低差点的球员影响小，而对于高差点的球员影响就大。这两个指数都是反映球场难度的数据标识。

任何一个球员在已经评定的球场打球，都可以得到一个差点微分（Handicap Differential），这个数值是计算差点的基础。差点微分是由以下公式计算出来的：

差点微分 =（调整后的总杆 - 球场难度系数）× 113 / 球场坡度系数

不是每一场成绩都能够参与差点的计算，有效的差点微分是根据场次的多少计算的。如，打5场或者6场球取成绩最好的一场，打7场取成绩最好的2场，而打20场成绩中只取差点微分最低的10场；将所有有效差点微分的平均值，再乘以潜在能力系数0.96，就能得出球员的差点指数。计算步骤如下：

①计算成绩卡的差点微分；
②根据有效差点微分索引表，决定有效差点微分；
③计算有效差点微分的平均值；
④最后乘以0.96，取整以后得出差点指数。

【实例呈现】

一、根据球员提交的平日打球成绩计算差点指数

1. 计算每张记分卡成绩的差点微分

差点微分 =（调整后的总杆 – USGA 球场难度值）× 113/ USGA 球场坡度难度值

例：

总杆 – 球场难度系数	95−71.5=23.5
差值 × 标准坡度系数	23.5 × 113=2655.5
乘积 ÷ 球场坡度系数	2655.5 ÷ 125=21.244
保留一位小数得出成绩的差点微分	21.2

2. 计算差点指数

（i）按照下表选择用于计算差点指数的记分卡；

会员记分卡总数	选用的记分卡数（按照差点微分）
5 or 6	最低的 1 张
7 or 8	最低的 2 张
9 or 10	最低的 3 张
11 or 12	最低的 4 张
13 or 14	最低的 5 张
15 or 16	最低的 6 张
17	最低的 7 张
18	最低的 8 张
19	最低的 9 张
20 或更多	最低的 10 张

（ii）累计差点微分之和；

（iii）求差点微分之平均值；

（iv）用平均值乘以 0.96；

（v）保留一位小数。

例1：共有11张记分卡

所选择4张卡之差点微分累计	103.5
平均差点微分（103.5除以4）	25.875
平均值乘以0.96	24.84
USGA差点指数（保留一位小数）	24.8

例2：某球员提交的最近20次打球的记分卡

日期	18洞成绩	USGA球场难度系数	球场坡度系数	成绩差点微分
3/21/00	90	70.1	116	19.4
3/12/00	91	70.1	116	20.4
2/24/00	94	72.3	123	19.9
2/20/00	*88	70.1	116	17.4
1/18/00	89	70.1	116	18.4
1/17/00	*90	72.3	123	16.3
1/16/00	*91	72.3	123	17.2
12/12/99	91	70.1	116	20.4
12/10/99	91	70.1	116	20.4
11/8/99	86	68.7	105	18.6
11/4/99	90	70.1	116	19.4
11/1/99	*92	72.3	123	18.1
10/24/99	*85	68.0	107	18.0
10/16/99	*78	68.7	105	10.0
10/12/99	*82	70.1	116	11.6
10/2/99	*84	70.1	116	13.5
9/14/99	94	72.3	123	19.9
9/5/99	93	72.3	123	19.0
9/4/99	*89	72.3	123	15.3
9/1/99	*88	70.1	116	17.4

注：*号标注的为被选择用来计算差点指数的记分卡。

最低的 10 张的差点微分总和	154.8
差点微分平均值（154.8/10）	15.48
平均值乘以 0.96	14.861
保留一位小数	14.9
USGA 差点指数	14.9

二、利用有效比赛成绩（Tournament Scores）计算差点指数

比赛成绩是指球员在由一个竞赛委员会组织并指导下的正规比赛中所取得的成绩。比赛必须决出经过规定一轮（或多轮）后的优胜者，并且严格按照高尔夫球规则规定执行。以此为基础，负责比赛的委员会可以在比赛之前宣布本次比赛的成绩是否可以作为比赛成绩（"T"成绩）提交给差点系统。

日常的高尔夫活动通常不能作为比赛成绩提交。9 洞的成绩也不能作为比赛成绩提交。

有效比赛成绩是指任何在最近 12 个月内取得的比赛成绩，或包括在球员最近的 20 个打球成绩之中的比赛成绩。

以下是利用球员取得的两次以上有效比赛成绩计算 USGA 差点指数的过程。当球员有至少两个有效的比赛成绩，且其差点微分低于他的当前差点指数 3.0 或以上时，可以用以下程序计算差点指数，并能明显降低差点指数值。

（i）计算出每次比赛成绩的差点微分：比赛成绩总杆数减去 USGA 球场难度值、乘以 113、再除以球场坡度系数、保留一位小数；

（ii）选取差点微分最低的两张比赛记分卡；

（iii）用选手当前的 USGA 差点减去第二低的比赛记分卡的 USGA 差点微分；

（iv）如果上步的计算结果大于等于 3，就用选手当前的 USGA 差点减去这二张比赛记分卡的平均 USGA 差点微分；

（v）用上步的计算结果对照所附调整表，找出调整值；

（vi）USGA 差点指数减去调整值得出新的 USGA 差点指数。

例：选手当前的差点为：17.3，有三张比赛记分卡（Tournament Scores），成绩分别是 82、83、85。比赛球场的 USGA 球场难度值（Course Rating）为 70.6，坡度难度值（Slope Rating）为 130。

下表展示了比赛成绩差点指数调整的过程。

第一张比赛记分卡总杆数与USGA球场难度值的差	82-70.6=11.4
差值×113	11.4×113=1288.2
再除以球场USGA坡度难度值	1288.2÷130=9.9
第一张比赛记分卡USGA差点微分（保留一位小数）	9.9
第二张比赛记分卡的USGA差点微分	（83-70.6）×113÷130=10.8
第三张比赛记分卡的USGA差点微分	（85-70.6）×113÷130=12.5
球员当前的USGA差点指数	17.3
第二低的比赛记分卡的USGA差点微分	10.8
USGA差点减去第二低的比赛成绩的USGA差点微分	17.3-10.8=6.5
如差值大于3.0（6.5大于3.0）	继续以下步骤
计算这两个最低比赛成绩的差点微分平均值	（9.9+10.8）÷2=10.35
USGA差点指数减去这两张比赛记分卡的差点微分平均值	17.3-10.35=6.95
保留一位小数	7.0
对照差点指数调整表找出调整值	5.0
USGA差点指数减去调整值为球员新USGA差点指数	17.3-5.0=12.3

USGA比赛成绩差点指数调整表

USGA差点指数与两个最低比赛成绩的差点微分平均值之差	有效的比赛成绩数目 Number of Eligible Tournament Scores							
	2	3	4	5–9	10–19	20–29	30–39	>40
3.0 to 3.4	*	*	*	*	*	*	*	*
3.5 to 3.9	*	*	*	*	*	*	*	*
4.0 to 4.4	1	*	*	*	*	*	*	*
4.5 to 4.9	1.8	1	*	*	*	*	*	*
5.0 to 5.4	2.6	1.9	1	*	*	*	*	*
5.5 to 5.9	3.4	2.7	1.9	1	*	*	*	*
6.0 to 6.4	4.1	3.5	2.8	1.9	1	*	*	*
6.5 to 6.9	4.8	4.3	3.7	2.9	2	1	*	*

续表

USGA 差点指数与最低 2 个比赛成绩的差点微分平均值之差	有效的比赛成绩数目 Number of Eligible Tournament Scores						
	2	3	4	5–9	10–19	20–29	30–39	> 40
7.0 to 7.4	5.5	5.0	4.5	3.8	3	2.1	1	*
7.5 to 7.9	6.2	5.7	5.3	4.7	3.9	3.1	2.2	1
8.0 to 8.4	6.8	6.4	6	5.5	4.8	4.1	3.2	2.2
8.5 to 8.9	7.4	7.1	6.7	6.2	5.7	5	4.2	3.3
9.0 to 9.4	8.1	7.8	7.4	7	6.5	5.9	5.2	4.4
9.5 to 9.9	8.7	8.4	8.1	7.7	7.3	6.7	6.1	5.4
10.0 to 10.4	9.2	9.0	8.8	8.4	8	7.6	7	6.4
10.5 to 10.9	9.8	9.5	9.4	9.1	8.7	8.3	7.8	7.2
11.0 to 11.4	10.4	10.2	10	9.7	9.4	9.1	8.6	8.1
11.5 to 11.9	11.0	10.8	10.6	10.4	10.1	9.8	9.4	8.9
12.0 to 12.4	11.5	11.4	11.2	11	10.7	10.5	10.1	9.7
12.5 to 12.9	12.1	11.9	11.8	11.6	11.4	11.1	10.8	10.5
13.0 to 13.4	12.6	12.5	12.4	12.2	12	11.8	11.5	11.2
13.5 to 13.9	13.2	13.1	12.9	12.8	12.6	12.4	12.2	11.9
14.0 to 14.4	13.7	13.6	13.5	13.4	13.2	13.0	12.8	12.6

【课后思考】

1. 高尔夫赛事记分卡各栏的含义是什么？
2. 阐述高尔夫赛事比杆赛的记分方法？
3. 阐述高尔夫赛事比洞赛的记分方法？
4. 运用差点计算法，计算个人的差点。

任务十七
高尔夫赛事闭幕式及颁奖仪式

知识目标
- 了解高尔夫赛事颁奖典礼的基本准备物品；
- 熟悉高尔夫赛事颁奖典礼的基本流程；
- 掌握高尔夫赛事颁奖典礼主持人串词的书写。

技能目标
- 模拟组织一次高尔夫赛事颁奖典礼。

素质目标
- 通过学习高尔夫赛事闭幕式和颁奖仪式的操作流程，树立流程意识，做到按规矩办事，同时学习随机应变的处事方式。

2017上海高尔夫球大奖赛颁奖典礼外滩盛大举行

2017上海高尔夫球大奖赛总决赛优胜球员颁奖典礼12日在上海外滩老码头盛大举行，150名上海高尔夫球界人士盛装出席，共同见证了在上海大奖赛总决赛上取得优异成绩的球员获得最终荣耀的时刻。总决赛前十名的男子球员和女子前五名球员从上海市高尔夫球协会副会长手中接过了象征着荣誉的证书和价值数十万的奖品，结束了一年45场比赛的征程。同时由上海大奖赛和上海业余公开赛前20名的优秀业余球员组成的上海高尔夫球业余联队也随之诞生。

哥伦比亚总领事亲临现场为各位获奖球员道贺，一并带来了哥伦比亚久负盛名的朗姆酒、咖啡和雪茄烟。精美的茶点配上朗姆酒的醇香，Salud（西班牙语，意为"干杯、健康"）声声，现场演变成为一个大派对，欢声笑语，每个人都被胜利的氛围感染。

旭宝高尔夫俱乐部作为上海大奖赛开杆赛和复赛的场地，为比赛提供了大量的帮助，俱乐部总经理登台代表上海高尔夫俱乐部发言，表示未来将会以更好的服务支持大奖赛的举办。

随后，乾高体育的总经理宣布了入选上海高尔夫业余联队的成员名单，40位男女业余球员将共同代表上海，与全国其他城市的代表队进行对抗交流比赛，推广高尔夫运动。他们还将走出国门，与上海的友好城市进行交流比赛，介绍中国高尔夫运动的发展。大奖赛组委会宣布聘请中国国奥队总教练迈克·迪基（Michael Dickie）先生担任这支联队的总教头，定期为入选联队的球员们指导球技，带领联队出征比赛。

（资料来源：网易体育.）

思考：根据以上材料，分析高尔夫赛事颁奖典礼的组织。

闭幕式是赛事结束的标志，也是宣传赛事和扩大赛事影响的良好机会。虽然赛会闭幕式的内容和形式各有不同，但都具备一些基本内容。其中，主要包括赛事组织委员会主席致闭幕词、文艺表演、颁奖仪式、宣布赛会结束等。

一、闭幕式的程序

高尔夫比赛的闭幕式，一般有下列基本程序：
（1）宣布×××赛（或单项比赛）闭幕式开始；
（2）裁判员、运动员入场（也可选择不入场的形式）；
（3）宣布比赛成绩和获奖人员名单；
（4）请颁奖嘉宾为获奖人员发奖（应根据情况分为数批）；
（5）致闭幕词（或致辞）；
（6）裁判员、运动员退场；
（7）闭幕式表演开始。

二、颁奖仪式的组织方法

高尔夫比赛的颁奖仪式，一般分为闭幕式发奖和当场发奖两种形式。
颁奖仪式可根据实际情况，在比赛的一个单元或比赛全部结束后举行。由裁判组将竞赛成绩交裁判长和仲裁主任签字确认后进行颁奖。颁奖事宜要举办闭幕式前确定下来。

正式颁奖都有一定的要求，不可随心所欲，否则会使赛事形象大打折扣。一般来说，颁奖分为准备工作、颁奖、致辞三部分，每部分的要求如下：

1. 准备工作

举行颁奖仪式应该选择球会较大的礼堂或户外宽敞的场所。会场布置注重烘托出隆重和热烈的气氛。主席台上要在正上方悬挂横幅，上面写清"××高尔夫比赛颁奖典礼"。主席台的两旁应悬挂一些相应的标语。为了更加突出热烈气氛，还可以在礼堂的休息大厅、走廊或场地四周布置一些彩旗，也可在休息大厅或场地旁布置图片和文字说明，对受奖的个人作简要介绍。奖状、奖品等摆放在桌上，摆放应注意美观、协调，不能影响到主持人及发言人讲话。主席台的前面可以放置一些盆花。

颁奖人一般是球会或主办单位的领导，也可以是专门邀请的有关人员。颁奖仪式前，一定要做好颁奖者向受奖对象颁发奖品的分工以及工作人员递送奖状、奖品的分工，并把颁奖时的注意事项事先通知受奖人员。

受奖者应安排在会场的前排位置就座。如果受奖人数较多，可在座位上标明入座对象的名签，以便受奖人自行入座。座位的安排最好能与授奖时的先后次序相一致。此外，颁奖仪式还可邀请一些记者前来参加。

2. 颁奖

领奖人员较少时，可在宣布成绩后，请获奖人员上台，面向台上就座的颁奖嘉宾领奖，再转身向观众致意。领奖人员批次较多、各类奖牌或奖旗数量又不相等时，则适宜分批次上台，面向观众，每次由一名颁奖嘉宾在颁奖工作人员的陪同下发奖。闭幕式前，要确定和培训颁奖工作人员，并组织领奖人员在观众席前排依次就座。颁奖人员和领奖人员，都应由专人负责，明确分工，注意协同，防止出错。

3. 致辞

闭幕词一般是由赛事主办方的负责人在比赛闭幕时所做的总结性讲话。闭幕词与开幕词结构写法比较相近，同样具有篇幅短、内容精、宣告性和号召性等特点，二者的区别在于各自的内容和所起的作用不同，闭幕词具有评价和总结两个突出特点。

闭幕词的结构可分为下列三个部分：

（1）开头评价语

在称呼语之后，首先宣告比赛已经完成预定任务，即将闭幕。接着概括这次比赛的情况，并进行恰如其分的评价。

（2）主体

一般分为两个层次：一是总结比赛的基本收获，注意要符合实际，如这次比赛对人们的认识提高有何作用，水平有哪些提高，对今后高尔夫运动的开展有何影响，是否达到了预期目标等；二是向与会人员提出希望和发出号召。

（3）结束语

向全体运动员、教练员、裁判员和大会工作人员表示衷心的感谢；还可以表达祝愿；最后可以用一句话郑重宣布比赛闭幕，如："现在我宣布，第××届高尔夫邀请赛胜利闭幕！"

闭幕致词应高度概括，不宜拖泥带水，行文要充满热情，语调昂扬，使比赛在高潮之中圆满结束。

【实例呈现】

某年湖南省青少年高尔夫球公开赛
颁奖午宴主持人串词

尊敬的各位领导、各位嘉宾及在场的各位运动员：

大家中午好！

"＿＿＿＿＿杯"＿＿＿＿＿湖南省青少年高尔夫球公开赛（U系列）暨湖南省青少年高尔夫球队选拔赛＿＿＿＿＿站的比赛经过2天36洞的激烈争夺，所有奖项全部产生了，颁奖仪式现在开始！

参加颁奖的嘉宾有＿＿＿＿＿、＿＿＿＿＿、＿＿＿＿＿、＿＿＿＿＿。在此我也向所有参赛小球员和家长们、赛事组委会和球场的工作人员以及参与报道的媒体朋友们致以最诚挚的问候，大家这两天都辛苦了！谢谢大家！

本站比赛由＿＿＿＿＿独家冠名并提供服装、奖杯、奖品、颁奖午宴以及赛事运营全程赞助，在此我代表赛事组委会、参赛球员及家长对＿＿＿＿＿和＿＿＿＿＿致以诚挚的感谢！

看了这两天的比赛我有一个最直观的印象，那就是——打高尔夫的孩子真帅、真有气质，我相信每位家长都想让自己的孩子成为小绅士、小淑女，那就让他们来打高尔夫吧。我觉得每个参赛的小朋友最后完成了比赛都是一种成功，相信大家都收获满满，提升了比赛的经验、结交了新的朋友、留下了一段美好的回忆。

下面请＿＿＿＿＿致辞。

任务十七　高尔夫赛事闭幕式及颁奖仪式

……

接下来颁奖活动正式开始：

首先颁发的是获得本次比赛 A 组男子个人总杆第四名、第五名和第六名的奖项，有请_____、_____、_____上台接受颁奖（证书）。有请_____为他们颁奖。

下面颁发的是 A 组男子总杆冠、亚、季军奖。获得该组项比赛总杆冠军的是_____，获得亚军的是_____，获得季军的是_____。有请他们上台接受颁奖。（奖杯和证书、奖品）有请颁奖嘉宾_____为我们的优秀选手颁奖。

我们这次赛事 A 组女子只有两名参赛选手，所以不颁发奖杯和证书，只显示成绩，特此跟大家说明。

下面有请获得本次比赛 B 组男子个人总杆第四名的_____、第五名_____、第六名_____上台接受颁奖（证书）。有请颁奖嘉宾_____。

接下来有请获得本次比赛 B 组男子总杆冠军、亚军、季军的运动员上台接受颁奖。他们分别是_____、_____、_____。（奖杯和证书、奖品）有请颁奖嘉宾_____为我们的优秀选手颁奖。

下面有请获得本次比赛 B 组女子个人总杆第四名的_____、第五名_____、第六名_____上台接受颁奖（证书）。有请颁奖嘉宾_____。

有请获得本次比赛 B 组女子总杆冠军、亚军、季军的运动员上台接受颁奖。他们分别是_____、_____、_____。（奖杯和证书、奖品）有请颁奖嘉宾_____为我们的优秀选手颁奖。

下面颁发单项技能挑战赛奖项。有请单项技能挑战赛冠军_____、亚军_____、季军_____上台接受颁奖。有请颁奖嘉宾_____为我们的优秀选手颁奖。

能在赛场上取得优异成绩离不开扎实的基本功，刚刚这些获奖小朋友一定在场下进行了刻苦地训练才能取得今天的成绩。

最后颁发的是最具高尔夫礼仪奖。获得最具高尔夫礼仪小绅士奖的是_____，获得最具高尔夫礼仪小淑女奖的是_____，有请我们的获奖运动员上台领奖。有请颁奖嘉宾_____为我们的优秀选手颁奖。

相信获得小绅士、小淑女奖项的运动员在现实生活中也是讲礼仪、懂礼貌的好孩子，他们是大家学习的榜样。

由_____主办、_____承办、_____独家运营、_____协办的××××湖南省青少年高尔夫球公开赛（U 系列）暨湖南省高尔夫球队选拔赛浏阳站的比赛至此已获得圆满成功,颁奖仪式到此结束。感谢各位年轻优秀的运动员。

最后祝各位嘉宾身体健康,各位球员球技进步。我们下站比赛再会,谢谢!

【课后思考】

1. 高尔夫赛事颁奖组织的流程有哪些?
2. 阐述高尔夫赛事闭幕式的程序。

项目六 高尔夫赛事风险管理与赛事评估

任务十八 高尔夫赛事组织过程中的风险管理／187

任务十九 高尔夫赛事评估概述／199

任务十八
高尔夫赛事组织过程中的风险管理

知识目标
- 了解高尔夫赛事突发事件的类型和特点；
- 掌握高尔夫赛事突发事件处理的流程和方式。

技能目标
- 能处理高尔夫赛事过程中发生的突发事件。

素质目标
- 通过学习高尔夫赛事风险管理，树立危机意识，做到具体事情具体分析，学会主动应变求变、主动防范化解风险。

丹麦制造赛沃伦冲进领先榜　德雷奇遭遇突发事件

德雷奇开始当天比赛的时候带着4杆优势，可是他在第三轮的表现非常挣扎，威尔士人在第17洞抓获20英尺小鸟之前，当日成绩已是+3杆。当天球场上还发生了一段插曲，德雷奇不得不等到在球场第18洞进行的紧急抢救结束之后才完成他的比赛。一名男性电视工作人员突发心脏病，在接受现场医务人员救治之后被送往医院。

"结尾时有点麻烦。没有人愿意看到那一幕，"德雷奇最初是在等待打自己的第二杆，后来他被允许和同组搭档西蒙·韦克菲尔德和索比约恩·奥尔森一道前往练习场,"没有人愿意看到救护车出现在球场上。发生那样的事情时,高尔夫比赛就排在第二位了。欧巡赛裁判长安迪·麦克菲(Andy McFee)过来了,和我们商量,他要尽力做出对所有人都正确的决定。那位先生需要一些空间以便救治,在此期间我们不想过去打扰他们。那位先生后来没事了,希望他会完全康复。"

(资料来源:搜狐体育.)

思考: 在高尔夫赛事举办过程中发生意外伤害事件时,应该如何处理?

随着我国高尔夫运动的不断发展,国际、国内高尔夫赛事的不断举办,各种高尔夫赛事逐渐进入人们的生活。无论是大型职业赛事还是中小型高尔夫赛事,都可能受不确定因素的影响,存在诸多风险。这些风险的存在可能给高尔夫赛事的成功举办带来不利影响。当前,我国的高尔夫赛事正朝着商业化、市场化的方向高速发展,市场经济下的高尔夫赛事运作呈现出更加复杂的特点,赛事风险事件发生的概率不断加大,实施赛事风险管理就变得尤为重要。

一、高尔夫赛事风险管理概述

风险存在于各个环境中,且涉及的内容繁多。高尔夫赛事本身与外界的关联密切,所涉及的风险遍布赛事的各个环节。在本书中,高尔夫赛事风险指的是那些在高尔夫赛事举办过程中出现的自然界和社会上所发生的自然灾害和意外事故。

1. 高尔夫赛事风险的类型

(1)竞赛组织工作的风险

竞赛组织工作的风险是指在赛事竞赛工作过程中由于各种原因导致的赛事中断、延误或取消。风险的影响因素包括报名、协作活动、规范审核、执行风险、人员风险和后勤保障风险等。

从报名方面来看,如果公众热情低、参与度不高则会出现报名冷淡,报名工作就难以达到预期的效果;反之,如果公众、社会团体参与热情高,报名积极,甚至超出组委会对报名人数的预计,则可能会使报名工作陷入混乱甚至瘫痪的状态。

从协作活动来看,协作活动的不顺畅也会导致各类风险的发生,每一个工作人员和运动员不了解自己的义务和职责,随便进入场地,将会使整个赛场显得比较混乱。观众在入场和散场时不明白怎么走,现场组织不严密,也会导致观众影响球员打球。活动中最主要的是各环节、各位置人与人之间的沟通,避免发生沟通中的偏差,任何一个环节出错都可能导致整个活动面临巨大的风险。因此,必须对活动的细节和实现赞助商权益设计翔实的方案,同时双方要积极配合,大力保护双方的共同利益,最大限度地避免这类风险的发生。

从人员方面来看,参与人员是最积极、活跃的因素,对参与人员的控制是竞赛组织管理中一项比较复杂和困难的工作。参与人员具有较大的主观能动性,其中参与人员的道德风险是一种隐蔽的行为,很难测量和控制。人员风险又包括人员缺席风险、人身安全风险、形象代言人风险和观众骚乱风险。

从执行风险来看,高尔夫赛事包括开幕式、闭幕式以及与赛事相关的主题活动等。高尔夫赛事中不可缺少的环节是一系列与赛事相关的主题活动和相应的有针对赞助商的权益回报,这些环节就会有现场执行风险的存在。

从后勤保障风险来看,保障工作的风险成为整个赛事能否顺利有序进行的关键因素。后勤保障工作需要考虑到方方面面的因素,涉及众多的领域,持续时间久,突发性强且需要投入较多的人力、物力和财力,应给予充分的重视,以预防为主、后期处理为辅,以保障赛事工作顺利进行。

(2)法律和制度风险

高尔夫赛事尚缺乏有效的法律支持和制度约束,这一点首先体现在赛事组织者的法律地位上。一些普及性的运动项目一般由俱乐部主办或承办,组织者具有法人地位。但也存在一些项目的组织机构既没有在工商部门注册,也没有合法的法律地位;此外,还有个别项目的组织机构无场地、无注册、无挂靠单位。这些组织是自发形成的非营利性组织,收入渠道窄,无固定资金来源,组织中的工作人员大多数也都是兼职,有自己的本职工作。根据国家相关法律、法规的规定,任何一个民间组织的成立都应该先得到行业主管部门的批准,并到相应的民政部门登记注册。在民政部门注册,需要有固定的场所、专职人员、合法的资产和经费证明,有独立承担民事责任的能力。如果涉及经营行为还应取得工商部门的批准。从这些组织来看,这样的条件对于他们来说过于苛刻。另外,部分高尔夫赛事组织者的法律法规意识淡薄,这使得高尔夫赛事从组织建设上来讲,缺乏强有力的法律支持。不仅如此,根据国家治安管理条例,举办任何大型活动都必须向公安机关进行申报并获得批准。目前在高尔夫赛事中,暴力事件时有发生,虽然大部分得到了有效控制,但是部分大规模赛事,因缺少公安部门的介入,遭受到不小的影响和打击。高尔夫赛事缺乏有效的法律支持还表现在发生相关纠纷时,在界定主体资格、落实权利义务、明确法律责任等方面还有诸多难点和法律空白。

（3）赛事不同利益相关者之间的关系风险

高尔夫赛事的发展离不开政府和高尔夫球协会的支持与保障，但政府和高尔夫球协会与主要由社会力量举办的高尔夫赛事之间的关系还需要进一步明确。目前，体育主管部门和高尔夫球协会对高尔夫赛事的发展监管和服务还不到位。政府对高尔夫赛事的支持更多地表现在态度上，少有实质性的支持。高尔夫赛事的组织者希望政府能够在资金方面给予支持，但又害怕政府在给予资金支持之后对赛事过多干预，让赛事失去活力，失去"草根性"。对于高尔夫赛事组织者存在的这种顾虑，政府和高尔夫球协会应认真思考它们在高尔夫赛事发展中到底应该扮演什么角色，是放弃监管，还是探寻出一条既能保障高尔夫赛事活力又能有效控制负面影响的监管之路。

（4）赛事宣传推广风险

由媒体主办的高尔夫赛事在宣传推广方面有着天然的优势，常常有专栏或节目等对赛事进行宣传报道，而那些没有媒体背景的高尔夫赛事，也希望有一个展示自己的舞台。虽然近年来媒体对高尔夫赛事的关注度有所提高，但是相对而言，媒体对高尔夫赛事的关注度还比较低。在这种情况下，大多数高尔夫赛事组织者选择把网络作为主要的宣传阵地，开发自己的宣传主页或者是和其他媒体机构进行合作，在一定程度上弥补了媒体关注度不高的缺憾。高尔夫赛事多是公益性质的，除去组织费用，参赛费和其他一些收入已经所剩无几，并无多余的费用进行赛事宣传和推广。这种公益性决定了赛事运作组织机构可以接受参与人数较少，不愿意花太多精力去做赛事推广。所以，高尔夫赛事有其自身的特殊性，毕竟不会像高水平竞技运动那样备受关注。

（5）风险控制力和资源获取能力与责任风险

相对于官方组织的群众性体育比赛，由社会力量举办的高尔夫赛事实际上存在着先天不足。一是由于赛事的非官方性质决定的资源获取能力不足，二是由于赛事的"草根性"所决定的组织者对赛事的控制力不足。一方面，高尔夫赛事的草根性奠定了其发展的群众基础；但另一方面，这些参赛者大多来自不同阶层，和赛事组织者并无隶属关系，也没有真正严格的合约关系，组织管理不易，容易产生问题和矛盾。随着高尔夫赛事的发展，假球、罢赛、争执、问题判罚等在其他职业比赛或者业余比赛中出现的问题也渐渐在高尔夫领域出现，成为制约高尔夫赛事健康发展的毒瘤。面对这种现状，高尔夫赛事组织者往往无可奈何。针对这种情况，组织者可以选择将赛事承包出去，充分授权给专业化的公司来运作，这样就可以在一定程度上避免因组织结构不清晰而带来的问题和矛盾。

（6）可持续发展的风险

高尔夫赛事在取得发展的同时，在许多方面也存在着问题，如裁判员队伍、经费支持、赛场组织及秩序等方面。另外，随着高尔夫赛事的不断发展，组织者之间还面临着竞争加剧的挑战，有一些组织的运作完全是靠个人魅力和一腔热血来支撑的。随着参赛者越来越多，赛事规模越来越大，各赛事组织者之间出现竞争，开始抢占资源。大规模赛事的管理已经逐渐耗尽组织者的时间和精力。面对如此现状，高尔夫赛事如何保持健康良好的运转已经成为亟待解决的问题。有些赛事的组织者萌发出让政府或者运动项目协会来接手赛事的想法，但考虑到赛事的草根性，又犹豫不决。商业性赞助是解决赛事经费的一个有效途径，但在获得赞助的时候，不少赛事组织者都小心翼翼地把控着其中的界限，尽量避免过度商业化破坏高尔夫赛事的公益性和纯洁性。他们认为，高尔夫赛事一旦有商业利益作祟，循环往复，便很难维持下去。现实中有不少高尔夫组织采用与公司合作以联合主办的形式坚守着，不把赛事的资源拱手让给经营性公司。因此，可持续发展风险成为高尔夫赛事面临的紧迫问题。

2. 高尔夫赛事风险的特点

（1）风险发生概率较高

从高尔夫赛事参与主体来看，整个赛事参与人员广泛，既有有组织的，也有群众自发的，而且存在着各自不同的立场；再加上不同政治、经济、文化因素的影响，以及有些高尔夫赛事所涉及的场地、器械、设施等物质因素数量庞大，这些因素中任何一个都有可能导致风险的发生。

（2）风险意识相对薄弱

社会力量举办的高尔夫赛事中，有一类属于组织内部的赛事活动，这类活动主要目的是丰富组织所属人员的业余生活，对组织文化建设有重要作用。此外，还有球会自发进行的、不需要什么特别组织的比赛活动。上述人群往往未经过专业训练，自我保护意识与能力较低，容易导致风险增加。

（3）风险控制的条件相对缺乏

任何赛事风险的发生往往都是多种因素积聚引起的，当多种风险因素同时具备风险发生条件时，相对应的风险便会发生。中小型高尔夫赛事与大型职业赛事相比，资金与设备投入能力以及质量控制能力往往较低，风险潜在性较大。

（4）风险管理的专业性较低

高尔夫赛事的举办，由于工作复杂烦琐，管理人员的数量、专业性及素质参差不齐等原因，整个赛事存在较多不确定性的风险。这些不确定性的风险是客观存在的，不易消除，目前能做的就是逐渐识别其存在，对其程度进行评估并尝试在不同的阶段用不同的方式控制，以减少风险的产生。

二、高尔夫赛事风险管理的理论对策与基本原则

在高尔夫赛事筹备和进行的过程中，赛事组织者为积极应对可能产生的赛事风险，可以组建专门负责和处理赛事风险的管理部门。该管理部门全权负责制定风险管理的整体战略决策，确定风险优化次序、评估风险度量方法以及协调各部门之间的决策等。

高尔夫赛事的风险是客观存在的，风险发生所造成的损失也可能是巨大的，但我们不可能为了避免风险的发生，而停办整个赛事活动。在一定的条件下，我们可以通过识别风险、评估风险和采取相应措施，预测某些风险的发生以降低风险造成的损失。

1. 理论对策

（1）风险识别

风险识别是风险管理的第一步，也是风险管理的基础。只有在准确识别自身所面临风险的基础上，人们才能够主动选择有效方法进行处理。风险识别是指在风险事故发生之前，人们运用各种方法系统地、连续地识别所面临的各种风险并分析导致风险事故发生的潜在原因。风险识别过程包含感知风险和分析风险两个环节。感知风险，即了解客观存在的各种风险，是风险识别的基础，只有感知风险，才能进一步进行分析，寻找导致风险事故发生的因素，从而制定合适的风险处理方案，为风险管理决策服务。分析风险，即分析引起风险事故的各种因素，是风险识别的关键。高尔夫赛事管理人员应牢固树立风险意识，加强风险识别能力培养，识别潜在风险，在感知赛事风险的基础上运用系统科学的方法做出分析，为赛事风险管理做充足的准备。

（2）风险应对

风险应对是指在确定了所决策的主体赛事活动中存在风险、并分析出风险概率及其风险影响程度的基础上，根据风险性质和决策主体对风险的承受能力而制定的回避、承受、降低或者分担风险等相应的防范计划，以进一步采取具体措施应对风险的发生。制定风险应对策略主要考虑四个方面的因素：可规避性、可接受性、可缓解性、可转移性。

（3）风险避免

从理论上讲，当高尔夫赛事主办方决定杜绝风险发生时，就是在采用风险避免的相对措施。当采用风险避免措施时，赛事主办方不愿意面临丝毫风险，

希望通过避免发生任何损失的可能来避免风险。如在组织赛事活动前分析该活动是否存在重大事故隐患，如果风险难以避免则取消或采用其他方式代替。这种方法适用于后果严重且发生概率较高的风险类型。虽然在某些情况下，风险避免是高尔夫赛事风险管理的唯一选择，但它却是一个较为消极的解决方法。

（4）风险转移

风险转移是指高尔夫赛事的管理者通过购买保险、签订合同等方式将自己所面临的风险转移给他人承担的方法。一旦发生事故，可以通过保险公司的赔偿减少主办单位承担的经济损失。主办赛事的管理人员还可以和相关责任人如领队、教练、医护人员等签订相关的责任合同，双方按照合同来区分彼此的责任，使他们对自己的过失行为所造成的人身或财物的损害承担责任。

（5）风险减缓

风险减缓是指一系列让风险最小化的努力，特别是使损失最小化的措施。风险减缓包括损失的预防和控制。前者是尽量防止损失的出现；后者是损失确实发生时，通过控制损失的方法，努力降低损失的严重程度。也就是说，一部分损失控制的努力是为了降低频率；另一部分则是尝试减轻那些已经或是正在发生损失的严重程度。对于那些无法消除且无法转移的高尔夫赛事风险，风险减缓是最实际的解决办法。如，通过维护高尔夫赛事的赛场秩序、做好安全保卫工作、并对赛事工作人员进行风险意识以及风险管理技能的培训、制定紧急情况发生时的应对方案等措施来减少因意外事故发生所带来的损失。

2. 高尔夫赛事风险管理的基本原则

（1）树立风险观念，强化风险意识

高尔夫赛事风险的影响是多方面的，忽视任何一方面都有可能要为此付出高昂的代价，因此，赛事管理人员都要树立风险观念，强化风险意识，克服麻痹大意的思想，加强风险识别能力的培养，要对风险进行充分分析，明确风险的危害。

（2）建立健全风险管理沟通与预警机制

健全的风险管理沟通渠道是双向的信息传输渠道。一方面，危机出现的苗头要能够以最快的速度传递到管理机构内部，并能被管理机构内部所察觉。管理机构越早意识到风险，就越能保证处理危机的时间充裕；另一方面，管理机构要把处理信息迅速传递到外部，及时化解风险带来的不良影响。建立完善的预警机制，由主管负责人担任总指挥，对突发事件统一领导、统一指挥。

（3）提高决策化水平

为防范风险的发生，降低危害程度，减少决策失误的可能性，必须提高决策化水平。在决策过程中，应充分考虑影响决策的各种因素，采用定量计算及分析的方法并运用科学的决策模型进行分析评价，制定风险预案，对制定的风险预案进行评估，并从中选择最优方案。切忌主观臆断，避免因风险降临而出现无所适从的情况。

（4）强化审计监管

项目审计监督可以分为内部审计和外部审计。通过外部审计可以减少运作管理机构内部可能发生的误差和舞弊行为，使信息更准确地反映机构的实际状况。内部审计是运作管理机构成立独立的审计部门对财务控制的再控制，督促各环节不断改进和完善相应的管制措施，力求减少误差和风险。

（5）加强人员管理与效能监督

加强对高尔夫赛事运作管理机构的管理者、组织者、工作人员的管理，防止工作人员由于工作上的失误和偏差给赛事带来损害，强化相关人员风险管理方面的专业化学习，制订周密完备的风险计划与方案，尽量把风险危害降到最低。

三、高尔夫赛事风险处理的具体措施与方法

1. 建立健全完善的风险管控体制

对于大型高尔夫赛事而言，应该合理选择主办方、承办方和协办方，成立赛事组委会，并将赛事的具体运作过程交给专业化的高尔夫赛事公司，充分发挥他们的优势。同时，成立由专门的风险管理专家组成的赛事风险管理咨询机构，及时识别和评估赛事举办过程中可能面临的各种风险，并就风险的管理问题提出可行的方案。

风险管控机构应以高尔夫赛事风险管理委员会为最高管理者，然后按垂直分层依次设置风险管理各职能部门、风险管理运营与支持部门、风险管理执法与审计部门。其中风险管理委员会具有总体调度和全面指挥的权利，负责制定风险管理的战略决策，确定风险优先次序，评估风险度量方法，提出具体的风险应对策略，协调各部门的决策等。风险管理各职能部门则是通过分析风险产生的来源以采取有效的措施来避免、减少、转移或利用风险，并及时公布风险产生的原因和处理结果。风险管理运营与支持部门的主要工作就是负责收集、分析风险基本数据，进行有效的合成并汇报评估结果。风险管理执法与审计部门则主要是检验各关键性度量结果和报告的可信度与准确度，确保整个风险管理决策的准确执行。通过建立责任、权利及利益边界明晰的组织架构和运行规范，进行科学管理、严密内控，以不断提高风险防范能力。

2. 识别不同的风险因素

高尔夫赛事的组织者事先可通过多种形式，如群众调查法、现场勘测法、与场馆工作人员交谈、邀请专家评估等，将赛事运作过程中可能会出现的风险和损失收集罗列出来并进行综合分析、确定风险级别。风险级别越高，说明这类风险带来的损失可能就越大，赛事组织者更应将其放在首位。然后，根据风险对赛事目标的影响程度由高到低进行排序，在分配资源时优先考虑高级别风险，把资源用于最亟须解决的风险上，合理选择风险管理的具体方案。

正确认识各种风险因素，是整个高尔夫赛事风险管理过程的前提和基础。高尔夫赛事组织者必须认真分析高尔夫赛事活动过程中所面临的各种环境因素，对各类潜在的致险因素加以判断、识别和归类，并把握其发展趋势。一方面，要考虑高尔夫赛事的外部环境，如组织者选择举办的赛事项目会不会引起观众关注和赞助商参与；赛事举办的时间是否与大型会议、活动有冲突，从而造成赛事延期等。另一方面，要考虑在高尔夫赛事筹办、举办和后续过程中可能出现的各种不确定因素，如赛事现场拥挤的观众是否会引发人身意外伤害等。

信息的沟通和交流，是风险管理计划执行过程中的关键环节。一方面，赛事组织者可以制订赛事工作手册发放给赛事组织中的每一位工作人员，与他们进行有效的沟通，让他们明白每个人都是风险管理团队中的一员，都有责任来确保整个赛事过程的安全与顺利；另一方面，赛事组织者应加强各类信息的传输与交换、沟通与交流，确保及时准确地收集信息并制定相应对策，这也是赛事组织者对赛事活动进行全面统筹、周密规划以及协调各部门之间的配合与沟通的效率保障。

3. 选择合理有效的风险应对方式

高尔夫赛事组织者可以从改变风险因素的性质、风险发生的概率和风险后果等方面入手，合理地选择回避、转移、保留、应急等多种风险处理方式。赛事组织者应当加强对员工的安全教育与培训，全面检修和维护场地器材，加强安全监督和管理，特别要针对赛事举办过程中可能出现的火灾事故、意外伤害和人员疏散等制订出应急计划，以求减少事故发生的概率和降低损失程度。如，规范管理招标、赞助等活动，加强合同中赛事风险处理条款的审核，适当的利用风险转移来降低风险。

如今高尔夫球场举办高尔夫赛事越来越频繁，规模越来越大，涉及面广，影响因素更多，风险管理已经成为一个复杂的系统工程。因此，赛事的举办者更应积极运用多种风险管控模式，在不断总结经验的基础上，制定出适合本地实际情况的管控模式，赋予高尔夫赛事风险管控者以充分的职权来管理并执行管理操作程序，持续提升高尔夫赛事经营风险管控能力。

4. 加强对工作人员风险意识的培训

要事先确定好安全手册和突发事件应对方案，切实做好从粗略的风险评估到制定具体安全手册的每一环节。必要时，通过召开领队会议，将事故隐患及时地通知给赛场的每个人，条件允许的情况下，可把制定的安全手册发放给领队和观众。

不仅要加强对后勤管理人员的培训，还要注重对裁判员、工作人员、志愿者等人的培训。在培训时将整个赛事过程中可能会发生的风险进行预测以及对风险发生后所要采取的措施进行模拟。同时，对参赛的球员进行必要的宣讲，告诉他们哪些是可行的、哪些是禁止的。同时，联合相关部门一起管理。如较大型的高尔夫赛事，特别是有公众人物参加或观看的赛事，仅靠赛事管理的工作人员是不可能将治安、消防等安全问题做到完美无缺的，必须要和当地的政府部门，如公安、交通、消防、医疗等部门取得一定的联系，并获得这些部门的支持，共同保障高尔夫赛事安全、顺利地举行。

四、常见高尔夫赛事突发事件案例

1. 疑似冒名顶替参加比赛

应对方案：

A. 询问该球员于何处何时、由何人为其报名；

B. 联系主办方确认该球员报名信息是否真实有效，并确认其是否具有参赛资格。

2. 签到处，球员要替尚未到场朋友代领礼品

应对方案：

A. 向球员声明原则上不允许代领礼品，并告知如果球员迟到，工作人员会在签到处等候，为其保留礼品；

B. 若该球员坚持，视其身份决定是否由其代领，并向上级领导汇报。

3. 有球员严重迟到，在所有球员开球后才到达

应对方案：

安排该球员与之前较后出发且不满4人的组并组，并由球会安排球车将其送往该组球员所在球洞。

4. 分组问题

应对方案：

A. 比赛一般不允许随便调组；

B. 重要人物提出调组的时候，尽量妥善的安排，满足人物的要求；

C. 参赛嘉宾提出调组，尽量解释不可以调组，如果球员十分坚持就找球场的出发员安排，把事情交给球场解决；

D. 两个不同组别的球员要求调组，在不影响其他球员的情况下，适当地满足球员的要求。

5. 球员参与活动过程中遭遇意外（中暑、球车失控、被球打到、突发疾病等）

应对方案：

A. 立即通知球会安排巡场人员前往事发地点，查看伤患人员伤势或生病的严重程度；

B. 将所得知的信息及时反馈到球场，决定救治措施；

C. 安排承办方、参赛单位工作人员前往安抚伤患人员情绪，并通知主办方。

6. 球员间发生争执

应对方案：

A. 立即前往事发地点，安抚双方情绪；

B. 了解事发原因，尽量调节；

C. 若调节失败，必要时请球会派工作人员前来处理；

D. 保证其他球员能顺利进行比赛。

7. 计分出错，导致颁奖给错人

应对方案：

A. 已颁的奖项不再追回，并向被颁错奖的人员致歉；

B. 在午宴上向实际获奖人致歉，并宣布其所获奖项在比赛结束后补发奖杯及奖品。

8. 颁奖时，发现奖品或奖杯遗失或损坏

应对方案：

若只损坏一个或几个奖杯奖品，则继续颁奖。在颁完一个奖项后，向获奖人说明情况并表示歉意，向其借回奖杯奖品，继续颁发给下一获奖人。颁奖典礼结束后，为获奖人补发无损坏的奖品。

9. 颁奖过程中，获奖人不在现场

应对方案：

A. 若是幸运抽奖环节，则直接剥夺获奖资格，抽取下一位幸运嘉宾；

B. 若是其他奖项，则可以由他人代领，或由承办方邮寄给获奖者。

10. 酒水超出预算

应对方案：

A. 提前与餐厅经理协商，说明酒水预算；

B. 午宴过程中派工作人员进行控制监督。

11. 额外增加参赛人员

应对方案：

A. 与球会协商，多安排球洞开球；

B. 把增加参赛人员分别拼合在三个人的组别里。

【课后思考】

1. 高尔夫赛事风险有哪些类型？
2. 如何正确地应对高尔夫赛事风险？
3. 处理高尔夫赛事风险有哪些基本原则？

任务十九 高尔夫赛事评估概述

知识目标
- 了解高尔夫赛事评估的内涵和特点；
- 熟悉高尔夫赛事评估报告包含的要素；
- 掌握高尔夫赛事评估报告的撰写。

技能目标
- 能独立完成一份高尔夫赛事评估报告。

素质目标
- 通过学习对具体高尔夫赛事的评估操作，养成善于总结、事后反思的态度，养成勇于面对不足、敢于改进的做事风格。

赛事总结示例

第一部分：赛事概况

1. 赛事名称：2019 CJGT 青少年高尔夫球巡回赛个人赛—××站
2. 参赛人数：90人（2人退赛）
3. 时间：2019年8月11日至13日
4. 地点：××球会
5. 比赛报名人数127人，线上报名110人，线下报名17人，参赛90人，赛前退赛37人，赛中退赛2人。
6. 赛事缴费情况：赛事服务费缴费87人次（500*87），会员续费及新会员入会费38人次（280*38），退费1人次（500*1），共计本站赛事报名综合收入52 087元。

7. 本次比赛报名组别A组29人（男21人，女8人），B组32人（男20人，女12人），C组29人（男22人，女7人）。

8. 本次比赛共4天，8月10日至13日。第一天（10日）上午赛前球场对接会议，下午球员签到和球员会议。第二天（11日）A组进行了第一轮，B组、C组球员会议。第三天（12日）A组进行了第二轮，B组、C组进行了第一轮比赛。第四天（13日）A组、B组、C组的决赛轮，颁奖典礼。

第二部分：赛事存在问题及不足

1. 赛事太过程序化，团队配合度不够。
2. 赛事标准化不完善，资源消耗浪费严重。
3. 缺乏核心领导者。
4. 案例说明如下：

（1）赛事随货物资接收，球场没有人帮忙，需要花钱找人卸货。其他一些寄到球场的东西，球场都能正常签收，有时候会放在岗亭，他们也会让班车带到会所。

（2）赛事饼干和坚果，发现球员都不怎么喜欢吃，现在随货坚果还剩整整7箱。不知道和发放的方式有没有关系。之前是搭一个帐篷、放张桌子、摆着去发，现在是出发员直接放车上给球员。

（3）自带球童培训方面，下一站比赛需要讲清楚，我们的赛事提倡环保，提供桶装水，倡导大家自带水杯去接水喝，但是并不禁止自带球童自己带水。有家长误解了我们的意思，跟我反映认为我们禁止他们自己带水，只提供桶装水，而且桶装水还是热的。

（4）不符合资格球员参赛，未向主管负责人报备，使得球员及家长对CJGT办赛的品质和专业性产生怀疑。

（5）不合理的成本消耗。如：驻场医生、记分员等人力成本过多过大，使得赛事运作成本加大。

（6）团队的沟通配合不够，工作无法做到高效率，出错率大大增加，影响比赛的专业性和家长及球员的认可度。

第三部分：如何改变（可行性）

1. 赛事奖品，现在没有什么发的了，皮带发第三名，茶具发第二名，第一名暂时没有东西发。如果实在没有发的，需要采购，像耳机之类都可以。
2. 茶具，当奖品颁发给第二名，但是没有包装。广州南沙站用的是之前的茶杯袋子。是否需要做一些袋子或者就只能用现有的环保袋装？只是效果拍照怕不好看。

3. 赛事A架，需要找到新的替代品，A架已经老旧磨损，其扎带已经开始失去弹性了。

4. 正常情况下我们三轮的比赛需出差8天，两轮的比赛需出差7天。可以提前，最好不要缩短出差时间，否则事情干不完，或者我照常先去球场，其他人可以晚去一天。

5. 建议每站比赛照常做赛事MEMO，因为有的球场会有人事变动，我们已经好几站都没有做赛事MEMO。

6. 团队多沟通，多召开些会议，提高大家的工作配合度。建议每次赛事前我们团队内部召开会议，沟通赛事流程、赛事分工，做到各自心中有数，这样可以提高效率，同时也能保障赛事品质。

7. 赛事管理需进一步规范化，如工作人员的成本和不合理的消耗等需进行合理控制。

8. 需加强团队的内部学习。各岗位同事不仅要熟悉各自的工作，还要能给其他岗位做专业的助手，要尽量做到全能、可以及时补位。

赛事组委会
×××年××月××日

（资料来源：笔者根据自己参与的赛事经历整理．）

思考：高尔夫赛事评估总结所包含的主要内容有哪些？

一、高尔夫赛事评估的概念

高尔夫赛事评估是指对已经结束的高尔夫赛事的全过程进行系统的、客观的分析，是高尔夫赛事运作管理工作的组成部分和重要环节。通过对赛事活动的回顾总结，可以衡量赛事预期的目标是否达到，主要任务是否完成，效益指标是否实现；通过及时有效的信息反馈，还可以为以后的赛事组织工作提供宝贵的经验。

大多数高尔夫赛事运作管理机构都会对赛事运作管理进行总结，但有相当大比例的总结工作往往流于形式，并没有进行认真的评估。产生这种现象最直接的原因是，当赛事运作进入收尾阶段后，工作人员普遍在精神和体力上都有所松懈，主观上不愿意再投入很多的时间和精力在评估或者总结上。当然，更为根本的原因则是运作管理机构缺乏对赛事评估重要性的认识，低估了总结评估的价值。事实上，如果没有深入细致地对赛事运作进行总结评估，那么一切有价值的经验都有可能被忽略，无法传承下去，而各种教训也很容易被遗忘，在下一次的赛事运作管理中又会重复以往的错误。因此，赛事评估在赛事运作管理中并非可有可无，应该以一种正式制度的形式规范下来，使其成为提高赛事管理质量、保证赛事顺利运作和实现可持续发展的重要工具。

二、高尔夫赛事评估的作用

（1）用于衡量高尔夫赛事运作管理是否获得了预期的社会效益和经济效益，评价高尔夫赛事运作管理的效率与效果。

（2）用于评价高尔夫赛事运作管理是否满足了利益相关者对赛事的特定需求，向利益相关者提供反馈信息，使利益相关人明确认识到高尔夫赛事的价值所在。

（3）用于判断高尔夫赛事运作管理中的优势与劣势，总结经验与教训，确认赛事取得的成绩和达到的发展阶段，以准确定位下一次高尔夫赛事运作管理的起点，为下次高尔夫赛事运作提供知识和经验，改善和提高赛事运作的管理水平。

（4）提高高尔夫赛事的声誉，建立赛事运作管理机构的专业形象，为下一次赛事获得支持和资助提供有利的数据资料。

（5）为整个高尔夫赛事运作管理行业提供实践知识和经验，促进行业整体水平的发展与提高。譬如，美巡赛的运作管理经验就被广泛传播，被运用至许多中小型高尔夫赛事的管理当中。

强调高尔夫赛事评估在高尔夫赛事运作管理中的重要作用，并不是要求所有赛事都需要做同样复杂、深入和细致的总结评估工作。高尔夫赛事评估和赛事运作管理的其他工作一样，需要耗费时间、金钱和人力，一样受到赛事运作管理机构所拥有资源的限制，因此，对高尔夫赛事评估的时间、程度、范围都应该有合理的、必要的限定，并非越深入、越细致、越全面就越好。对于小型的高尔夫赛事而言，总结评估可能只需要由各部门工作总结再到整个机构的工作总结评估；对于大型高尔夫赛事而言，如何进行科学、准确的评估则是一项任务繁重、难度很高的工作，需要建立完整的评估系统，有时还需要聘请咨询公司或者专业顾问来进行总结评估。

此外，高尔夫赛事评估并非都是在赛事运作收尾阶段进行，在高尔夫赛事运作管理过程中有时也需要进行评估。运作管理过程中的评估偏重检查赛事工作进度是否与计划相符，同时还需关注赛事内外部环境是否变化，运作目标与计划进度是否应该调整等；而赛事运作收尾阶段的评估更加侧重于经验和教训的总结，以及对人员的绩效考核。比起高尔夫赛事运作中的评估来说，高尔夫赛事运作收尾阶段的评估更加细致、深入和全面。下面我们将主要围绕高尔夫赛事运作收尾阶段的评估进行阐述。

三、高尔夫赛事评估的对象和内容

1. 高尔夫赛事评估的对象

高尔夫赛事评估的对象包括两个方面：一是事，二是人。所谓"事"是指对高尔夫赛事运作本身优劣得失的评价，所谓"人"则主要是指对高尔夫赛事运作管理机构工作人员的绩效评价。

（1）对高尔夫赛事运作本身的评价

其一，是从战略的角度对赛事运作进行衡量；其二，是从策略的角度对赛事运作进行评估。从战略的角度对赛事运作进行评估，是指将赛事运作放在运作管理机构运营乃至举办地发展的整体背景中去总结和评价，需要评估的问题至少包括：赛事选择是否正确？赛事运作目标与运作管理机构经营战略是否有明确的联系？赛事运作是否得到了主办单位、主管单位、当地政府的足够支持？赛事运作取得了怎样的经济效益和社会效益？从策略的角度对赛事进行评估，则侧重于对赛事运作管理水平和效果的衡量，需要评估的问题至少包括：赛事运作计划与控制系统是否有效？赛事运作是否按计划、按预算进行？超出或者节约的原因是什么？赛事运作在组织机构、人力资源、财务管理、市场开发等各方面有何经验和教训？

（2）对高尔夫赛事运作管理机构工作人员的绩效评价

这一点包括对个人的绩效评价和部门（或者团队）的绩效评价。个人绩效、团队绩效和组织绩效实质上是自下而上的三个层次，赛事运作整体的效率与效果归根结底来自赛事运作管理机构中工作人员的努力，因此对赛事的评估离不开对个人绩效的评估。同时，在赛事实际运作中，有许多工作很难明确界定为某个人的绩效，而更多的是以部门（或者团队）的绩效体现和反映出来，因而需要对部门（或者团队）的绩效进行评估。对个人及部门（或者团队）的绩效评价一方面有利于赛事运作管理机构总结赛事人力资源配备与管理上的经验与不足，另一方面也为表彰和奖励工作人员提供了客观依据。

2. 高尔夫赛事评估的内容

我国现阶段还缺乏对高尔夫赛事进行评估的完善的科学评价体系，更多的评估是从总体上进行一些较为模糊的评价。目前主要的评估内容有：竞技水平、经济效益、社会效益等。

（1）高尔夫赛事竞技水平的评估

竞技自始至终是高尔夫赛事的核心，因此竞技水平的高低反映了高尔夫赛事的水平。对竞技水平的评估主要是对竞技成绩进行纵向与横向的比较分析。首先是与历史上同类赛事的竞技水平相比是否有大的提高或降低，其次是与当前国内外同类优秀运动员水平相比是否有提高或降低。对原有竞技成绩的打破是衡量竞技水平的重要指标，当然还有对赛事整体竞技水平的综合考察。

（2）高尔夫赛事经济效益的评估

经济效益主要是指高尔夫赛事运作管理机构具体的经济收益，包括现金以及物品的折算。主要是通过经济核算的方法，即总的赛事收益减去总的承办成本。此外，高尔夫赛事对举办地经济会有重大影响，并会产生直接或间接的经济效益，但我国现阶段对此方面的评估大多数只停留在定性分析上，缺乏科学系统的定量指标。

（3）高尔夫赛事社会效益的评估

社会效益的评估在我国高尔夫赛事评估中占有重要的地位。无论是赛事主办单位、赛事运作管理机构还是赛事举办地政府对于赛事所产生的社会效益都十分关注。对社会效益的评估涉及面相当广，比如通过主管部门的认可度、群众反映、媒体报道数量和评价等方面来体现。

四、高尔夫赛事评估的方法

1. 书面描述法

书面描述法是最简单的评估方法。评估者通过观察、监测、分析，运用叙述性的语言，描述赛事运作的整体概况、效益、影响、经验和教训以及赛事运作管理机构人员及部门（或者团队）的绩效等。这种方法在小型赛事中运用得最为普遍，但对于复杂的赛事运作来说，这种主要依赖于评估者个人分析与写作能力的评估方法则过于局限。

2. 关键事件法

关键事件法是一种基于行为表现的评估方法。评估者将注意力集中在那些区分有效和无效工作的关键行为方面。主要包含三个重点，其一是观察，其二是记录，其三是判断何为决定工作成败的关键行为。关键事件法主要用于对个人工作绩效的实时监测和及时反馈，也可以用来对赛事运作流程是否合理、高效进行评估。这种方法更适用于赛事运作过程中的评估，有助于改善赛事运作流程，提高人员运作效率，而对于赛事结束阶段而言，关键事件法则较少使用。

3. 评分表法

评分表是高尔夫赛事评估中常用的评估方法，主要用于评估赛事利益相关者对赛事的态度、认知、情感的调查与了解。常见的评分表被设计为五点量表，每个定位点用来代表受调查者对叙述句的认可或不认可程度有多强烈。

评分表法的优点在于比较客观，对于评估者的依赖比较少，而且便于做定量统计和分析；其难度在于评分表中评分因素的设置，而且参与评估者只能给出简单的评分，无法就具体事件给出更为详细的信息。

4. 会议评估法

会议评估法是通过召集赛事运作的利益相关者参加会议，请求他们对赛事运作提供评价。无论是主办单位负责人、政府机构人员、赞助商代表、媒体记者、普通观众都可以被邀请参加赛事评估会议，听取他们各自对赛事运作的评价，而这样的会议是举行一次还是一系列，需要视赛事的规模和复杂程度而定。采用会议评估法时，为了避免会议冗长、混乱、无序，要事先拟出评估清单，事先提供给参会者，使他们对会议主题和议程有所了解和准备。此外，会议评估法对主持会议者的素质要求比较高，他/她必须能够把握会议节奏，引导与会者踊跃发言、营造良好的会议气氛。

5. 勃罗菲特法

学者张耀认为，对运动竞赛管理的效果进行评估，勃罗菲特法是将运动竞赛的经济效益与社会效益结合起来评估运动竞赛总体管理效果的一种方法，与前四种方法相比更为全面。因此，此法是目前较为流行的一种模糊评判运动竞赛管理效果的方法。

勃罗菲特法又称"利润率法"，通过运动竞赛的经济利润率与社会效益率来反映运动竞赛的效果，计算公式为：$r=(I-E)/E+S$

式中：

r：表示反映运动竞赛管理效果的利润率系数，其评估参数标准为：

$r \geqslant 1$，效果很好；$0.75 \leqslant r < 1$，效果较好；$0.5 \leqslant r \leqslant 0.75$，效果一般；$0.25 < r \leqslant 0.5$，效果较差；$r < 0.25$，效果很差。

I：表示经济产出数值，包括门票费、广告费、赞助费以及其他一切通过运动竞赛的社会影响和价值获得的经济收益。

E：表示经济投入数值，包括运动竞赛工作人员的劳务费、大会伙食、住宿、交通开支；运动场地租赁费以及其他一切正常开支。

S：表示社会效益率，可以通过问卷表的形式，邀请参加运动竞赛的运动员、教练员、裁判员对大会组织管理、服务质量、办事效率等方面进行全面评估，用打分的方法反映其程度。社会效益最高分为1，最低分为0。

高尔夫赛事评估的方法还有很多，只单独使用一种评估方法很难达到好的效果。通常需要针对评估对象和评估内容选择不同的评估方法，才能达到更好的评估效果。

五、高尔夫赛事评估的流程

1. 人员配置和启动

（1）评估人员的选择

评估的第一步是要确定由谁来进行评估，即对参加评估的人员进行配置，这通常由赛事规格、赛事规模、赛事运作管理机构性质等因素决定。评估的启动应尽量保持平稳，最好是让评估成为一项众所皆知的制度，而不要使评估被人视为突如其来的风暴。平稳的评估启动有利于营造良好的评估气氛，让所有参与评估的人员意识到评估的目的在于不断地改善与发展高尔夫赛事，而不是对个人的攻击和打压。正因为评估结果最终总是会与个人绩效和部门（或者团队）的绩效联系起来，保持评估过程和结果的公正与客观十分重要，却又相当困难。在选择评估人员时，要尽可能周全考虑，一方面需要熟悉具体业务流程和从事实际运作的工作人员参与评估；另一方面还要保证负责评估过程管理者的独立性，以尽可能保持客观公正。对于某些技术性很强的评估工作可委托专业公司进行，以保证评估质量。

（2）数据资料收集和分析

对赛事的评估必须以事实为基础，以数据为依据，数据资料的收集和分析是决定评估质量与水准的关键环节。首先要明确需要哪些方面的数据和资料；然后才是采用何种技术或方法来对数据和资料进行分析。尽管我们将数据资料收集和分析作为赛事评估过程的第二步，但在实际操作中，富有经验的赛事运作管理机构善于建立数据资料收集机制，在赛事运作全过程有效收集各种数据和资料。比如，通过门票登记制度收集观众信息，通过要求各部门提供工作月报表来收集部门运作信息等，这样会使评估阶段的数据资料收集工作事半功倍。

（3）撰写总结评估报告

在收集、分析赛事运作相关数据的基础上，就可以形成一个最终的赛事总结评估报告。这个过程的复杂程度会因为赛事规模的不同而差异很大。对于小型赛事而言，可能只需要一个工作人员 2~3 天的时间便可以完成完整的总结评估报告；对于大型赛事而言，则可能是一个由工作团队至部门内设处室，再到部门，然后再由办公室或者文秘部门进行统一整理、汇总、修改，再经管理层审核批准，最后才形成最终报告的复杂过程。评估报告应该既包含定性又包含定量部分，尤其是后者需要给予重视和强调，尽可能地用数据和事实说话，避免评估报告空泛、浮夸的现象。

六、高尔夫赛事评估报告的撰写

赛事评估，是以目标赛事作为对象，按照一定的评价和估量标准，利用一切可行的技术或手段，搜集信息资料，然后按照一定的程序，对资料进行分析、研究、判断，从而对赛事过程和效果等做出判断的行为过程，并最终形成翔实的书面材料。赛事评估报告是一种新型的应用文体，不仅对目标赛事的效果有较好的总结评估作用，对以后举办赛事也有重要的借鉴指导作用。

1. 赛事评估报告的特点

（1）汇报性

评估报告和一般工作报告有相似之处，主要向赛事主办方等有关主体陈述、汇报赛事的有关情况，为其总结、评估本次赛事和指导下一次赛事提供依据。赛事评估报告与一般工作报告不同的是：赛事评估报告是按预定的目标并依据既定的标准进行的，即按评估标准和要求向相关主体做赛事的总体总结和汇报。

（2）内容的既定性

一般工作报告的内容比较自由，根据已开展的工作的情况撰写；赛事评估报告按既定的评估内容项目及评估结果，对照有关标准逐项来写。一般工作报告突出成绩重点写，一般成绩简略写，没有成绩的方面可不写；评估报告则不然，一切过程均按评估标准及既定项目逐项汇报，所以内容是既定的。

（3）客观性

赛事评估报告是对赛事的过程和效果做出评价。好到什么程度，差在什么地方，都应判断准确、评价公正、表述清楚。

（4）参考性

赛事评估是对赛事项目的价值或状态进行定性定量分析、说明和评价的过程。评估结论是对评估对象的价值或所处状态的一种意见和判断。这种意见和判断是建立在充分的、客观的和科学的分析过程的基础上的，因而对相关主体具有重要的参考价值。

2. 赛事评估报告的分类

根据不同的分类标准，赛事评估报告可分为若干种类：

（1）根据评估的内容性质来分，分为工作评估报告和项目评估报告两大类；

（2）根据评估涉及的内容来分，分为综合评估报告和专题评估报告；

（3）根据评估主体的不同，分为行业主管部门评估报告、赛事组委会评估报告等；

（4）依据评估目的来分，可分为检查性评估报告、总结性评估报告等。

3. 赛事评估报告的内容要素和写作要点

一般来讲，赛事评估报告由标题、正文和落款几个部分组成。

（1）标题

赛事评估报告的标题有两大类、四种写法。

①公文式标题

有三种写法：一是由时限、被评估单位名称（或项目名称）、事由和文种组成，如《关于××××年××赛事经济效益的评估报告》；二是由被评估单位、事由和文种组成，如《××高尔夫俱乐部××高尔夫邀请赛评估报告》；三是由事由和文种组成，如《关于××高尔夫球赛的评估报告》。

②文章式标题

一般由正、副题两部分组成，正题揭示中心内容或作出评价，副题说明评估对象和文种，如《明星会聚的高尔夫盛会：××××年××俱乐部世界明星赛经济效益评估报告》。

（2）正文

评估报告的正文通常由导语（或称前言）、主体和结语几部分组成。

①导语

工作评估报告的导语，主要写评估的目的，评估人员组成，评估的时间、方法、步骤以及评估标准和评估结果。项目评估报告的导语，一般介绍项目的概况，如项目的主要内容、质量、规模等。末尾常用"现将评估情况报告如下"引起下文。导语要写得概括、简练。

②主体

这是评估报告的核心部分，一般包括以下内容：被评估对象的基本情况；分项评估分析意见（如果是项目评估，就有对项目必要性的评估、技术评估、经济效益评估、管理评估等）；总评估结论，这部分要用大量事例、数字具体反映被评估对象的状况是否符合评估标准，要写得有理有据、充实具体。

③结语

结语部分主要是用一句或几句话总结一下正文的内容，起到画龙点睛的作用。

（3）落款

写明评估组织名称或评估人员姓名，注明评估报告的完成时间，如有附件亦应注明。

4. 评估报告写作的注意事项及要求

撰写评估报告，不仅要写评估结果，还应写评估的过程。因此，只有亲自参加评估，掌握第一手材料，才能写出好的评估报告。撰稿者应熟悉评估目标、标准和办法。评估目标是撰写评估报告的依据，评估标准是衡量被评估对象的标尺，评估办法是实施评估的手段，只有目标明确、标准适度、办法科学，并为撰稿者所熟练掌握，写作起来才能运用自如，有的放矢。评估报告必须真实地反映被评估对象的实际情况，这就要求估量方法科学，分析透彻，得出的结论才能客观、准确。

【课后思考】

1. 高尔夫赛事评估的主要方法有哪些？
2. 高尔夫赛事评估的基本流程是什么？
3. 撰写一份高尔夫赛事评估报告。

附录

附录一 中国高尔夫球运动办赛指南 / 213

附录二 中国高尔夫球协会赛事管理办法 / 218

附录三 中国高尔夫球协会赛事商务活动管理办法 / 225

附录四 中国高尔夫球协会青少年单项技能比赛考核计分标准（试行）/ 228

附录一
中国高尔夫球运动办赛指南

中高协字〔2022〕2号

一、前言

近年来,各类高尔夫球赛事活动蓬勃发展,为推动全民健身、竞技体育、体育产业发展发挥了积极作用。为规范中国境内高尔夫球赛事的组织管理,促进高尔夫球赛事健康发展,根据《国务院关于加快发展体育产业促进体育消费的若干意见》(国发〔2014〕21号)、《国务院办公厅关于加快发展体育竞赛表演产业的指导意见》(国办发〔2018〕121号)、《体育总局关于推进体育赛事审批制度改革的若干意见》(体政字〔2014〕124号)、《关于进一步加强体育赛事活动监督管理的意见》(体规字〔2018〕3号)、《体育总局关于进一步加强体育赛事活动监管和服务工作的通知》(体政字〔2019〕20号)、《体育赛事活动管理办法》(国家体育总局令第25号)、《关于进一步加强体育赛事活动安全监管服务的意见》(体规字〔2021〕3号)、《体育总局关于印发〈体育赛事活动专项整顿治理方案〉的通知》(体办字〔2021〕80号)、《中高协赛事活动管理办法》(中高协字〔2020〕55号)等文件精神,制定本指南。

本指南所提的赛事,是指在中国境内(不含香港、澳门、台湾地区)举办的、面向社会公开报名的高尔夫赛事,但不包括在模拟器上举行的高尔夫比赛。

二、赛事举办的基本条件

举办赛事至少应当符合下列条件:

(一)主办方或承办方已取得可以满足赛事要求的、合规高尔夫球场的使用权。

(二)拥有与赛事规模和水平相适应的组织和运营团队,其中包括有经验的专业管理人员。

(三)有可以支持赛事顺利举办所需要的经费。

(四)具有完备的赛事组织实施方案。

（五）组织赛事必需的设施和器材、通信、安全、交通、卫生、防疫、食品、应急救援、消防等安全措施到位。

（六）符合国家、地方法律、法规规定的其他条件。

如无法满足上述条件的要求，不应当办赛。如在办赛过程中发现某些条件无法满足可能影响到赛事安全，应及时终止赛事。

三、赛事组织机构

赛事的组织机构通常包括主办方、承办方和协办方。主办方是指发起举办体育赛事活动的组织或个人；承办方是指具体负责筹备、实施体育赛事活动的组织或个人；协办方是指提供一定业务指导或者物质及人力支持、协助举办体育赛事活动的组织或个人。主办方、承办方、协办方之间的权利义务应当通过书面协议方式约定。

四、竞赛组织与管理

（一）赛事组织委员会

赛事应成立组织委员会（简称组委会），对赛事进行统筹领导并协调各项工作的落实。组委会通常包括竞赛、安保、运作、医疗、媒体、后勤保障等部门。组委会应组建裁判组，由具备相关资质和执裁能力的裁判员构成，重要岗位需对裁判员级别进行限定。赛前应召开技术会议，对竞赛细节进行培训和部署。根据赛事规模，组委会在必要时应组建志愿者团队，负责为抵离接待、现场报分、运动员和观众服务等事项提供协助。组委会赛前应明确志愿者的岗位、人数和职责，并组织志愿者培训。

（二）球场

1. 组委会应根据参赛人数和可能的观众数量，选择适宜的高尔夫球场。

2. 赛前，应由裁判组根据参赛人员的水平选定各球洞使用的发球区，并确定各轮比赛要使用的球洞位置。

3. 裁判组在赛前应使用立桩和/或喷漆对球场内的边界、罚杆区、整修地等区域进行标定。

4. 应尽量为运动员安排适宜的赛前练习条件，包括练习场、练习推杆果岭和切杆果岭，以及一定数量的练习球等设施条件。

（三）竞赛规程

组委会应在比赛开始报名前公布竞赛规程。

竞赛规程是组织和实施竞赛的基本文件，应包括赛事的名称、时间、地点、主办单位、承办单位、项目设置、参赛资格、竞赛办法、并列决定、奖励办法、报名和报到、组委会相关负责人的联系方式等。

（四）报名

1. 组委会应为运动员提供便捷的报名渠道，可供选择的方式包括电话、传真、网站、电邮、专用的应用程序（APP）等。

2. 报名截止后，组委会应及时按照竞赛规程的要求对名单进行审核。

3. 审核通过后，组委会应通过官方渠道向运动员进行确认并公布完整的参赛名单。

（五）报到

1. 组委会应明确告知参赛运动员报到的时间、地点和注意事项。

2. 组委会应在报到时尽可能向参赛运动员提供当时可用的竞赛及其他信息，如分组表、当地规则、竞赛规程补充条款等。

（六）当地规则

1. 当地规则是高尔夫球比赛的基础性竞赛文件，其在比赛中的效力等同于高尔夫球规则。

2. 如裁判组认为球场的实际状况有必要制定当地规则，应通过现场发放、张贴在公告栏上等多种形式告知参赛运动员。

3. 当地规则里，应包括对球场边界的确定、特殊的补救程序、特殊装备的使用、练习区域、中止比赛的程序、打球速度政策等方面的要求。

（七）分组表

1. 分组表包括所有参赛运动员的出发时间、出发地点和组别等重要信息。

2. 组委会应通过官方渠道提前公布分组表，为参赛运动员留出必要的时间进行赛前准备。

（八）出发

1. 可以通过单边出发、双边出发或鸣枪出发等多种形式开始比赛。

2. 条件允许时，建议组委会安排专门的出发员帮助维持出发顺序。

3. 组委会应在比赛开始前向参赛运动员分发当地规则、球洞位置、应急撤离方案等必备的赛事信息。

4. 比杆赛中，必须向所有运动员发放记分卡，并为各运动员指定记分员或要求同组运动员之间自行确定记分员。

（九）计分

1. 比洞赛

一场比洞赛结束后，运动员有责任向组委会报告其比赛成绩。如果组委会为一场比洞赛指定了裁判员，该裁判员可以代替球员向组委会报告比赛成绩。

2. 比杆赛

（1）组委会应安排一个安静的地点（如办公室、帐篷等）作为计分处，并提前告知所有运动员计分处的位置所在。

（2）计分处应有专业裁判员，负责在运动员提交记分卡之前解决所有可能的规则问题。

（3）可以安排专门人员负责收取运动员的记分卡，也可以设置一个投放记分卡的箱子或其他手段，并明确规定何时视作运动员完成了记分卡的提交（如运动员已经离开计分处或者已把记分卡投入箱子）。

（4）全部运动员都提交记分卡之后，竞赛部门负责计算运动员的成绩（包括差点计算等）。

（十）运动员行为准则

组委会应在当地规则中制定《运动员行为准则》，明确运动员在比赛中应遵循的行为标准，并制定相应的处罚办法。

（十一）恶劣天气

组委会应制定恶劣天气的应对方案，包括比赛无法按预定计划完成时的处理方式（延期、缩减比赛轮次、取消比赛等），并告知所有球员中止和恢复比赛的信号和在紧急情况下撤离球场的方法。

五、安全监管与保障

（一）安全监管与责任

1. 赛事活动的安全监管坚持政府监管与行业自律相结合的原则，"谁审批（备案）、谁负责"、"谁主办、谁负责"、"谁主管、谁负责"。

2. 各级体育部门对所辖区域内的高尔夫球赛事活动承担安全监管责任。县级以上人民政府有关部门依照职责对高尔夫球赛事活动安全监管承担相应责任。各级高尔夫球项目管理中心或协会对本项目赛事活动安全承担项目管理责任。

3. 各级体育部门在高尔夫球赛事活动举办前或举办中发现不符合规定条件、标准、规则，涉及赛事活动重大安全问题的，应及时提出整改建议；属于其他部门职责范围的，应当及时移交并积极配合处理。其他涉及通信管理、公安、自然资源、交通运输、文化和旅游、卫生健康、应急管理、市场监管、气象、银保监等方面的有关部门依照职责做好安全监管服务工作。

4. 主办方、承办方、协办方等组织者对赛事活动安全负直接责任。主办方应当建立组委会等赛事组织机制；承办方应当做好各项保障工作，确保体育赛事活动的安全；协办方应当确保其提供的产品、设施或服务符合质量和安全标准。

5. 举办赛事的高尔夫球场提供方或管理者应当尽到安全保障义务并在力所能及的范围内协助承担应急救援等救助任务。

（二）安全保障

1. 赛事需要办理公安、交通、工商、卫生健康、税务、无线电管理等其他它审批手续的，应当按照有关规定办理。

2. 组委会应确保在比赛日为参赛运动员、组委会工作人员、裁判员、志愿者、观众提供人身保险，确保组委会有公众责任险。

3. 组委会应根据实际情况安排救护人员、医疗救护车和/或医疗站，确保在第一时间能为伤者展开救助。

4. 组委会必须制定灾害性天气等风险防范及应急处置预案，包括实时风险评估、风险预警、运动员/观众/志愿者等的应急撤离方案、比赛中止或延期、及时救援等内容。

5. 雷电等恶劣天气是高尔夫球比赛最常见的风险因素，组委会应有必要的天气预报手段，或者获得当地天气预报部门的支持。

6. 组委会应与承办球会或俱乐部进行确认，确保赛事所用的球车、临建设施等的安全性，并通过运动员参赛指南或球员须知等文件，提醒运动员加强防范意识，注意驾车规范，避免不必要的风险。

7. 组委会应建立"熔断"机制，确保比赛期间出现突发事件时能够及时停止、有效避险。

六、赛事运作

（一）餐饮设施

赛事组委会应为参赛球员和观众提供足够的饮用水。

1. 通常，参赛运动员的饮用水或饮料由组委会提供。天气炎热时，应根据需要在球场内增加提供饮用水的地点。

2. 组委会应为观众设立可以购买到饮用水、饮料、食物的供应点，并在这些地方设立明显的标识。

（二）洗手间

大多数的高尔夫球场内会有固定的休息厅和洗手间，但根据参赛人数，组委会应在必要时考虑为运动员和观众增设临时的洗手间。

（三）开球和颁奖仪式

1. 组委会可根据具体情况决定是否组织专门的开球和颁奖仪式。

2. 开球仪式可以安排在比赛日之前或当日举行。颁奖则通常在比赛结束后立即举行。

3. 开球和颁奖仪式应尽量简短。

七、宣传推广

（一）组委会应积极利用电视、网络、杂志、报纸等多种媒体渠道对赛事进行介绍、宣传和报道，扩大赛事影响力。

（二）组委会的赛事广告和报到内容应真实、健康、积极向上，不得误导、欺骗参赛者和消费者，也不得发布庸俗、低俗的广告内容。

（三）组委会应做好媒体报道资料的收集和整理。

八、市场开发和权利保护

（一）赛事的所有商业开发必须遵守中华人民共和国相关法律法规的要求，不得涉及博彩、烟草等行业。

（二）主办者应增强权利保护意识，主动办理商标、专利等知识产权手续，通过合法手段保护赛事名称、赛事品牌，避免同名赛事。

九、其他

申报国际赛事、中国高尔夫球协会主办赛事的相关要求，请参照《中高协赛事活动管理办法》执行。

本指南自颁布之日起生效，原《中国高尔夫球运动办赛指南》（中高协字〔2019〕55号）同时废止。

中国高尔夫球协会
2022年1月4日

附录二
中国高尔夫球协会赛事管理办法

第一章 总则

第一条 为进一步发展体育产业和高尔夫球运动，激活和优化赛事市场，鼓励社会力量办赛，同时规范高尔夫球赛事活动有序开展，保护赛事活动参与者的合法权益，并为组织、承办高尔夫球赛事活动的社会各类组织提供必要的指导和服务，根据国家体育总局《体育赛事活动管理办法》(国家体育总局第25号令)的相关规定和精神制定本办法。

第二条 本办法适用于在中华人民共和国境内（不含香港、澳门和台湾地区）举办的国际性、全国性、地方性的，由中国高尔夫球协会（以下简称"中高协"）主办或以排名系统形式认证的单项高尔夫球竞赛活动。地方体育行政主管部门和行业运动协会，可以参考本办法，制定适合本地区的高尔夫球赛事及活动管理办法。

中高协主办或联合主办的在境外举行的国际高尔夫球赛事活动，在遵守举办地法律法规的基础上，参照本办法相关条款进行管理。

第三条 中高协是高尔夫球赛事的全国性管理机构，按照法律法规及章程负责全国性和在华举办的国际性高尔夫赛事活动的服务、引导和规范。中高协积极鼓励和支持社会各界组织、举办高尔夫球赛事活动，并依据本办法，对国内举办的各级各类高尔夫球赛事进行规划和管理。

第四条 本办法所称的主办方，是指发起举办高尔夫赛事活动的组织或个人；承办方是指具体负责筹备、实施高尔夫赛事活动的组织或个人；协办方是指提供一定业务指导或者物质及人力支持、协助举办高尔夫赛事活动的组织或个人。主办方、承办方、协办方之间的权利义务应当通过书面协议方式约定。

第五条 中高协主办赛事（以下简称主办赛事），指的是由中高协主办或作为主办单位之一，并纳入中高协相应排名系统的高尔夫球赛事活动。主办赛事包括国际性赛事和全国性赛事两类。中高协根据本办法对主办赛事进行监督管理。

中高协排名系统认证赛事（以下简称认证赛事），指的是纳入中高协相应排名系统的、非中高协主办的高尔夫球赛事活动,主要是由地方单位和机构举办的群众性的业余和青少年比赛。中高协依据行业标准为认证赛事在技术、规则等方面提供指导。

第六条　中高协按年度制订和发布《中国高尔夫球协会赛事计划》,并根据实际情况在必要时进行更新。赛事计划将包括中高协在该年度所有的主办赛事和认证赛事。

第七条　中高协致力于发挥自身专业优势,加强高尔夫赛事活动的标准化、规范化建设,制定高尔夫赛事活动组织的办赛指南和参赛指南。各地方体育行政部门、单项协会、其他社会力量和人员,可以遵照办赛指南和参赛指南积极组织、举办和参加高尔夫赛事活动。

第二章　赛事申办和审批

第八条　在我国举办的国际高尔夫球赛事活动,应当按照程序报批,未经批准,不得申办。

第九条　国家体育总局主办或共同主办的含有高尔夫球项目的国际综合性运动会或重要国际高尔夫赛事活动的申办和管理,遵循国家体育总局的相关规定。

第十条　其他各类国际高尔夫球赛事,按照如下程序进行审批:

(一)世界锦标赛、世界杯赛、涉及奥运会资格或积分的重要赛事,需列入国家体育总局年度外事活动计划,按有关规定和审批权限报体育总局或国务院审批。

(二)中高协主办,或与地方共同主办但由中高协主导的国际高尔夫球赛事活动,需列入国家体育总局年度外事活动计划,原则上由承办(或参与主办)单位所在地有外事审批权的地方人民政府或其有关部门审批。

(三)地方自行主办,或与中高协共同主办但由地方主导的国际高尔夫球赛事活动,由所在地有外事审批权的地方人民政府或其有关部门审批,不列入国家体育总局外事活动计划,但应统一向国家体育总局备案。

(四)其他商业性、群众性国际高尔夫球赛事活动,应当按照属地管理原则,根据地方有关规定办理外事手续。

(五)参加以上国际高尔夫球赛事活动人员的来华邀请函、接待通知等相关外事手续,按照"谁审批谁邀请"的原则办理。

第十一条　境外非政府组织在中国境内举办的高尔夫球赛事活动,应当经省级人民政府体育部门同意,并报同级公安机关备案。

中高协代表中国参加相应的国际高尔夫球组织,任何组织和个人在中国境内主办或承办相应的国际高尔夫球组织的体育赛事活动,应当与中高协协商一致。

第十二条　需国家体育总局审批的国际高尔夫球赛事,承办单位应在不晚于比赛开始前3个月经省(区、市)级体育局将所需赛事举办申请和组织方案报中高协审核,并由中高协报国家体育总局审批；中高协主办或与地方共同主办的国际赛事，承办单位应在不晚于比赛开始前2个月将所需赛事承办方案报中高协审核。

第十三条 全国性和地方性高尔夫球赛事活动的申办

（一）全国性综合运动会。国家体育总局以及中华全国体育总会、中国奥林匹克委员会主办的含有高尔夫球项目的全国综合性运动会，由省、自治区、直辖市人民政府按照综合性运动会申办管理规定申办，报国务院批准后举办。

（二）中高协主办的全国性高尔夫球赛事。中高协主办或联合主办的全国性高尔夫球赛事，按照本办法第五章的相关规定进行申办。

（三）中高协认证的地方赛事。获得中高协相应积分的地方赛事，中高协将对其进行技术、规则方面的要求、指导和服务，但不直接参与该赛事的组织和管理。这些赛事活动的主办和承办单位，需根据地方相关规定，自行办理相关手续。

（四）其他高尔夫球赛事。其他由地方或社会机构举办的赛事，承办方须按照"属地管理"的原则，根据地方相关规定，自行办理相关手续。

第十四条 各级高尔夫球赛事活动如涉及公安、市场监管、卫生健康、交通运输、海事、无线电管理等相关部门规定的，主办方或承办方应按规定办理。

第三章 赛事名称

第十五条 高尔夫球赛事组织者应规范使用赛事名称，赛事的名称应当符合以下规定：

（一）与举办地域和本项目内容相一致；

（二）与主办方开展活动的行业领域和人群范围相一致；

（三）与他人或其他组织举办的高尔夫球赛事活动名称有实质性区别；

（四）不得侵犯他人或其他组织的合法权益；

（五）不得含有欺骗或可能造成公众误解的文字；

（六）不得使用具有宗教含义的文字；

（七）按照国家法律法规、政策要求使用"一带一路""金砖国家""上合组织"等含有政治、外交、国防属性的文字；

（八）相关法律、法规和规章的其他规定。

第十六条 由中高协和其他符合《体育赛事活动管理办法》规定的单位或组织所主办或承办的国际性、全国性高尔夫球赛事活动，名称中可以使用"世界""国际""亚洲""中国""全国""国家"等字样或具有类似含义的词汇。其他赛事活动不得使用与其相同或类似的名称。

第四章　中高协主办赛事的申办程序

第十七条　中高协主办的赛事由中高协自行组织举办，面向社会寻求合作伙伴共同举办，或招募承办单位。

第十八条　申请承办中高协主办赛事的组织（以下简称"承办方"），应当具备下列条件：

（一）能够独立承担民事责任；

（二）拥有与经营范围和赛事规模相适应的组织机构和专业管理人员；

（三）具有完备的赛事组织实施方案；

（四）拥有与赛事规模相适应的经费；

（五）具备赛事所需的场地、设施和器材。

第十九条　申办中高协主办的国际比赛和全国性比赛，承办方应当取得赛事举办地省级体育主管部门的同意，并应与省级单项协会协商一致。

第二十条　申办中高协主办的国际比赛和全国性比赛，承办方原则上应于所申办比赛前一年10月底之前（或中高协要求的其他时间），向中高协提交承办意向书。

第二十一条　承办方向中高协提交的承办意向书应说明下列事项：

（一）名称：包括赛事名称、承办单位名称等；

（二）承办方的资质简介，办赛历史和经验，办赛的宗旨和理由；

（三）经费的来源和预算；

（四）该项赛事的筹备实施方案，包括组织方案、接待方案、工作计划、赛事安全方案、应急预案等；

（五）其他需要说明的事项。

第二十二条　中高协通过招标形式（公开招标或邀请招标）、竞争性谈判等方式确定中高协主办赛事的承办方。

第二十三条　承办方需与中高协签订赛事承办协议，协议期限原则上不超过五年。

第二十四条　承办方签订承办协议后，须按时履行乙方义务，并按照协议约定及时缴纳赛事权益转让和服务等相关费用。承办方须在全国性赛事前一个月向中高协报送详细的赛事组织方案；国际性赛事需按照第十条的规定向中高协报送赛事组织方案，并按照相关规定办理外事审批手续。

第五章　中高协主办赛事的管理

第二十五条　中高协（包括其下属委员会和秘书处职能部门）在管理中高协主办的赛事工作时履行以下职能：

（一）对赛事进行计划安排；

（二）制定和审核相应的赛事规程、竞赛规程补充通知、秩序册等赛事文件；

（三）对赛事筹备进行监督；

（四）监督承办方遵守有关体育竞赛的法规；

（五）监督承办方依据批准登记的事项和条件进行活动；

（六）指导组织工作，审定场地、设施、器材；

（七）对报名参赛运动员进行资格确认；

（八）按照公开、公平、公正、择优的原则选派裁判长、裁判员和仲裁人员；

（九）审定、公布赛事成绩，颁发成绩证书、证明；

（十）处理竞赛中发生的赛风赛纪和兴奋剂问题；

（十一）赛事活动因自然灾害、政府行为、社会异常事件等因素确需变更时间、地点、内容、规模或取消的，应当在获得相关信息后及时公告。

第二十六条 承办方开展中高协主办赛事的组织工作时，应履行以下职责：

（一）应当建立组委会等组织机制，根据需要组建竞赛、安全、新闻、媒体、医疗等专门委员会或工作组，明确举办体育赛事活动的分工和责任，协同合作；

（二）负责赛事活动的安全，对赛事活动进行风险评估，制定相关预案及安全工作方案，并督促落实各项具体措施；

（三）应当按照审核批准的竞赛规程和实施方案做好场地、器材及相应的后勤保证等赛事组织工作；

（四）赛事需要办理公安、交通、工商、卫生、税务、无线电管理等其他审批手续的，承办方应当按照有关规定办理；

（五）有责任核实赛事举办球场的合法性，不得在违规球场举办赛事；

（六）应当通过购买或要求购买等方式，为观众、运动员、工作人员等办理公众责任或意外伤害方面的保险；

（七）应当加强观赛环境管理，维护赛场秩序，防止打架斗殴、拥挤踩踏等事件发生，防止不文明不健康、有侮辱性或谩骂性、破坏民族团结、分裂国家、反社会倾向等方面的言论、旗帜和标语出现，严禁携带危险品出入赛场；

（八）无民事行为能力人或限制民事行为能力人单独参加高尔夫赛事活动的，应当告知其监护人相关风险并由监护人签署承诺书；

（九）高尔夫赛事活动中有外籍人员参加的，应当按照国家有关规定对其管理；

（十）获得主办单位批准后，方可进行广告征集、接受赞助等工作。接受赞助或获取广告收入的，双方当事人应当订立书面合同并报主办单位备案；

（十一）应当在赛事结束后2个自然日之内，向中高协（或中高协相关排名系统）提交赛事成绩，并在需要时按要求向相关国际组织报送成绩；

（十二）有责任完整履行与中高协签订的赛事承办协议，及时付清包括裁判员在内的相关工作人员的各项合法费用，不得以各种理由或借口拖欠、拒付；

（十三）应当在赛事结束一周内，按要求的格式和内容向中高协提交赛事情况总结；

（十四）应当自觉接受中高协的监督检查和考评；

（十五）承办多年赛事的，应当于每年10月15日前向中国高尔夫球协会报送第二年赛事计划。

第二十七条　中高协主办赛事活动的承办方有下列情形之一的，中高协将根据情节轻重依据相关规定进行处罚，包括降低承办方的信用等级、列入"黑名单"等：

（一）隐瞒真实情况，有弄虚作假行为的；

（二）从事与承办报告中说明的目的和意义不一致活动的；

（三）未经中高协同意擅自变更赛事举办主体、名称、内容、时间、地点或擅自取消赛事的；

（四）未按规定提交赛事情况总结、成绩和其他相关信息的；

（五）未经中高协同意，私自实质性转让举办权的；

（六）拒绝中高协监督检查或被检查时弄虚作假的；

（七）未经中高协同意，擅自更改或不执行竞赛规程有关条款的；

（八）其他造成不良影响的行为。

第二十八条　承办方因组织管理不善，造成参赛者和群众重大伤亡事故或从事其他违法行为的，除对其进行处罚外，当事人还将承担相应的法律责任。

第二十九条　中高协拥有独立主办赛事的所有知识产权、媒体版权和商业权利。承办方应增强权利保护意识，在获得中高协授权后协助办理商标、专利、著作权等知识产权手续，通过合法手段保护赛事活动相关权益。

第三十条　中高协主办赛事遵循公平竞争的原则，参加赛事的运动员、教练员和裁判员必须遵守国家对体育竞赛的有关规定，遵守体育道德，严禁使用兴奋剂、操纵比赛、弄虚作假、徇私舞弊；严禁利用赛事进行赌博活动，违反者依据有关法规进行处罚直至追究法律责任。

赛事活动的观众应自觉接受安全检查、服从现场管理，维护赛事活动的正常秩序。

所有相关人员均应遵守社会公德，不得损坏体育设施，不得影响和妨碍公共安全，不得在赛事活动中有违反社会公序良俗的言行。

第三十一条　中高协工作人员执行公务时，应当依法依规行使职权，秉公办理。对滥用职权、徇私舞弊、玩忽职守的，由中高协给予处分；构成犯罪的，移送司法机关追究刑事责任。

第六章　中高协排名系统认证赛事的管理

第三十二条　认证赛事的主办方和承办方，可以按照相关制度从中高协获取技术、规则、场地、设施和器材等方面的指导和服务，但中高协不直接参与赛事的组织和管理工作。

第三十三条　中高协根据自己在赛事活动中提供的服务，依法合规地收取相应费用，赛事活动服务项目和收费标准向社会公开。

第三十四条　认证赛事的主办方和承办方，应当履行以下职责：

（一）遵守赛事举办地的相关法律法规；

（二）在举办赛事活动前主动向地方体育部门备案，并在需要时按规定办理公安、交通、工商、卫生、税务、无线电管理等审批手续；

（三）核实赛事举办球场的合法性，不在违规球场举办赛事；

（四）在医疗、保险等方面采取必要的措施，维护比赛场地的秩序和安全。

第三十五条　中高协不负责为认证赛事选派裁判员和仲裁人员。认证赛事的主办方和承办方，需自行安排裁判员和仲裁人员，但相关人员应获得中高协相应的裁判员资质认证。原则上，地市一级的比赛，裁判员级别应不低于二级，裁判长级别应不低于一级；省级比赛，裁判员级别应不低于二级，裁判长级别应不低于国家级。

第三十六条　认证赛事的主办方和承办方，应当及时向中高协申请纳入相应的排名系统，并按要求向排名系统提交比赛成绩。

第七章　法律责任

第三十七条　违反本办法规定的行为，按照国家体育总局《体育赛事活动管理办法》第六章的规定，由相关部门进行处罚，构成犯罪的依法追究刑事责任。

第八章　附则

第三十八条　本办法自 2020 年 5 月 1 日起施行，2019 年 1 月 1 日开始使用的《中国高尔夫球协会赛事管理办法（暂行）》同时废止。

第三十九条　本办法由中国高尔夫球协会负责解释。

附录三
中国高尔夫球协会赛事商务活动管理办法

中高协字〔2022〕16号

为进一步发展体育产业和高尔夫球运动，激活和优化赛事市场，鼓励社会力量办赛，同时完善高尔夫球赛事管理体制，理顺社团与市场的关系，根据《国务院关于加快发展体育产业促进体育消费的若干意见》（国发〔2014〕21号）、《国务院办公厅关于加快发展体育竞赛表演产业的指导意见》（国办发〔2018〕121号）、《体育总局关于进一步加强体育赛事活动监管和服务工作的通知》（体政字〔2019〕20号）、《体育赛事活动管理办法》（国家体育总局令第25号）、《中高协赛事活动管理办法》（中高协字〔2020〕55号）等文件精神，以及国际高尔夫球行业的惯例和中国高尔夫球协会实体化改革的实际情况和需要，修订本办法。

一、指导思想

完善市场机制，充分调动资本、劳动、技术、管理等各要素的积极性，合法、合规、科学开发高尔夫球竞赛市场，满足国内不断增长的竞赛市场需求和广大高尔夫爱好者的观赛需求，丰富国内高尔夫球竞赛市场，带动相关产业消费。

发挥中高协主办赛事（以下简称主办赛事）的引领作用，着力打造一批精品赛事，同时积极扩大积分榜认证赛事（以下简称认证赛事）数量，规范认证赛事发展，发现和培养高水平高尔夫球运动员。

积极进行市场开发，保障高尔夫球运动相关国有无形资产保值增值，促进中国高尔夫球各类赛事活动健康和可持续发展。

二、基本原则

（一）中国高尔夫球协会（以下简称中高协）自身作为市场主体，积极进行市场开发，谋求发展，通过主办和积分榜认证的各类竞技性赛事（包括职业赛事和U系列赛事）和群众性赛事以及相关衍生产品，寻求合作伙伴、赞助商、推广商和承办商。

（二）作为国家高尔夫的行业管理机构，中高协积极支持各类市场主体依法组织、承办高尔夫球赛事活动。在此过程中，各类市场主体自主经营，权责一致，盈亏自负，风险自担。中高协依据《中高协赛事活动管理办法》对主办赛事进行全过程管理，依据行业标准对认证赛事在技术、规则等方面提供服务、引导并进行规范。

（三）中高协利用拥有的无形资产、国际组织资源等，通过市场开发途径所主办的赛事，本着公开、公平、公正的原则进行招投标，订立合同，约定赛事商务开发权益。

（四）中高协利用自身资源，秉承"公平竞争，自愿有偿，质价相符，受益方付费"的原则，向各类赛事活动提供所需专业服务。中高协提供服务时，在遵循市场化原则的同时承担社会责任，对群众性赛事、U系列赛事（青少年赛事）和公益性赛事提供优惠服务。

三、赛事

如未特殊说明，本办法所指的赛事，是指由中高协作为市场主体创办、主办、联合主办的所有赛事，包括在华举办的国际性、全国性的职业、业余和青少年高尔夫球赛事，以及大众高尔夫等赛事活动。

本办法不包括如下赛事：

（一）由各类市场主体自行举办的商业性、群众性国际体育赛事。这些赛事主办方应按照"属地管理"原则，根据地方有关规定，自行办理相关手续。

（二）由各类市场主体依规自行主办、组织、举办的全国性的群众性、商业性高尔夫球赛事。这些赛事的组织和承办工作，按照国家体育总局颁布的《体育赛事活动管理办法》及有关管理规定执行。

除《体育赛事活动管理办法》允许的情况外，未经中高协授权和确认，上述由各类市场主体自行举办的赛事名称不得使用"世界""亚洲""中国""全国""国家""中华"字样或具有类似含义的词汇。

四、中高协的权利

（一）中高协是中国大陆高尔夫运动唯一的全国性官方管理机构，是中国大陆地区举办国际性和全国性高尔夫比赛的业务主管单位。

（二）中高协拥有"中国高尔夫球协会"名称的专有权利、所有权和权益，以及中国国家高尔夫球队的商标权和肖像权。未经中高协事先书面同意，任何单位和个人无权注册、使用或者授权他人注册或者使用上述知识产权。

（三）中高协对其主办赛事享有全面管理权限，同时拥有所有与赛事有关的一切无形资产及商业权益，包括但不限于承办权、推广权、广告经营开发权、电视（含网络）转播权、冠名权、指定产品开发权、吉祥物、标志使用权以及与赛事相关的其他经营开发权等无形资产。

（四）经友好协商，中高协可将部分无形资产及赛事相关商业开发权益以协议（或合同）方式转让给赛事承办人。但受让方的所有商业开发必须遵守中华人民共和国相关法律法规及国家体育总局相关规定的要求，不得涉及博彩、烟草等行业。同时，受让方须按照本办法规定向中高协缴纳相应的商标许可费、赛事权益转让及服务费用。

五、中高协提供的赛事服务范围

中高协提供的赛事服务涉及标准认证、竞赛运营技术指导、专业技术人力资源提供、信息指导、宣传推广、积分体系建设等专业领域，包括但不限于如下具体服务：

（一）负责赛事的全面管理工作，包括制定赛事规程和竞赛办法；

（二）负责协调赛程，确保同类和/或同级主办赛事的名称、日程等不发生冲突，确保赛事承办方利益；

（三）负责协调与该赛事相关的各省市体育局及地方高协的关系；

（四）涉及审批事项时，负责协调相关事宜；

（五）负责将赛事纳入中高协相应的职业和青少年积分榜；

（六）负责与相应的国际积分组织协调，帮助满足条件的赛事获得相应类别的世界积分；

（七）负责赛事的类别和等级划分，并按照规定协调授予相应的运动员等级；

（八）在官方媒体上对赛事进行介绍、宣传或报道，帮助扩大赛事影响力；

（九）组织或派代表出席赛事相关公关活动，如新闻发布会、颁奖仪式等；

（十）负责为赛事指派符合资质的裁判长、裁判员和赛事秘书；

（十一）负责为主办赛事的获奖运动员制作奖牌和获奖证书。

六、商标许可费、赛事权益转让及服务费用

中高协根据国际高尔夫球行业的惯例和市场实际情况，在遵守国家相关法律法规的前提下，向主办赛事的承办方（或称推广方）收取商标许可费、赛事权益转让及服务费用（简称服务费）。中高协将不定期向社会公布最新的主办赛事的服务费收取标准，供社会监督。

同时，如非主办赛事提出申请，中高协亦可向其提供相应的专业服务。非主办赛事的服务费标准，由中高协和相关赛事的主办方或承办方协商，通过协议（或合同）形式确定。

《中国高尔夫球协会赛事商标许可费、权益转让和服务费标准》不适用于非主办赛事。

附件：《中国高尔夫球协会赛事商标许可费、权益转让和服务费标准》

中国高尔夫球协会
2022 年 1 月 11 日

附录四
中国高尔夫球协会青少年单项技能比赛考核计分标准（试行）

一、总则

为推动青少年高尔夫球运动的发展，降低项目参与门槛，深入青少年草根群体，引导青少年训练、竞赛以适龄、科学、合理、简便的方式开展，按照目标明确、规则清晰、反馈及时、趣味挑战、因地制宜的原则，制定本青少年单项技能比赛考试计分标准，简称《中高协LSP标准》，内容包含长杆、短杆和推杆三个大类。相应赛事称为单项技能比赛或LSP挑战赛。

（一）比赛项目

各赛事可在标准范围内因时、因人、因地制宜地选择竞赛项目，制定"当地规则"，开展LSP挑战赛。

每项LSP挑战赛的比赛项目应至少包含三个大类当中的两个大类。

（二）成绩计分

LSP挑战赛最终成绩以标准分呈现，满分为100分。组委会根据比赛项目确定各单项分数及权重。

（三）积分排名

按照LSP标准开展的LSP挑战赛，成绩及名次计入"中国高尔夫球协会青少年积分排名"，具体积分级别由中国高尔夫球协会规定。

（四）运动员分组

参照中国高尔夫球协会关于年龄分组的有关规定。

建议LSP挑战赛在C、D、E组开展。

不接受运动员跳组比赛申请。

二、推杆比赛

1. 比赛场地：推杆果岭
2. 比赛球杆：球员必须使用推杆
3. 赛前准备：用围栏/绳/线、喷漆标识比赛场地。

设置平地、上坡、下坡、侧坡四种不同位置的球洞，根据难度在距球洞 1 码到 10 码不等的距离（可在码数之间选择半码或 1、2 英尺，如 9.5 码，9 码 1 英尺等。按照四舍五入的标准确定测试标准和得分，如 9.5 码按照 10 码的标准给分，9 码 1 英尺按照 9 码的标准给分）标出测试点。每场比赛可设置 3-5 个测试点，其中连续测试点不得超过 2 个。

每个球洞以洞杯中心为圆心，以半径为 1 英尺、2 英尺、3 英尺、2 码、3 码画 5 个同心圆，每个被圆圈划定的区域标出不同的分值。

4. 区域分值表

推杆测试得分	进洞	1F	2F	3F	2Y	3Y
1Y	5	4	1	0	0	0
2Y	6	5	2	1	0	0
3Y	7	6	3	2	1	0
4Y	8	7	4	3	2	0
5Y	9	8	5	4	3	0
6Y	10	9	6	5	4	1
7Y	11	10	7	6	5	1
8Y	12	11	8	7	6	1
9Y	13	12	9	8	7	1
10Y	14	13	10	9	8	1

5. 竞赛办法

组委会提前对球员进行随机排序，球员按顺序进入比赛场地（每次一人）。

球员在每个测试点有三次机会，从测试起点开始依次完成所有推杆测试项目。根据球被推出后的静止位置判断球员得分，每个测试点的三次得分作为该测试点总得分，所有测试点得分总和为该球员总得分。根据总得分进行单项排名。

三、短杆比赛

1. 比赛场地：切杆果岭
2. 比赛球杆：球员可选择任意球杆
3. 赛前准备：用围栏/绳/线、喷漆标识比赛场地。

设置平地、上坡、下坡、侧坡四种不同位置的击球站位和球洞位置，短草、长草、沙坑等障碍物，根据难度在距球洞5码到30码不等的距离标出测试点。每场比赛可设置3-5个测试项目。

每个球洞以洞杯中心为圆心，以半径为1英尺、2英尺、3英尺、2码、3码画5个同心圆，每个被圆圈划定的区域标出不同的分值。

4. 区域分值表

短杆测试得分	进洞	1F	2F	3F	2Y	3Y
5-10Y	10	5	4	3	0	0
11-15Y	12	6	5	4	3	2
16-20Y	14	7	6	5	4	3
21-25Y	16	8	7	6	5	4
26-30Y	18	9	8	7	6	5

5. 竞赛办法

组委会提前对球员进行随机排序，球员按顺序进入比赛场地（每次一人）。

球员在每个测试点有三次机会，从测试起点开始依次完成所有短杆测试项目。根据球被击出后的静止位置判断球员得分，每个测试点的三次得分作为该测试点总得分，所有测试点得分总和为该球员总得分。根据总得分进行单项排名。

四、长杆比赛

1. 比赛场地：练习场
2. 比赛球杆：球员可选择除推杆之外的任意球杆
3. 赛前准备：用颜色变化的碟型盘/木桩/绳/喷漆（或替代物）等来标识比赛场地，包括打位和落球区。

（1）使用喷漆标定所有测试点位，以及落球区域。
（2）将木桩/旗杆固定在各个目标区域中心位置。

（3）在各个目标区域拉线/喷漆标定落球区域准确位置。

（4）在拉线区域内侧放置不同颜色的碟形盘/桩/旗。

（5）球的最终落点在线内即为达标，砸中碟形盘记为有效。

（6）落球区参照范围约为测试距离的10%。但250码以上的测试只限左右范围和最近范围，不限最远范围。

（7）打位区域使用四点标记法，使用喷漆标定打垫起始位置的四角，每位参赛球员在击球前应将打垫归回原位。

（8）所有目标应呈散状排列，不应呈直线排列。以扇形面收拢的方式比较容易观察和进行瞄准的练习。

用弹道分析设备辅助判定击球结果。

根据距离标识测试项目，距离在50~250码之间。每场比赛可设置3~5个测试项目。

每个测试项目用距离和范围作为判定标准。

各年龄组测试科目			长杆测试得分	命中	1Y	2Y	3Y	4Y	5Y	6Y	7Y	8Y	9Y	10Y	3°	4°	5°	6°
E组	D组	C组	50~60Y	10	10	5	4	2	1	0	0	0	0	0	0	0	0	0
			61~70Y	12	12	6	5	3	2	1	0	0	0	0	0	0	0	0
			71~80Y	14	14	7	6	4	3	2	1	0	0	0	0	0	0	0
			81~90Y	16	16	8	7	5	4	3	2	1	0	0	0	0	0	0
			91~100Y	18	18	9	8	6	5	4	3	2	1	0	0	0	0	0
			101~110Y	20	20	10	9	7	6	5	4	3	2	1	0	0	0	0
			111~150Y	24	24	12	11	9	8	7	6	5	4	3	0	2	1	0
			151~200Y	30	30	15	14	12	11	10	9	8	7	6	5	4	3	2
			201~250Y	32	32	16	15	13	12	11	10	9	8	7	6	5	4	3
			＞250Y	34	34	17	16	14	13	12	11	10	9	8	7	6	5	4

附录四　中国高尔夫球协会青少年单项技能比赛考核计分标准（试行）

正切值对照表：

角度 \ 码数	0.5	1	2	3	4	5	6
100	1	2	3	5	7	9	11
110	1	2	4	6	8	10	12
120	1	2	4	6	8	10	13
130	1	2	5	7	9	11	14
140	1	2	5	7	10	12	15
150	1	3	5	8	10	13	16
160	1	3	6	8	11	14	17
170	1	3	6	9	12	15	18
180	2	3	6	9	13	16	19
190	2	3	7	10	13	17	20
200	2	3	7	10	14	17	21
210	2	4	7	11	15	18	22
220	2	4	8	12	15	19	23
230	2	4	8	12	16	20	24
240	2	4	8	13	17	21	25
250	2	4	9	13	17	22	16

4. 竞赛办法

组委会提前对球员进行随机排序，球员按顺序进入比赛场地（每次一人）。

球员在每个测试点有三次机会，从测试起点开始依次完成所有长杆测试项目。根据球被击出后的静止位置判断球员得分，每个测试点的三次得分作为该测试点总得分，所有测试点得分总和为该球员总得分。根据总得分进行单项排名。

备注：

我国法定长度计量单位为米，本标准采用行业惯用计量单位码，1码=3英尺=0.9144米。

所有LSP各个单项测试用球，均统一使用组委会提供用球，以便于结果的一致性和准确性。其中推杆测试可使用个人用球，但须符合规则要求。

五、LSP 排名和积分

推杆、短杆和长杆三个单项得分的合计分为总得分，根据总得分进行 LSP 排名。

赛事 LSP 排名对应中高协青少年积分榜，获得参加本赛事的积分。

本标准解释权归中国高尔夫球协会。

未尽事宜，另行通知。

中国高尔夫球协会
2017 年 1 月 13 日

参考文献

曹可强，刘清早，2015. 体育赛事运作［M］. 北京：高等教育出版社．
樊智军，2007. 体育赛事的组织与管理［M］. 北京：人民体育出版社．
顾跃，何兵雄，2012. 高尔夫赛事组织与运作［M］. 长沙：湖南人民出版社．
黄海燕，2012. 体育赛事管理、理论与实践［M］. 北京：人民体育出版社．
姚远，李良忠，2014. 高尔夫赛事组织与管理［M］. 北京：旅游教育出版社．
梁华伟，2019. 体育赛事组织与管理［M］. 上海：上海交通大学出版社．
刘清早，2009. 体育赛事运作管理手册［M］. 北京：人民体育出版社．
刘清早，2010. 体育赛事运作管理流程［M］. 北京：人民体育出版社．
吴亚初，2012. 高尔夫赛事组织与裁判法［M］. 北京：人民体育出版社．
杨建哲，2019. 高尔夫赛事组织管理研究［M］. 北京：中国水利水电出版社．
佚名，2007. 四载求索十二年功成——欧米茄观澜湖高尔夫世界杯申办全过程揭秘［J］. 南方人物周刊，（09）：70-71.
张丰豪，周玉达，2019. 社会体育赛事运作及其全面管理［M］. 上海：上海交通大学出版社．
张林，2011. 体育赛事事前评估［M］. 北京：人民体育出版社．
百度文库. https://wenku.baidu.com.
百家号. https://baijiahao.baidu.com.
国家体育总局. http://www.sport.gov.cn.
诺曼凯歌集团. http://www.kkgolf.com.
搜狐体育. https://sports.sohu.com.
网易体育. https://www.163.com/sports.
新浪尚品. http://style.sina.com.cn.
新浪体育. http://sports.sina.com.cn.

备忘录